VALUE CO-CREATION IN CORPORATE FINANCE

企業金融における価値共創

渡部吉昭 YOSHIAKI WATANABE

千倉書房

はじめに

　本書は、Vargo and Lusch（2004）によって初めて提唱されたサービス・ドミナント・ロジックにおける価値共創概念（企業が顧客へ提供する価値を、企業によって一方的に生産され販売されるものとして捉えるのではなく、企業が顧客と共同で創造するものとして捉えるという考え方）に関して、企業間サービス取引に着目して行った実証研究を著したマーケティング研究書である。

　企業間サービス取引は、マーケティング論の中心的課題として論じられることは少なく、この分野を専門とする研究者は少数である。また、価値共創概念については、数多くの研究が発表されているが、企業間サービス取引に焦点をあてた実証研究はほとんど見ることができない。このような状況のもとで、本書においては、企業間サービス取引に焦点をあて、今までのマーケティング研究の研究成果を活用することによって、マーケティング研究上重要な概念であるスイッチング・コストや顧客内シェアと、価値共創概念を結びつける理論的フレームワークを構築する。具体的には、価値共創がスイッチング・コストや顧客内シェアに与えるインパクトを、特に企業金融サービスに着目する形で分析を進め、全国の企業の財務担当管理職を対象として行った定量調査結果を解析することで、サービス提供企業（本書では銀行）のマーケティング戦略への示唆を抽出する。

　本書で目指したものは、大きく3つある。第一には、これまで行われてきた①BtoB（Business to Business）マーケティング論、②リレーションシップ・マーケティング論、③サービス・マーケティング論、④価値共創論の包括的レビューを行うことである。先行研究を丹念に振り返ることによって、新たに生まれる理論やモデルが誕生する思考過程をたどることは、それらを体系化した形で理解することに極めて有効である。本書はかなりのボリュームを割いて、上記4つのマーケティング論の創世、発展、展開の経緯を著している。第二には、価値共創論に関して、必ずしも十分ではないとされる実証研究の一翼を担うことである。価値共創概念は近年世界の研究者から注

目されているが、概念レベルでの議論が多く、実務を担うマーケターにとっての示唆は限定的である。本書においては、①価値共創の対象：価値共創を、どのようなサービスを対象に行うことが最も効果的か、②価値共創の実施時期：価値共創を全体プロセスの中でどのタイミングで実施するべきか、③価値共創実施の効果測定：価値共創を実行することは、マーケティング上の重要概念である、スイッチング・コストや顧客内シェア向上に結び付くのか、の3点について実証分析を行っている。これらの点に関するマーケターへの示唆の抽出は、本書執筆の最大の動機である。第三には、企業金融に着目し、銀行のマーケティング戦略について論じることである。「金融」、「マーケティング」をキーワードに検索してみるとわかるが、金融におけるマーケティングを主題に据えた著書は意外に少ない。特に企業金融は、例えば融資についての銀行の可否判断が、企業だけではなく銀行そのものの命運を左右することもあり得るほど非常に重要なサービスであるにもかかわらず、企業金融におけるマーケティングをテーマとする著書は極めて限定的である。本書が、銀行におけるマーケターの活動に参考になれば幸甚である。

　本書における研究を進めるにあたって、多くの方々からご指導、ご助言を頂いた。嶋口充輝先生（慶應義塾大学名誉教授。日本マーケティング協会理事長）にご指導を頂いたことは、私の貴重な財産となっている。米国系経営コンサルティングファームや欧州系多国籍企業における勤務歴が長かった私が、日本の大学の研究者として存在しているのは、ひとえに嶋口先生のご指導、ご鞭撻によるものである。

　また、本研究における調査票策定にあたり、三井住友銀行の川越洋氏と三菱UFJ証券ホールディングスの小川修司氏からは貴重な助言を頂いた。この場を借りて御礼申し上げたい。そして、本書の出版を快く引き受けて下さった千倉書房編集部の神谷竜介編集部長と山田昭氏に御礼申し上げたい。

　最後に、企業人からの転身に際し、常に励ましてくれた妻に感謝したい。

　なお、本書の出版は文京学院大学出版助成によるものである。

2017年5月

渡部　吉昭

目　次

はじめに ──────────────────────────── i

第1章　本書の目的と構成 ──────────────── 1

1　本書の目的 ──────────────────── 1
2　本書の構成 ──────────────────── 6

第2章　BtoBマーケティング論の系譜 ─────────── 8

1　製品類型論 ──────────────────── 8
2　組織購買行動論 ────────────────── 12
2-1. 組織購買行動論の定義 …… 12
2-2. 組織購買行動論における中核概念としての購買センター …… 13
2-3. 購買センター概念とバイグリッド（BUYGRID）モデル …… 15
2-4. 購買センター概念についての検証研究 …… 18
2-5. バイグリッド（BUYGRID）モデルに続く主要モデル …… 21
2-6. 組織購買行動論の貢献と限界 …… 32

3　相互作用モデル ────────────────── 34
3-1. 相互作用モデルの基本的な考え方 …… 34
3-2. 相互作用モデルにおける売手企業のマーケティング戦略の
　　 類型化 …… 39
・小括 …… 41

第3章 リレーションシップ・マーケティング論の系譜 — 44

1 主要アプローチ — 44

2 北米グループのアプローチ — 49
- 2-1. 内部化市場モデルと関係的交換の発展プロセスモデル …… 49
- 2-2. 北米グループによるさらなる研究 …… 55

3 AAグループのアプローチ — 61
- 3-1. Christopher, Payne and Ballantyne（1991）による対象市場概念の拡大 …… 62
- 3-2. Payne（1995）によるリレーションシップ・マネジメント・チェーン …… 67

4 ノルディック・グループのアプローチ — 73
- 4-1. IMPグループによるネットワーク・モデルと市場ネットワーク・アプローチ …… 73
- 4-2. 北欧学派によるアプローチにおける主要コンセプト …… 78
- ・小括 …… 87

第4章 サービス・マーケティング論の系譜 — 89

1 黎明期 — 89
- 1-1. サービスと製品の違い …… 92
- 1-2. サービス・マーケティング特有の課題 …… 96
- ・小括 …… 100

2 発展期 — 101
- 2-1. Parasuraman, Zeithaml and Berry（1985）によるサービス品質モデル …… 103
- 2-2. Czepiel, Solomon, Surprenant and Gutman（1985）によるサービス・エンカウンターモデル …… 107
- 2-3. Lovelock（1984）によるサービス・マーケティング・システム …… 110
- ・小括 …… 112

| 3 | 展開期 ———————————————————— 113

第5章 価値共創論の系譜 ———————————————— 118

| 1 | 価値共創の概念とサービス・ドミナント・ロジック ——— 118
  1-1. サービス・ドミナント・ロジック誕生の経緯 …… 119
  1-2. サービス・ドミナント・ロジックの基本的特徴 …… 126
| 2 | 価値共創論の今後の広がりと課題 ————————— 135
  ・価値共創論の課題 …… 140

第6章 分析の枠組と仮説 ———————————————— 142

| 1 | 研究課題 ————————————————————— 142
| 2 | 分析の枠組 ———————————————————— 148
| 3 | 仮説 —————————————————————— 150
  3-1. 仮説1（価値共創の対象）：信用財度合いの大きさとサービスの重要性は、価値共創に正のインパクトを持つ …… 150
  3-2. 仮説2（価値共創のタイミング）：価値交換前の価値の共同開発は、より大きな価値共創につながる …… 152
  3-3. 仮説3（スイッチング・コストへのインパクト）：価値共創の実行とサービスの重要性は、スイッチング・コストに正のインパクトを持つ …… 155
  3-4. 仮説4（顧客内シェアへのインパクト）：価値共創の実行と可能性は、間接的価値と併せて、顧客内シェアに正のインパクトを持つ …… 158
  3-5. 仮説の総覧 …… 163

第7章 実証研究 ———————————————————— 165

| 1 | 概念の操作化 ———————————————————— 165

- 1-1. 社会科学における概念の操作化 …… 165
- 1-2. 価値共創の概念の操作化 …… 166
- 1-3. スイッチング・コストの操作化 …… 169
- 1-4. 直接的価値と間接的価値の操作化 …… 171

2 調査 ─────────────────────── 173

- 2-1. 調査の概要 …… 173
- 2-2. 測定尺度の信頼性 …… 176
- 2-3. 多重共線性と標準化係数 …… 176

3 仮説の検証と分析 ─────────────── 178

- 3-1. 仮説1：信用財度合いの大きさとサービスの重要性は、価値共創に正のインパクトを持つ …… 179
- 3-2. 仮説2：価値交換前の価値の共同開発は、より大きな価値共創につながる …… 181
- 3-3. 仮説3：価値共創の実行とサービスの重要性は、スイッチング・コストに正のインパクトを持つ …… 185
- 3-4. 仮説4：価値共創の実行と可能性は、間接的価値と併せて、顧客内シェアに正のインパクトを持つ …… 187
- 3-5. まとめの重回帰分析 …… 190
- 3-6. 共分散構造分析のパス解析 …… 192

第8章 本書の貢献と課題 ─────────────── 202

1 本書の貢献 ─────────────────── 202

2 本書の課題と今後の研究課題 ─────────── 206

参考文献 ───────────────────────── 210
主要事項索引 ───────────────────────── 239
添付資料：質問調査票 ─────────────────── 244

第 1 章

本書の目的と構成

1　本書の目的

　リレーションシップ・マーケティングとは、サービスや製品を提供する企業とその顧客との関係性を重視するマーケティングの手法や概念を意味し（南 2003）、この際の顧客は、企業顧客の場合と個人顧客の場合とに分かれる。このリレーションシップ・マーケティングの分野において、近年、企業間関係のマネジメントに大きな関心が向けられている。経済のグローバル化、規制緩和などによって市場での競争が激化する中で、より効果的な企業間関係を確立し、顧客内シェアの向上などにつなげることに対して、実務家からの関心も高まっているのである。企業間関係は、モノの取引を中心とするものと、サービスの取引を中心とするものとに分けられるが、企業間取引に焦点を当てたリレーションシップ・マーケティング研究は、製造業における部品などのモノとしての産業財取引の研究を中心に発展してきた経緯があり、企業間サービス取引は、マーケティング論の中心的課題として論じられることは少なかった。研究アプローチにおいても、モノとしての消費財マーケティング研究からの影響が大きく（余田 2000）、サービス・マーケティングにおける研究蓄積は、企業間取引に関するマーケティング（Business to Business：BtoB マーケティング）研究には十分に活用されていない。

　近年のマーケティング研究における、顧客との関係性に関する新たなアプ

ローチとして、Vargo and Lusch（2004；2006；2008a；2008b；2008c；2011）と Lusch and Vargo（2006；2012；2014）が提唱するサービス・ドミナント・ロジック（service dominant logic）における価値共創（value co-creation）の概念が挙げられる。この概念は、企業が顧客へ提供する価値を、企業によって一方的に生産され販売されるものとして捉えるのではなく、企業が顧客と共同で創造するものとして捉えるという考え方である。価値共創概念については数多くの研究が発表されているが、企業間サービス取引における、価値共創概念と、マーケティング研究上重要な概念であるスイッチング・コストや顧客内シェアとの因果関係については、あまり認識されていない。

そもそも、顧客内シェアについての先行研究は、BtoB（Business to Business）マーケティングの分野ではなく、主に BtoC（Business to Consumer）マーケティングの分野で発表されている（Lam, Shanker, Erramilli & Murphy 2004）。Gao, Sirgy and Bird（2005）は、近年のマーケティング研究においては、顧客の価値に関する研究は BtoB マーケティングではなく、BtoC マーケティングの分野で多く見られるとの見解を述べている[1]。Eggert & Ulaga（2008；2010）も、顧客内シェアに関する研究の多くは消費者へのリサーチから生み出されているとし、Eggert & Ulaga（2008）は、顧客内シェア（customer share）や購買シェア（share of purchase）というキーワードを使って、論文検索の主要データベースである EBSCO データベースで検索したところ、29 の実証研究のうち、20 が BtoC マーケティング分野の研究であったと述べている。同様の趣旨で、Eggert and Ulaga（2010）は、1968 年から 2008 年までの顧客内シェアに関する実証的研究を網羅的に検証したところ、54 の研究のうち 37 が BtoC マーケティング分野の研究であったとしている（表1-1）。

また、BtoC マーケティングの分野では、顧客の再購買意向がマーケティング活動の目的として位置付けられることが多い（Mittal, Ross & Baldasare

---

[1] このような傾向は、数十年前から継続していると思われる。Webster and Wind（1972a）は、その冒頭において、顧客の購買行動に基づいた戦略構築の重要性を強調しつつ、購買行動に関する研究論文は、ほとんどすべて個人顧客（consumers）に関するものであると述べている。

表 1-1　顧客内シェアに関する実証的研究

発表年	著者	研究の対象 BtoC	研究の対象 BtoB	対象の業界
1968	Brody and Cunningham	○		小売
1969	Day	○		小売
1993	Fader and Schmittlein	○		小売
1995	East et al.	○		小売
1996	Bhattacharya, Fader, Lodish and DeSarbo	○		小売
1997	Macintosh and Lockshin	○		小売
1999	Reynolds and Beatty	○		小売
2000	Babin and Attaway	○		小売
2000	Bolton, Kannan and Bramlett	○		金融
2000	East et al.	○		小売
2000	Reynolds and Arnold	○		小売
2000	Silvestro and Cross	○		小売
2000	Sivadas and Baker-Prewillt	○		小売
2001	Bowman and Narayandas	○		小売
2001	De Wulf, Odekerken-Schröder and Iacobucci	○		小売
2001	Verhoef	○		金融
2002	Kamakura et al.	○		金融
2002	Sirdeshmukh, Singh and Sabol	○		小売と運輸
2003	De Wulf and Odekerken-Schröder	○		小売
2003	Mägi	○		小売
2003	Odekerken-Schröder, De Wulf and Schumacher	○		小売
2003	Verhoef	○		金融
2004	De Jong and de Ruyter	○		金融
2004	De Jong, de Ruyter and Lemmink	○		金融
2005	Baumann, Burton and Elliott	○		金融
2005	Dixon et al.	○		小売
2006	Leverin and Liljander	○		金融
2006	Mattila	○		宿泊
2007	Baumann, Burton and Elliott	○		金融
2007	Cooil et al.	○		金融
2007	Lacey	○		小売と飲食
2007	Leenheer et al.	○		小売
2007	Meyer-Waarden	○		小売
2007	Wirtz, Mattila and Lwin	○		金融
2008	Babakus and Yavas	○		小売
2008	Hofmeyr, Goodall, Bongers and Holtzmann	○		小売
2008	Meyer-Waarden	○		小売
1970	Wind		○	電機
1995	Leuthesser and Kohli		○	多業種
1997	Leuthesser		○	多業種
1999	Ahearne, Gruen and Jarvis		○	製薬
2000	Bowman, Farley and Schmittlein		○	金融
2003	Keiningham, Perkins-Munn and Evans		○	金融
2004	Bowman and Narayandas		○	加工金属
2005	Auh and Shih		○	情報技術
2005	Keiningham et al.		○	金融と商業車
2005	Liu, Leach and Bernhardt		○	金融
2005	Perkins-Munn et al.		○	製薬と商業車
2005	Reinartz, Thomas and Kumar		○	情報技術
2006	Helgesen		○	漁業
2007	Ahearne, Jelinek and Jones		○	製薬
2008	Bolton, Lemon and Verhoef		○	情報技術
2008	Doorn and Verhoef		○	運輸
2008	Homburg et al.	○	○	多業種

出所：Eggert and Ulaga（2010, p. 1348）を訳出、加工。

1998 ; Jones, Mothersbaugh & Beatty 2000 ; Zhang et al. 2011)。これは、BtoC分野における消費者の方が購買の際の選択肢も多く、他の選択肢にスイッチする際のスイッチング・コストも小さいことに起因していると思われる。BtoBマーケティングの分野でも、再購買意向がマーケティング活動の目的とされることが多い（Patterson & Spreng 1997 ; Spreng, Shi & Page 2009 ; Kellar & Preis 2011）。しかしながら、BtoBマーケティングの分野では、顧客の再購買意向ではなく、顧客内シェアの向上がマーケティング活動の目的として位置付けられるべきである。企業間取引においては、顧客は比較的少数のサプライヤーからの購入を繰り返すことが多く、サプライヤー企業に対して顧客が再購買意向を持っていたとしても、一定期間後には取扱いシェア（サプライヤー企業から見れば顧客内シェア）が低下することがあり得るからである。

　本書においては、リレーションシップ・マーケティングという枠組の中で、企業間サービス取引に焦点をあて、BtoBマーケティング論やサービス・マーケティング論の研究蓄積を活用することによって、価値共創、スイッチング・コスト、顧客内シェアを結びつける理論的フレームワークを構築する（図1-1に本書における研究領域）。

図1-1　本書における研究領域

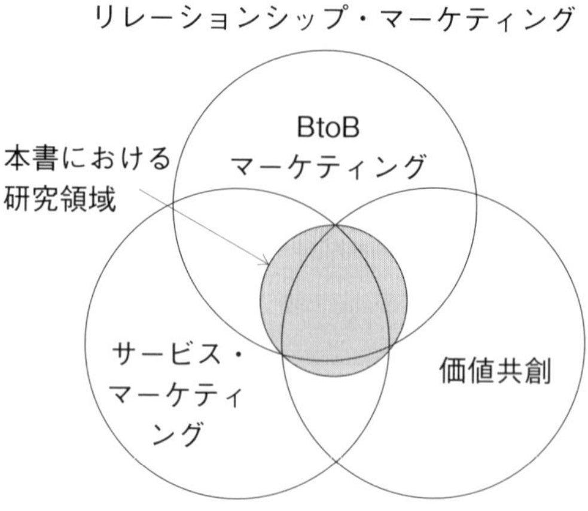

具体的には、価値共創がスイッチング・コストや顧客内シェアに与えるインパクトを、企業間のサービス取引、特に企業金融サービスに着目する形で分析を進め、企業の財務担当管理職を対象として行った定量調査結果を解析することで、サービス提供企業（本書では銀行）のマーケティング戦略への示唆を抽出する。

企業金融サービスに着目するのは、以下に述べる通り、企業金融サービスは多種多様なサービスに分かれており、企業間取引における一般的な特性を体現しているためである。余田（2011）は、企業間取引の基本的な特徴として、1）購買関与者が多層である、2）購買判断基準が合理的である、3）取引金額規模が大きい、4）顧客数は限定的である、5）取引の継続性が長期である、の5点を挙げている。これを企業金融サービスに当てはめた場合、次のように考えられる。

1）多層な購買関与者：企業金融サービスは、各企業顧客にとって非常に重要なサービスであり、特に、融資についての銀行の可否判断は、その企業の命運を左右することもあり得るほどである。また、銀行にとっても、企業顧客から規定通りに融資元本と金利の返済を受けることは、銀行経営上の重要事項である。したがって、顧客である企業側はもちろんのこと、サービス提供者である銀行側においても、その意思決定プロセスに関与する者は組織内の複数の階層にわたっている。つまり、企業金融サービスにおける一連の購買プロセスには、顧客企業の担当者とその役職者・管理職、銀行の担当者とその役職者・管理職などの多層な関与者が認められるのである。

2）合理的な購買判断基準：ここでの合理的判断基準とは、個人顧客の購買判断が感情的な影響を受けやすいこととの対比で述べられている。前述のように、企業金融サービスは、企業顧客と銀行の双方にとって経営上非常に重要な意味を持つサービスであり、感情的要因からの大きな影響は想定されない。

3）大きい取引金額規模：一般的に、企業金融サービスは、個人金融サービスと比較して取引金額が大きい。例えば、個人金融サービスにおける住宅ローンは、大きくても案件あたり数千万円単位の金額であるが、企業金融サービスにおける企業融資は、数億円、あるいは数十億円単位の案件も少な

くないのである。

　4）限定的顧客数：大手銀行ともなれば、個人、法人ともに膨大な顧客数になるが、個人顧客数は法人顧客数の数十倍に上る場合が一般的である。例えば、三菱 UFJ ファイナンシャルグループ（MUFG）は、2013 年 2 月に発表した MUFG の経営戦略において、個人顧客の口座数が 4,000 万口座、法人顧客数が 50 万社と発表している。

　5）長期に継続される取引：銀行の法人顧客の大多数を占める中小企業の 1990 年から 2000 年の 10 年間におけるメインバンク維持率は、83％ であるのに対し（加納 2006）、個人顧客は、2011 年の 1 年間で 24％ の顧客がメインバンクを変更している（新日本有限責任監査法人 2012）。これらは調査対象年が異なるので厳密な比較ではないが、一般的に法人顧客の方が顧客維持率が高く、より長期に顧客関係が継続されるという傾向は示していると思われる。

　このように、企業金融サービスは企業間取引における一般的な特性を体現していることから、BtoB マーケティング上の重要な概念である、スイッチング・コストや顧客内シェアに対して価値共創が与えるインパクトを研究する対象として適していると判断される。

2　本書の構成

　本書は、8 つの章で構成される[2]。

　第 2 章では、BtoB マーケティング論の系譜を、BtoB マーケティングの起点とされる製品類型論から、組織購買行動論、相互作用モデルと発展する経緯をたどることによって、BtoB マーケティング研究がリレーションシップ・マーケティング研究の理論的源流の 1 つとなっている点を明らかにする。

　第 3 章では、リレーションシップ・マーケティング論の系譜について、

---

[2] 第 6 章における分析の枠組や第 7 章における検証分析などの内容については、Watanabe（2014）および渡部（2015）における記述をその土台としている。

リレーションシップ・マーケティング研究における3つの主要アプローチの発展と展開をたどることで、各アプローチが生成・展開されてきた環境要因の違いが、さまざまな理論系譜の存在につながっていることを示す。

　第4章では、サービス・マーケティング論の誕生から発展に至る経緯を、黎明期、発展期、展開期に分けて概観することで、サービス・マーケティングの研究対象が数多くの領域に分散し、実務的な問題解決に焦点があたる状況が生まれていたことを明らかにする。また、サービスの特徴を論述する中で、本書で検証するサービス・マーケティング論の研究成果を明らかにする。

　第5章では、価値共創論の系譜について、その誕生の経緯をたどることで、サービス・ドミナント・ロジックの基本的特徴を明らかにし、10の基本的前提（FP：Fundamental Premise）について論述する。また、価値共創論の課題を分析することで、本書における研究課題の理論的土台を提示する。

　第6章では、本書における研究課題、分析の枠組、そして仮説を提示する。価値共創論の課題が本書の研究課題につながっていることを明らかにし、本書の対象となっている企業金融サービスと分析の枠組について論述する。各仮説の構築に関しては、仮説が成立する理論的根拠について詳細に述べる。

　第7章では、実証研究として、本書において鍵となる各概念の操作化、アンケートを活用した調査の概要、そして、仮説の検証分析について論じる。仮説の検証分析においては、主に、重回帰分析と共分散構造分析のパス解析を活用する。

　第8章では、本書の要約を行うことで、本書の貢献を明らかにすると共に、今後の研究における課題を論じる。

第2章

BtoBマーケティング論の系譜

1 製品類型論

　余田(2000)によれば、BtoB分野のマーケティング研究は、1920年代にM. T. Copelandによって展開された、顧客の購買動機の違いに基づく製品類型論にその起点を求めることができる。M. T. Copelandは、企業間取引における産業財を、設備用機器(installations)、補助的備品(accessary equipment)、業務用消耗品(operating supplies)、加工材料部品(fabricating materials and parts)、原材料(primary materials)の5つに分類し、その分類に沿って製品特性、購買方法、販売促進方法を明らかにした(Copeland 1924)[3]。例えば、設備用機器は、価格が高いこと、高度な技術が求められること、購買頻度が少ないこと、購入量が多いこと、最終意思決定が最高経営責任者によってなされること、などの特徴を持ち、それゆえに販売においては、直販体制、技術のわかる営業マンの採用、巡回セールスの活用、リース

---

[3] このような分類に加えて、メンテナンス、修理、サービスなども加えた形での分類方法も見られる。例えば、Webster (1991) は、産業財 (industrial goods) を、建設 (construction)、重機械 (heavy equipment)、軽機械 (light equipment)、部品 (components and subassemblies)、原材料 (raw materials)、加工原料 (processed materials)、メンテナンスと修理 (maintenance, repair and operating)、サービス (services) の8つに分ける分類方法を提唱している。

の提案、補修部品の迅速な供給、顧客に近い支店の設置などが重要であるとされている（余田 1999）。これに対し、業務用消耗品はほぼ正反対の性質を持つと特徴付けられ、低価格、標準的汎用品、多頻度購買、少量購買などの製品特性から、販売においては、競争力のある価格、迅速な配達、問屋の活用などが有効とされている（表2-1 参照）。

表 2-1 産業財の製品特性、購買方法、販売促進方法

	生産財	設備用機器	補助的備品	業務用消耗品	加工材料部品	原材料
	例	旋盤、印刷機械、原動機、製粉機	時計、ロッカー、オフィス家具、商用車	潤滑油、燃料、オフィス文具、電球	鉄棒、化学薬品、完成部品、仕上材料	羊毛、綿、絹、生ゴム、鉄鉱石
製品特性	価格 製品特性	高価格 高度な技術が必要 受注生産 技術革新と景気変動の影響を受ける	低価格 標準品 在庫生産 市場が消費財市場と重なる	低価格 標準品 在庫生産 市場が消費財市場と重なる	高価格 標準品 在庫生産 技術革新と景気変動の影響を受ける	高価格 品質は、顧客の設備による 顧客の販売方針、工場の状況の影響を受ける
購買方法	購買量 購買頻度 購買動機 意思決定	多量 小頻度 性能、製品サービス 最高経営責任者 長期的意思決定	少量 多頻度 価格 配達 購買部門責任者 短期的意思決定	少量 多頻度 価格 配達 部門長、工場長 短期的意思決定	多量 多頻度 品質 納期 担当重役 契約 自社生産との比較	多量 多頻度 価格 品質 担当重役 市場の価格動向予測 在庫方針
販売促進方法	販売促進 販売組織	技術のわかる営業マン、巡回セールス、リースの活用 補修部品の迅速な供給 直販 顧客に近い支店の設置	頻繁な営業訪問、迅速な配達と補修部品の供給、販売コミッションの設定 直販・問屋・販売代理店の併用	同左 問屋の活用	長期にわたる購買供給関係 一般消費者への訴求 直販・問屋・中間ブローカーの併用 消費財市場もカバーできる組織	供給体制の維持 標準化された販売方法 問屋・協同組合・中間ブローカー等の多岐にわたる

出所：Copeland（1924, pp.132-154）より訳出、加工。

　M. T. Copeland の製品類型論は、上記の商品類型を基にして、各商品類型ごとの製品特性や購買動機を明らかにし、各商品類型に最適なマーケティ

ング手法の在り方を明らかにしようとしたものである。すなわち、製品類型論は、企業間取引における産業財は、商品特性、価格帯、顧客の購買方法などによって比較的同質な商品カテゴリーに分類することができ、同一の商品カテゴリーであれば類似した同質的なマーケティング手法を適用することができるという前提に立っている（Sheth, Gardner & Garrett 1988）。これは、適切な商品類型と各商品カテゴリーのマーケティング手法さえ構築されれば、マーケティング実務者は、自社商品を商品類型にあてはめるだけで顧客の購買動機を理解し[4]、あるべきマーケティング手法を把握できるということを意味する（福田 2002）。このように、製品類型論は単純明快でわかりやすいものではあるが、同じ商品であれば同じマーケティング手法が適用される点に難点がある。同じ産業財でも、購入する企業の用途によって、マーケティング手法の在り方は当然異なってくるからである。

　その後のBtoBマーケティング研究は、第二次世界大戦終了後も大きな進展はなく、1960年代に入るまでは、マーチャンダイジング（商品計画）、広告、マーケット・リサーチなどにおけるBtoC分野の消費財マーケティング研究の発展をBtoBマーケティングに応用する形で展開されてきた（Corey 1962, p.v）。製品類型論のアプローチに影響を受ける形で、製品特性や市場特性における産業財と消費財の差異を分析することが主な研究内容となっていたのである（Alexander, Cross & Hill 1967；Fisher 1969；Dodge 1970）。このような傾向に対してWilson（1965, p.12）は、消費財マーケティング研究を安易にBtoBマーケティング研究に応用することに対して懸念を表明している。つまるところ、この時期の一連の研究の特徴は、既存の消費財マーケティング体系を所与のものとして、産業財との相違に基づいてこの体系を産業材向けに修正しているという点にある。当然の帰結として、当時の産業財マーケティングの構成内容は、「産業財」という名前を除けば、そのまま消費財マーケティングの一般体系としても通用するものであった（野中 1974a）。

　その後、1960年代になると、マーケティング研究全般における新たな潮流である消費者行動論（May 1965；Howard & Sheth 1969；Frank, Massy & Lodahl 1969；Farley & Ring 1970）の影響を受けて、BtoBマーケティング研

究は、次第に買手の購買行動に焦点を当てるようになり、組織的購買者である企業における問題の複雑性、重要性、新規性などに基づいて意思決定のパターンを考察する組織購買行動論が台頭した（余田 2000；福田 2002；笠原 2002；河内 2005)[5]。また、組織購買行動論は、企業の行動科学理論（March

---

4　Copeland（1924）は、購買動機についても分類を試み、産業財に対する購買動機は2種類存在するとしている。すなわち、購買動機（buying motives）と愛顧動機（patronage motives）である。ここでは、購買動機は、「顧客に対して、特定の商品や物品を購入する気にさせる動機」と定義され、愛顧動機は、「顧客に対して、特定の企業と取引を行うようにさせる動機」と定義されている。それぞれの動機の詳細は、以下の表のようにまとめられる。これらの購買動機をまとめるにあたって、Copeland（1924, p.207）は、「消費財に対する一般消費者の購買動機のほとんどが本能的・感情的なものであるのに対して、産業財に対する購買動機や愛顧動機は、すべて合理的な動機（rational motives）である。なぜならば、産業財の買手である企業は、経営幹部の個人的な満足のためではなく、ビジネス上の理由で購買を行うからである」として、産業財の購買動機を合理的な側面に限定する形で論じている。

Copeland（1924）における購買動機の詳細

購買動機（buying motives）	愛顧動機（patronage motives）
① 使用における経済性	① 売手企業の信頼性
② 損失に対する保護、安全措置	② 配送における正確性
③ 生産性の向上	③ 配送における迅速性
④ 使用における信頼性	④ 仕様の遵守
⑤ 品質における信頼性	⑤ 豊富な品揃え
⑥ 耐久性	⑥ 仕様決定における技術的サポート
⑦ 操作や使用における柔軟性	⑦ 修理サービスにおける信頼性
⑧ 操作における単純性	
⑨ 利便性	
⑩ 容易な設置	
⑪ 容易な修理	
⑫ 売上増への貢献	
⑬ 経営管理負担の軽減	
⑭ 販売促進への貢献	
⑮ 従業員の福利厚生と勤労意欲の保護	
⑯ 工場の衛生への貢献	
⑰ 購買における経済性	

出所：Copeland（1924, pp.190-215）より訳出。

& Simon 1958；Cyert, Feigenbaum & March 1959；Cyert & March 1963）の影響
も受け、企業の意思決定における非合理的な側面と、異なる目標を持つ複数
の構成員による相互依存的な意思決定過程を取り入れた形で展開されている
（高嶋 1988）。次節より、その背景や基礎となる概念も含めて、組織購買行
動論について詳説する。

2 組織購買行動論

2-1. 組織購買行動論の定義

　組織購買行動論とは、産業財の購買が組織の共同意思決定に基づくことを
踏まえ、組織としての買手が持つ購買行動のメカニズムを理解することに
よって、その購買行動にあわせた最適なマーケティング手法の選択を行うこ
とができるという考え方である（高嶋 1998）。組織購買行動論の本質は、
「購買企業の購買行動の詳細を分析することによって、販売企業のマーケ
ティングへのインプリケーションを得ようとするもの（余田 1997, p. 49）」で
あることから、このようなマーケティング上のインプリケーションを得るた
めには、購買に関わる企業内の組織形態はどうなっているのか、購買意思決
定はどのようなプロセスでなされるのか、などが明らかにされる必要があ
る。このような特徴を持つ組織購買行動論においては、組織における購買行
動の多次元性が強調され、個人、集団、組織などを関数として購買行動が捉
えられることとなった（余田 1999；河内 2005）。

　また、産業財の購買意思決定は、組織の構成員によって行われ、その意思
決定には、業務目標の達成以外の動機、例えば昇進や社内政治力学などに関

---

[5] 組織購買行動論の範囲については諸説があり、定説は存在しない（余田 1999）。しか
し、野中（1973, p. 127；1980, p. 243）は、Copeland（1924）による製品類型論を「伝統
的マーケティング」もしくは「伝統的アプローチ」として、その後の BtoB マーケティン
グ研究における組織購買行動論とは明確に区別している。本書も、野中（1973；1980）に
従い、製品類型論を組織購買行動論には含めない形で、BtoB マーケティング研究の系譜
を記述している。

する個人的・非合理的な動機[6]が影響することも考えられることから、組織購買行動論においては、製品類型論において合理的な側面に限定された購買動機（注3参照）は否定され[7]、製品類型論では注目されてこなかった、購買意思決定に関与する個人の心理や行動、あるいは複数の構成員に焦点があてられることとなる（高嶋 1988）。

　このような論理展開を経て生まれた組織購買行動論は、（次項にて論じる）購買センター、購買プロセス、購買状況などの概念を活用することによって、購買企業の意志決定を分析するものであり、Webster and Wind（1972a, p. 14）が示すように、組織購買行動は、「製品やサービスの購買必要性を認識し、複数のブランドやサプライヤーを識別し、評価し、選択することである」と定義される。

2-2. 組織購買行動論における中核概念としての購買センター

　企業が産業財を購入する際に、購買担当者が単独で購買意思決定を行うことは有り得ない。産業財の購買意思決定は、企業組織内の複数の構成員によって行われ、個々の担当者の心理や意思を統合する形で共同意思決定がなされるという特徴があり、企業活動としての合理的な購買意思決定が求められるものの、それぞれの構成員は、所属部門の利益や責任から、異なる視点を持って購買意思決定に関与するのである（高嶋・南 2006）。

---

[6] Webster and Wind（1972a, p. 13）は、組織としての購買動機に影響を与える可能性のあるものの例として、購買担当者の個人的価値観・信条、人事評価の在り方、大統領選がある場合の政治的潮流などを挙げている。

[7] Corey（1962, pp. 5-6）は、「企業組織の購買行動は、経済的要因（economic factors）によって、強力に動機づけされている」としながらも、「多くの非経済的（non-economic factors）が頻繁に購買行動に影響を及ぼしている」とし、このような非経済的要因の例として、個人的友情、専門家としての自負、個人的野心などを挙げている。また、Stacey and Wilson（1963, p. 72）は、マーケット・リサーチの立場から、「産業財購買者は、家庭での購買者と同様に人間である。一般消費者の場合に考えられるような心理的要因、欲求、願望、衝動、生理的必要性を持ち合わせているのである。したがって、全く合理的かつ非感情的であるとするような伝統的産業財購買の概念は修正されなければならない」として、産業財購買行動における合理性基準に異議を唱えている。

一般に、企業には購買部や調達部と呼ばれる部署が存在し、購買業務を担当していることが多い。しかしながら、産業財の購買意思決定には、このような購買担当部門以外にも多くの部門が関与している。例えば、産業財が原材料として利用される場合は生産部門が、産業財が新商品の開発として活用される場合はR&D（Research and Development）を担当する開発部門が、産業財の購入に関する資金手当てについては財務部門が、それぞれの立場と責任において、産業財の購買意思決定に深く関わることは明らかである。また、企業による購買・調達活動は、企業経営上重要であり、戦略的かつ組織横断的な課題である（Laseter 1998）との認識が広がる中、企業経営者が産業財の購買意思決定に関わることも多い[8]。

　売手企業の立場に立つと、買手企業のどの部門、どの担当者が、購買意思決定にどのような形で関与するのかを理解することは、自社製品・サービスのマーケティング活動や営業活動において、極めて重要である。買手企業の一部の部門や担当者が当該製品・サービスの購買に反対する場合、商談の不成立を回避するためには、反対の理由を理解し、対策を講じる必要があるからである。

　そこで、Robinson, Faris and Wind（1967）は、このような買手企業の購買プロセスにおいては、複数の構成員が意思決定に関与すると認識した上で、購買における相互作用システムの全体的範囲概念を提唱し、それを「購買センター（buying center）」と呼んだのである。この購買センターは、企業組織の意思決定における、企業の成員間の関係性に注目した概念であり、組織購買行動論の理論的中核の座を占めるものである（高嶋 1992）。

　購買センターを構成するメンバーとしては、1）使用者（users）、2）購買者（buyers）、3）影響者（influencers）、4）決定者（deciders）、5）ゲートキーパー（gatekeepers）の5種類が提唱されており、その役割は以下のよう

---

[8] 近年は、大規模災害発生に備えて、企業のサプライチェーンにおける事業継続計画（Business Continuity Planning : BCP）の観点から、企業経営者による購買業務への関心はさらに高まっている。BCPの全体像や、サプライチェーンにおけるBCPの策定に関しては、Melton and Trahan（2009）やOjha and Gokhale（2009）に詳しい。

表 2-2　購買センターの構成員と役割

構成員	役割
使用者（users）	購買された製品、サービスを使用する
購買者（buyers）	供給業者との契約において、正式な責任と権限を持つ
影響者（influencers）	複数の購買案を評価するための情報と選択基準を提供することによって、直接的に、または、間接的に購買プロセスに影響を与える
決定者（deciders）	複数の購買案の中から最終決定する権限を持つ
ゲートキーパー（gatekeepers）	購買センターへの情報の流れを管理する

出所：Webster & Wind（1972a, pp. 17-18）より訳出、加工。

に定義されている（表 2-2）[9]。

2-3.　購買センター概念とバイグリッド（BUYGRID）モデル

　Robinson et al.（1967, p. 14）は、購買センター概念を基礎として、買手企業の購買プロセスの複雑性を解明するために、購買プロセスの開始から終了までの一連の業務手続きに必要な意思決定のプロセスを「購買フェーズ（buyphases）」として認識した。この購買フェーズには、1）問題（ニーズ）と解決策の予測や認識、2）購入が必要なアイテムの特徴や必要量の規定、3）購入が必要なアイテムの特徴や必要量の記述、4）必要なアイテムを提供可能な企業の探索と概要の確認、5）提案の取得と分析、6）提案の評価と供給企業の選択、7）発注手順の選択、8）パフォーマンスの評価とフィードバック、などの 8 つの意思決定フェーズがあるとした。そして、意思決定フェーズの観点に加えて、買手企業の購買タスクを 3 つの「購買状況（buyclasses）」に分類した。その分類は、1）新規購買（new task）、2）

---

[9]　購買センターは、範囲概念であり、購買部門のような企業における正式な組織ではない。購買センターは、買手企業の購買する財の種類や購買時期が異なると、購買センターの範囲、あるいは構成員も変化するのである（大友 1999）。この意味で、購買センターは、購買という企業活動において、関係する社内関係者や関係部署が適宜結集する、いわば、バーチャルな購買組織形態と位置付けることもできる。

表 2-3　バイグリッド・マトリックス（BUYGRID matrix）

		購買状況（BUYCLASSES）		
		新規購買	修正再購買	無修正再購買
購買フェーズ (BUYPHASES)	1）問題（ニーズ）と解決策の予測や認識 2）購入が必要なアイテムの特徴や必要量の規定 3）購入が必要なアイテムの特徴や必要量の記述 4）必要なアイテムを提供可能な企業の探索と概要の確認 5）提案の取得と分析 6）提案の評価と供給企業の選択 7）発注手順の選択 8）パフォーマンスの評価とフィードバック			

出所：Robinson et al.（1967, p. 14）より訳出、加工。

修正再購買（modified rebuy）、3）無修正再購買（straight rebuy）であり、この3つの購買状況（buyclasses）と前述の8つの購買フェーズ（buyphases）とで構成されるマトリックスを、バイグリッド・マトリックス（BUYGRID matrix）と呼んだ（表2-3）。

　このマトリックスは、購買状況の違いによって、購買決定までの購買フェーズの内容が異なることを意味している。例えば、全く新しい供給先から財を購入する新規購買と、同じ供給先から同一の購買を繰り返す無修正再購買の場合とでは、購入が必要なアイテムの特徴を把握・記述するタスクや、提案を評価し供給企業の選択を行うタスクは、全く異なってくる（あるいは、後者の無修正再購買の場合は、タスク自体が存在しないことも考えられる）のである。

　Robinson et al.（1967）は、さらに、3つの購買状況（buyclasses）ごとに、問題の新規性、情報の必要性、新規代替案の検討という分類を提唱した（表2-4）[10]。

　この分類を見ると、新規購買の場合、慎重に各購買フェーズを実施していく必要があるため、収集しなければならない情報量は最も多くなり、複数の供給先企業の検討も含めた形での新規代替案の検討が重要であることがわか

表 2-4　購買状況の分類

購買状況 (BUYCLASSES)	問題の新規性	情報の必要性	新規代替案の検討
1) 新規購買 (new task)	高い	最も高い	重要
2) 修正再購買 (modified rebuy)	中程度	中程度	限定的
3) 無修正再購買 (straight rebuy)	低い	最も小さい	不要

出所：Robinson et al. (1967, p. 25) より訳出、加工。

る。修正再購買の場合には、すでに当該購買案件に関する、組織としての知識・経験が蓄積されているため、新規代替案の検討は、あくまで限定的なケースに限られてくる。そして、無修正再購買の場合は、必要な情報量も少なく、新規代替案を検討する必要もない。これは、購買活動が通常業務の中で機械的に反復され、単純な補充作業として事務作業化していることを意味する。

　このように、Robinson et al. (1967) は、購買センター概念を示すことで、購買フェーズと購買状況のマトリックスであるバイグリッド・マトリックスにおいて、購買決定までの購買フェーズの内容が、購買状況の違いによって異なることを示し、購買状況の分類は、購買状況の違いが、問題の新規性、情報の必要性、新規代替案の検討にも大きな影響を与えることを明らかにしているのである。

　また、Robinson et al. (1967) のもう1つの功績は、組織の購買行動は、個人の特質、組織成員の相互影響、組織の要因、供給企業からのインプット、環境要因から決定されるという考え方を示唆したことである（野中1973）。彼らが示した購買行動の要因分析フレームワークにおいては、購買意思決定が、供給企業からの事業要件、環境（一般社会、文化、経済、技術的

10　このような考え方は、Howard (1963) が消費者行動の学習モデルにおいて消費者個人の意思決定過程を、学習量に応じて、広範囲問題解決 (extensive problem solving)、限定的問題解決 (limited problem solving)、日常反応行動 (routinized response behavior) の3つに類型化したのと類似しており（野中 1973）、消費者行動論から影響を受けたことが推察される。

図 2-1 購買行動の要因分析フレームワーク

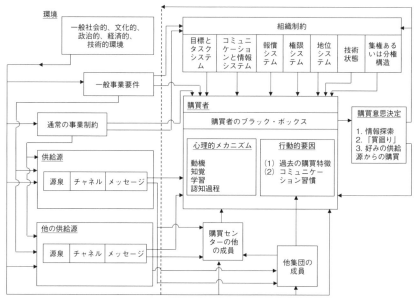

出所：Robinson et al. (1967, p.154) より訳出、加工。

環境)、組織制約(組織の目標システム、情報システム、報酬、権限、地位、技術、集権/分権構造)、購買センターおよび他の集団の構成員、個人の心理的、行動的要因によって規定されるとしている (図 2-1)。

2-4. 購買センター概念についての検証研究

購買センターは、組織の購買意思決定における、組織の成員間の関係性に注目する、組織購買行動論における基礎概念であり (河内 2005)、この基礎概念に関していくつかの検証研究が行われている。Anderson, Chu and Weitz (1987) は、営業部門における管理職を対象とするアンケート調査結果を解析し、新規代替案の検討は新規購買などの購買状況には影響を受けないものの、問題の新規性と情報の必要性の間には相関があり、問題の新規性

と情報の必要性は購買状況の影響を強く受けるとし、Robinson et al.（1967）が提唱したバイグリッド・モデルの内容をおおむね確認したという研究成果を発表している。

また、バイグリッド・モデルの内容をさらに深めるべく、1）購買状況に焦点をあて、新たに組織特性や個人特性などの変数を分析対象とする研究（Moriarty & Spekman 1984）や、2）購買状況の定義を修正（無修正再購買を変数から削除し、その代わりに修正再購買に2つのレベルを設定する）し、技術上の不透明さ（technical uncertainty：購買後、果たして期待通りに機能するのか）や経済的コミットメント（financial commitment：供給先企業や商品選択を誤った場合の負の影響度の大きさ）の2つの要素が構成要因となる認知リスク（perceived risk）を変数として分析対象とする研究（Wilson, Lilien & Wilson 1991）が発表されている[11]。

また、購買センター概念そのものについても、1）外部環境の不透明さが、購買センターの構造に与える影響を探ろうとする研究（Spekman & Stern 1979）、2）購買センター内のパワー構造に焦点をあてることで、購買センターへの影響力の源泉を明らかにする研究（Kohli 1989）、3）購買センターにおける管理職が用いる6つの交渉戦術（約束、推薦、要望、脅迫、嘆願、情報共有）に注目して、それぞれの戦術の相対的影響力を探求する研究（Venkatesh, Kohli & Zaltman 1995）などが行われている。

一方で、製品やサービスの提供企業（売手企業）にとっての購買センター概念の有用性について、実際の販売現場における実用性という観点から、疑問も呈されている。特に、購買センターは、売手企業からみて特定可能なのかという点[12]について、「売手にとっては、せいぜいどの個人、どの部署に

---

[11] 技術上の不透明さ（technical uncertainty）と経済的コミットメント（financial commitment）の2つの要素を構成要因とする認知リスクを分析の対象とする理由として、Wilson et al.（1991）は、購買センターの成員は、これらの2つの要素について判断する能力を持っていることを挙げている。

[12] この点については、Webster and Wind（1972a, p.17）も、「マーケターにとっての問題は、顧客企業における購買責任の所在を明らかにし、購買センターの構成を見極め、購買センター内の承認権限と役割分担を理解しなければならないことである」と述べている。

アプローチするかという問題以上に、(売手側が買手側の組織内部に対して抽象的存在として規定する) 購買センター内の諸要素に関する影響関係などの情報を採取するためのアプローチは、一般的に考えて不可能に近いと言ってもよい (大友 1999, p. 465)」という指摘がある。確かに、売手企業が、外部企業として買手企業の購買センターにおける実情を探ることには一定の限界がある。しかし、「購買センター内の諸要素に関する影響関係などの情報を採取すること」は、必ずしも不可能事ではなく、そのような情報をどこまで採取できるかどうかは、対象となるビジネスによって異なると思われる。

　例えば、企業金融ビジネスにおいては、売手企業であり、金融サービスの提供企業である銀行は、買手企業である顧客企業における購買センターの各成員について、かなり詳しい情報を保持することが多い。多額の設備投資融資案件の場合は、銀行にとっても重要案件であり、自ずと慎重な与信判断とならざるを得ず、融資される資金の「使用者」である工場を銀行の融資担当者が実際に訪問することは珍しいことではない。顧客企業側も、融資審査の是非は企業の浮沈に関わる事項でもあり、「決定者」である財務担当役員や社長自らが積極的に各種の情報を開示することも多い。そして、「新規購買」の場合、すなわち初めての融資の場合は、この傾向は一層顕著なものとなる。逆に言えば、「購買センター内の諸要素に関する影響関係などの情報」が採取されなければ、銀行側の融資許可が下りないことも考えられるのである[13]。

　企業金融ビジネス以外にも、「購買センター内の諸要素に関する影響関係などの情報を採取すること」が不可能事ではないことを示すビジネスとして、経営コンサルティングが挙げられる。経営コンサルティング会社は、外部会社として、顧客企業の一定の経営目標を共に達成すべく、コンサルティング・プロジェクトを顧客企業から請け負うわけであるが、このようなプロジェクトの多くは、特に大型プロジェクトになればなるほど、リピート顧客

---

[13] ここで述べたように、企業金融ビジネスにおける銀行と顧客企業の関係は、一種の共同作業を伴うことがある。このような共同作業のもたらす効果については、後述の価値共創論にて詳細に論じる。

からの依頼であることが多い[14]。リピート顧客からプロジェクトの打診を受けた経営コンサルティング会社は、正式契約の前段階で、顧客企業におけるプロジェクトの「使用者」、「購買者」、「影響者」、「決定者」、「ゲートキーパー」と詳細な面談を実施し、購買センター内の諸要素に関する影響関係を深く把握した上でプロジェクトに臨むのである[15]。このような段階を経てコンサルティング・プロジェクトが開始されることは、経営コンサルティング会社側の理解や認識をより深めることで、プロジェクトの成果をより充実させることにつながる。顧客企業もその点をよく理解しており、プロジェクトを繰り返し依頼するような経営コンサルティング会社に対しては、むしろ積極的に「購買センター内の諸要素に関する影響関係などの情報」を共有するのである[16]。

2-5. バイグリッド（BUYGRID）モデルに続く主要モデル

　ここからは、Robinson et al.（1967）が購買センター概念を提唱した後に発表された、組織購買行動論における主要モデルをレビューする[17]。

2-5-1. Webster and Wind（1972a）のモデル

　Webster and Wind（1972a, pp.13-14）は、「組織購買行動は、（単純な即時的行動ではなく）複雑なプロセスを持ち、多くの人が関わり、多次元的な目的や潜在的には相反する判断基準を包有するものである」という認識をベースに、環境、組織、購買センター、個人特性が、購買意思決定プロセスを規

---

[14] そもそも初めて依頼する経営コンサルティング会社に対して、いきなり大型プロジェクトを発注する企業は少ない。

[15] 一般には、このような面談後、経営コンサルティング会社は、プロジェクト予算も含めた形で正式なプロジェクト提案書を顧客に提出し、その提案書を顧客企業のマネジメントが決裁した段階で契約が成立し、コンサルティング・プロジェクトが開始される。

[16] 経営コンサルティングと顧客企業間のこのような共同作業も、後述する価値共創の概念を体現する事例の1つとして捉えることができる。

[17] 組織購買行動論における各モデルについての主な包括的研究としては、Moriarty（1983）やMöller（1985）を挙げることができる。

図 2-2　組織購買行動を規定する変数の分類と例

影響源	タスク変数	ノンタスク変数
個人的	最低価格を獲得する欲求	個人的な価値観とニーズ
社会的	製品規格の設定	職場外でのインフォーマルな交流
組織的	品質に関する会社方針	地域社会に関する会社方針
環境的	予想される事業環境	選挙年における政治的風潮

出所：Webster and Wind（1972b, p. 29）より訳出、加工。

定する要因であることを主張した。

　彼らの基本モデルは、B＝f(I, G, O, E) であり、そのモデルにおいて、組織購買行動（B）は、個人的要因（I）、社会的要因（G）、組織的要因（O）、環境的要因（E）の関数である。そして、それぞれの独立変数は、仕事に直結しているタスク変数と、仕事とは直接関係のないノンタスク変数に分類されるとされ、この点を考慮すると、彼らの基本モデルは、B＝f(It, Int, Gt, Gnt, Ot, Ont, Et, Ent) に修正され、本モデル式に基づいて組織購買行動を規定する変数を示したものが、図 2-2 である。

　Webster and Wind（1972a）は、これらの変数から最終的に組織購買行動が決定される一般モデルを、図 2-3 のような形で示している。

　図 2-3 に表されているように、Webster and Wind（1972a）は、環境、組織、購買センター、そして個人が、購買意思決定プロセスを規定する要因としている。それぞれの要因を見てみると、まず、物理的環境などの環境要因は、1) 製品・サービスの供給状況、2) 購買企業が直面する一般的事業環境（経済成長率、国民の収入水準、金利、失業率）、3) 購買行為が何らかの規制を受ける社会の価値と規範、4) 購買組織への情報フローの 4 点を規定する。このことから、環境要因は、購買組織の意思決定者の価値、選好、選択、行為に影響を与えると共に、組織購買目標遂行の制約条件ともなるのである（野中 1973）。

　次に、Webster and Wind（1972a）は、組織要因については、Leavitt（1964）が提唱する 4 つの変数、すなわち、1) 組織の技術（購買に関する問題解決能力）、2) 組織の構造（コミュニケーション、責任権限、地位、報奨、業

図 2-3 Webster and Wind (1972a) の組織購買行動モデル

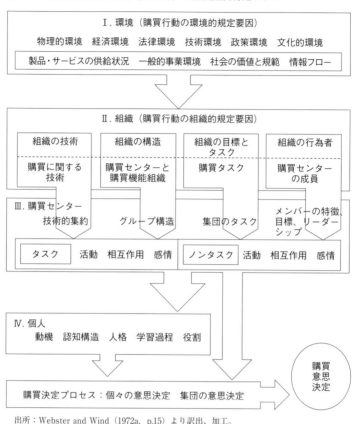

出所：Webster and Wind (1972a, p.15) より訳出、加工。

務フローシステム）、3) 組織のタスク（組織の目標を達成するためのタスク）、4) 組織の行為者（メンバーの特徴・目標・リーダーシップ）に焦点をあて、これらの変数の複雑な相互作用が購買センターに影響を与えるとしている。

購買センターは、Webster and Wind (1972a) において、組織要因の一部として捉えられており、前述のように、使用者、購買者、影響者、決定者、ゲートキーパーという5種類の集団によって構成されるとしている。これらの集団間の相互作用としての購買行動に対して、上記の Leavitt (1964)

が提唱する4つの変数が影響を及ぼし、活動、相互作用、感情などのプロセスを経て、最終的な購買意思決定に結び付くとされている。また、最終的な購買意思決定は、組織の成員である個人の関数でもあるとされ、個人の行動は、動機、認知構造、人格、学習過程、役割の5つの変数によって規定され、上記の（購買センターを含む）組織要因と併せて、最終的な購買意思決定に結び付くとされている。

　以上のような組織購買意思決定プロセスのモデルは、企業間取引におけるマーケティング戦略に対して、どのような示唆を持つのであろうか。Webster and Wind（1972b）は、このモデルを、組織購買行動を分析し、理解するフレームワークを提供するものとして位置付けている。

　具体的には、マーケターは、このモデルを活用することによって、購買センターの特定、購買意思決定プロセスの本質、購買状況（新規購買、修正再購買、または、無修正再購買）、購買意思決定に影響を与える要因（環境、組織、購買センター、個人）の4点についての情報収集に役立てることができ、これらの情報を分析することで、1) どの市場セグメントを追求するべきか、2) マーケティング戦略の内容（商品、価格、販売促進、流通）は、どうあるべきか、3) マーケティング活動は、どのように組織され、計画され、実行され、管理されるべきか、4) マーケティングの市場調査は、どうあるべきかなどの4つのマーケティング戦略上の質問に答えることができるのである。Webster and Wind（1972b）は、マーケティング戦略上の決定と、その決定を下すために必要となる情報を、図2-4のようにまとめている。

2-5-2. Sheth（1973）のモデル

　Sheth（1973）のモデルは、購買意思決定プロセスをより深く研究すべく、情報の積極的探索、期待形成、意思決定に際してのコンフリクト（利害衝突）などの新たな変数を、その分析の対象としている。このモデルでは、購買担当者、エンジニア、ユーザーの三部門が、相互作用をしながら共同で購買意思決定にあたるとしているが、これらの三部門による購買に対する期待が異なるのは当然であり、三部門間の心理的相違点がSheth（1973）の研究の焦点となっている（野中 1980）。

図 2-4　マーケティング戦略上の決定と必要となる情報

	マーケティング戦略上の決定に必要となる情報						
	購買センターの特定	購買意思決定プロセスの本質	購買状況	購買意思決定に影響を与える要因			
				環境	組織	社会	個人
マーケティング戦略上の決定　1. ターゲットとする市場セグメントの明確化							
2. マーケティング戦略の内容の決定（商品、価格、販売促進、流通）							
3. マーケティング活動のマネジメント（組織、計画、実行、管理）							
4. マーケティングにおける市場調査							

出所：Webster and Wind（1972b, p. 111）より訳出、加工。

　Sheth（1973）は、それぞれの部門による期待の差を生み出すものとして、1）各人のバックグラウンド、2）情報源、3）積極的探索、4）（同じ事実であっても知覚の仕方が異なるという）歪曲感覚、5）購買満足、の5つの要因をそのモデルに組み込んでいる（図2-5）。

　図2-5における「期待」とは、特定の購買意思決定における明示的および暗示的目的を満たすと知覚されている代替供給者と代替ブランドへの期待を意味する。明示的目的は、製品の品質、納期、供給量、アフターサービス、価格を含んでおり、暗示的目的は、評判、規模、場所、互恵取引、そして、売手企業の個性、技術的専門性、セールスマンシップ、セールスマンのライフスタイルなどを含んでいる。寡占状態の市場においては、売手企業側のマーケティング・ミックスがより標準化され、暗示的な目的がその重要性を増してくるのである。

　また、「期待」に関するほとんどすべての過去の研究結果は、購買担当者、エンジニア、ユーザー間で期待が大きく異なることを示している。これは、一般的に製品のユーザーは、迅速な配送、適切な据付け、効率的な保守作業を期待するのに対し、購買担当者は、価格メリット、配送や転送の経済性を期待し、エンジニアは、優れた品質、標準化された製品、製品の技術的事前

図 2-5　Sheth（1973）の購買行動モデル

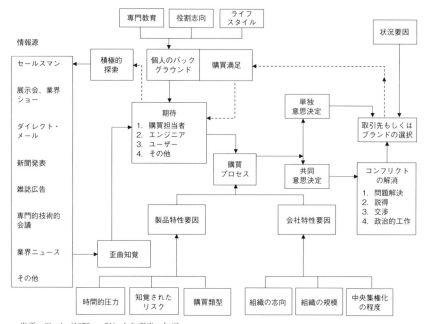

出所：Sheth（1973, p.51）より訳出、加工。

テストを期待するなど、期待されるものが全く異なるからである。このような「期待」における大きな相違は、これらの三者間の絶えざるコンフリクト（利害衝突）の発生原因となっている。

　一方、購買プロセスは、すべての場合でこのような三者による共同意思決定によるとは限らず、単独の部門の意思決定による場合もあり得る。購買意思決定が、共同意思決定か単独意思決定かの決定要因として、3つの製品特性要因と、3つの会社特性要因が指摘されている。

　まず、3つの製品特性要因とは、時間的圧力（購買意思決定が緊急を要する場合は、単独意思決定に任されることが多い）、知覚されたリスク（知覚されたリスクとは、意思決定者が誤った選択を行った場合に、その意思決定者が知覚する逆効果の大きさと、意思決定時における不確実性を意味する。知覚されたリス

クが大きいほど、複数の部門が意思決定に関わる共同意思決定となることが多い)、そして、購買類型(初めての購買や一生に一度の購買のような場合は、共同意思決定となることが多いが、購買が反復的、日常的なものである場合は、単独意思決定に任されることが多い)である。

次に、3つの会社特性要因とは、組織の志向(買手企業が技術志向の企業であれば、技術部門が購買意思決定を支配することが多く、買手企業が生産志向の企業であれば、生産部門が購買意思決定を支配することが多くなる)、組織の規模(企業規模が大きくなるほど、意思決定は合議制、すなわち、共同意思決定となることが多い)、そして、中央集権化の程度(中央集権の程度が高ければ、共同意思決定となる機会は少なくなる。技術志向あるいは生産志向の未上場の中小企業は単独意思決定に傾くことが多く、上場している分権化された大企業は共同意思決定を行う傾向にある)である。

このような製品特性要因や会社特性要因が影響を及ぼす購買プロセスへの理解を踏まえた上で、Sheth (1973) は、購買意思決定者間の意見の対立と、コンフリクトの解消が、最も重要な局面であるとしている。March and Simon (1958) によれば、異なる目標や認識を持つ人々が、共同で何らかの決断をする必要性が生じた場合、コンフリクトは発生する。部門間のコンフリクトは、必ずしも悪いことではないが、企業組織として重要なことは、そのコンフリクトがいかにして解消されるかである。部門間の対立が、取引先やブランドに対する不一致にあるならば、それは「問題解決」によって解決することができる。このような場合、より多くの情報を積極的に収集・検討し、従来は考慮していなかった取引先を探索するのである。追加情報が問題解決に提供されることで、コンフリクトは減少する。

部門間の意見が、購買目的では一致しているが、取引先の評価基準については不一致である場合は、「説得」によって解決することができる。意見の合わないメンバーに会社全般の目的を指摘し、そのメンバーの基準が、会社の目的と合致しないことを説得するのである。「問題解決」と「説得」は、時間がかかる傾向はあるものの、共にコンフリクト解消の有効かつ合理的な方法である。

コンフリクトが最も典型的に発生するのは、部門間に購買目標や目的にお

いて根本的な差異がある場合である。このような状況は、設備投資などの資本支出に関連する新規購買意思決定の際に、特に頻繁に見られる。このコンフリクトは、個々の関係者の購買目的の重要性を変えることによって解決するのではなく、「交渉」によって解決される。このような「交渉」の場合は、ある部門への将来の何らかの利益見返りとして、単独意思決定への了解を取り付ける、といった形でコンフリクトの解決が図られるのである。また、意見の対立が購買目標や目的に関するものではなく、意思決定の方法に関する場合は、発生するコンフリクトは深刻になり、悪感情を発生させる。このような場合、通常は「政治工作」が用いられ、「交渉」や「政治工作」は意思決定プロセスでよくあることではあるが、問題解決の方法としては非合理かつ非効率な方法である。

　以上が、Sheth（1973）による購買行動モデルの内容である。このモデルは、売手企業側がその販売行動において購買担当者に加えて購買意思決定に参加する他の部門の人々の心理も研究する必要があり、このようなモデルを常に思い描くことによって意識的かつ体系的な販売行動を展開することが可能となることを主張しており（野中 1980）、購買プロセスを単独意思決定と共同意思決定に分けて把握する包括的なモデルとなっている。その後の組織購買行動研究の多くは、Webster and Wind（1972a）や Sheth（1973）の包括的モデルの枠組みに沿う形で、個別に研究が進められてきたのである（村山 1994）。

　一方で、Webster and Wind（1972a）や Sheth（1973）による購買行動モデルについて、現実的な実用性を見出し得ないという指摘もある。大友（1999）は、買手企業である購買側企業において新規に発生する問題は常に不定的であり、その度に影響関係やその範囲も変動することから、過去の情報が無意味となり、モデルの一般的適応性も非常に低いものとならざるを得ないと指摘している。確かに、売手企業と買手企業が、多数の製品・サービスについて売買関係を持ち、「企業対企業」というレベルで、両者間の販売・購買行動を俯瞰すれば、売手企業が複数種類の製品を売り込もうとする度に、それらの種類ごとに購買決定への関与者も異なることが観察されると思われる。しかしながら、実務レベルでこの問題を考察すると、実務の現場

では、特定の製品・サービスの「営業担当者対購買担当者」というつながりが複数存在するのである。営業担当者は、自分が担当する製品・サービスの範囲内のみで情報収集努力を行えばよいのであり、自社が買手企業に対して販売する、すべての商品・サービスにおける購買意思決定関与者の情報収集を行うわけではないのである。

　また、経営コンサルティング会社のような、比較的「単品サービス」を提供する企業の場合は、そもそも買手企業側で購買案件ごとに発生する変動幅はそれほど大きいものではなく、情報収集努力効果の時間的短期性は、大きな問題とはならない。大友（1999）は、買手企業の購買担当者の担当部署が頻繁に変わることも指摘しているが、買手企業も、購買担当者の購買スキルを維持・発展させる必要があり、売手企業側に情報収集努力効果の短期性の問題を引き起こすほどの頻度で、買手企業が購買担当者の人事異動を行う合理性は存在しないと思われる。

2-5-3. Anderson and Chambers（1985）の報酬／測定モデル

　Anderson and Chambers（1985）は、購買センターのメンバーのモチベーションと購買意思決定への関与について、Webster and Wind（1972a）の理論を発展させた報酬／測定モデルを開発している。このモデルは、2つのサブモデルから構成される。サブモデルの1つ目は、購買プロセスに関わる個人のモチベーションモデルであり、このモチベーションモデルの構築にあたっては、Galbraith and Cumming（1967）、Lawler（1971）、House（1971）などによる、モチベーションは期待と成果の関数であるとする期待理論がベースとなっている。このモチベーションモデルを図2-6に示す。

　ここでは、内的報酬と外的報酬が、モチベーションと満足に影響を与える重要な概念である。外的報酬は、給与、昇進、給与外給付などによって構成され、パフォーマンス測定システムによって、その配分が決定される。一方、内的報酬は、各自が自分自身に与える自己評価や自己実現であり、購買行動や購買成果が内的報酬に直接の影響を及ぼす。例えば、購買センターのメンバーであるエンジニアが、新たな電子部品をデザインする過程で内的満足度を高める、といったケースが考えられる。

図 2-6　Anderson and Chambers（1985）のモチベーションモデル

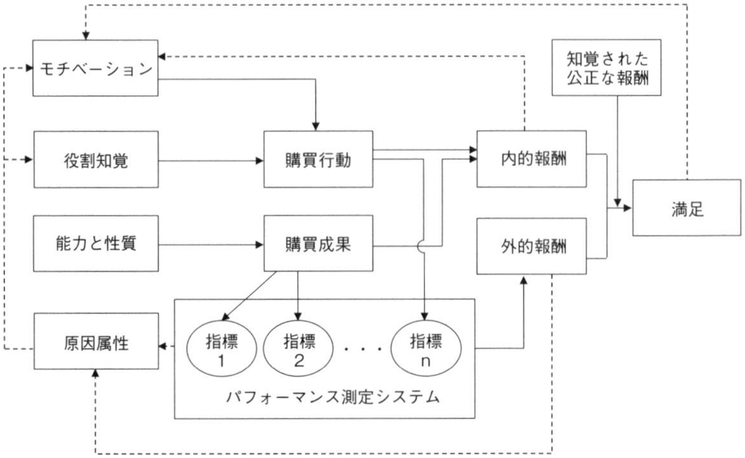

出所：Anderson and Chambers（1985, p.9）より訳出、加工。

　満足は、内的報酬と外的報酬に加えて、知覚された公正な報酬から影響を受ける。知覚された公正な報酬とは、各自が、自身の努力度合い、パフォーマンスのレベル、目標の達成度合いなどに対して自分が受け取るべきだと知覚する報酬を意味する。知覚された公正な報酬が実際の報酬と等しければ、満足度は高くなるが、知覚された公正な報酬が実際の報酬を上回る場合は、満足度は低くなるのである。

　Anderson and Chambers（1985）の2つ目のサブモデルは、集団の合意形成モデルである。この集団の合意形成モデルを図2-7に示す。

　この2つ目のサブモデルにおいては、合意形成は、必ずしも、購買センターにおける各メンバーの全面的合意を意味するものではなく、合意された内容を実行するというコミットメントを示唆するものに過ぎない。ここでは、購買センターの各メンバーには主たる所属部門があり、その部門の意向が各メンバーの主張する内容・ポジションに影響を与えることが、その背景となっている。

　このように主たる所属部門からの各メンバーへの影響がある中で、An-

図 2-7　Anderson and Chambers（1985）の集団の合意形成モデル

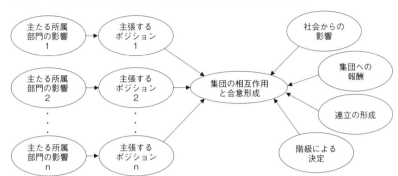

出所：Anderson and Chambers（1985, p.10）より訳出、加工。

derson and Chambers（1985）は、Sheth（1973）のモデルに沿う形で、社会からの影響（社会からの情報[18]や社会的報酬・処罰）、集団への報酬（個人ではなく、集団への外的報酬[19]）、連立の形成（購買センターにおける数人のメンバーが、購買意思決定への影響力増大を狙って、特定の購買案件についてのグループ・派閥を形成する[20]）、階級による決定（購買センターで最も社内的地位が高いメンバーが決定を下す）などが購買センターにおける合意形成に貢献するとしている。

　Anderson and Chambers（1985）は、これら2つのサブモデルを併せたフルモデルが、購買センターにおける各個人の購買行動と、各個人が購買センター全体の意思決定に関与するプロセスを説明するものとし、報酬／測定システムが購買プロセスへの各個人の行動に影響を与えることを、産業財の購買者に対する実証研究で明らかにしている。

---

[18] ここでの「情報」は、Sheth（1973）のモデルにおける、コンフリクト解消の際の「問題解決」における情報収集と、「説得」における情報の活用と同じ文脈で使われている。

[19] Ouchi（1981）は、日本企業が部門間の摩擦を最小化できている理由の1つとして、日本企業における報酬が、各部門のパフォーマンスではなく、組織全体のパフォーマンスに連動していることを挙げている。

[20] このようなグループ・派閥の形成は、Sheth（1973）のモデルにおける「政治的工作」に相当する。

2-6. 組織購買行動論の貢献と限界

　ここまで組織購買行動論における主要モデルを概観したが、以下においては、これらの組織購買行動論の貢献と限界について議論する。

　まず、貢献については、伝統的アプローチである製品類型論は、商品特性があるべきマーケティング手法を規定するという前提に基づいており、単純明快でわかりやすいアプローチではあるが、同じ商品であれば同じマーケティング手法が適用される点に難点があった。

　これに対し、組織購買行動論は、製品ではなく、買手企業に着目することで、買手企業の購買行動に関与する組織構成員の集合体として購買センターという概念を構築し、この概念を基礎として、購買行動における意思決定プロセスについての考察を展開した。具体的には、購買の必要性が発生してから、製品・取引先・ブランドの選定、購買後評価に至るまでのプロセスを、包括的かつ段階的に捉える購買行動モデルを提唱することで、購買意思決定が行われる際に活用される情報源を明らかにし、その情報源からの情報は、購買センターの各構成員が持つ期待の違いによって、全く異なる形で知覚されることも明らかにしている。

　さらに、組織購買行動論は、購買行動における意思決定プロセスを分析する中で、意思決定プロセスがさまざまな条件によって影響を受けることを示し、このような購買意思決定プロセスに影響を与える要因として、購買の新規性などの購買タスクの性格、購買センター構成員の個人的特性、購買対象製品の製品的特性、購買企業の組織的特性などを挙げている。これらの要因における差異は、とりわけ、購買センターにおける購買意思決定者間のコンフリクトの解消方法を大きく左右することが指摘されている。

　このように、組織購買行動論は、購買センターにおいて各種情報が処理される過程を分析し、購買センター構成員の意思決定への関与度合い・方法を認識した上で、各構成員への適切なアプローチについて示唆を提供するものである（高嶋 1992）。このような示唆は、マーケターが、製品・サービスの特性、購買企業の組織的特性、購買センター成員の個人的特性などの意思決定プロセス影響を与える要因を理解する重要性を強調し、買手企業の購買意

思決定に関する情報収集パターンや、購買意思決定者間のコンフリクト解消パターンに着目する形で日々のマーケティング活動を行うべきであることを示している。

　しかし、この組織購買行動論にも限界が指摘されている。一般に、企業間取引においては、取引関係が継続的な性格を持ちやすいとされており、マーケティング活動も、このような長期的関係を前提として展開されることが多い。しかし、組織購買行動論は、各製品の購買機会ごとに（すなわち、マーケティングにおける鍵概念である「交換」ごとに）、購買企業の意思決定がなされると考えており、これでは企業が継続的取引関係を戦略的に選択したり、わざわざ努力して形成しようとする行動を、組織購買行動論では説明できないのである（高嶋 1998）。

　また、組織購買行動論は買手企業の購買組織や購買意思決定のプロセスに焦点をあてるあまり、売手企業との相互作用を分析の対象としていない（余田 1997）。現実のマーケティング活動においては、売手企業は、買手企業である顧客の情報を収集するだけではなく、顧客企業とさまざまな情報を交換することによって協力して問題解決にあたることが多い。例えば、顧客企業が製品の仕様や生産量などについての要望を伝えたり、売手企業が製品の開発段階で顧客企業に試作品を持ち込んで改良のための意見を聞くなどという共同作業は、一般に観察される企業行動である（高嶋 1998）。購買局面における組織性のみに焦点をあてる理論は、このような売手企業と買手企業との間で現実に起きている現象、すなわち、相互作用をうまく説明できないのである。

　同様の文脈で、Corey（1962）は、売手と買手の関係は、営業、購買、アフターサービス、技術、生産、品質管理など、両者の多くの部署を巻き込む継続的（continuing）なものであり、販売ボリュームを決定する要素であるとして、継続的な企業間関係の重要性を強調している[21]。このような継続的企業関係の形成や、企業間の相互作用の論点を含めた、企業間の関係性に対する問題意識の高まりが、1970年代後半以降にスウェーデンのHåkanssonを中心とするIMP（Industrial Marketing and Purchasing）グループ[22]によるアプローチである相互作用モデルへと発展していく（余田 2000；福田

2002)。

3 相互作用モデル

3-1. 相互作用モデルの基本的な考え方

　Häkansson（1982）は、1980年における彼自身の研究成果（Häkansson 1980）も踏まえつつ、企業間取引における相互作用モデルを提唱している。Häkansson（1982）による相互作用モデルの基本要因は、図2-8のように示される。ここでは、この相互作用モデルの基本的な考え方について論述する。

　このモデルで強調されているのは、相互作用プロセス、相互作用プロセス

図2-8　相互作用モデルの基本要因

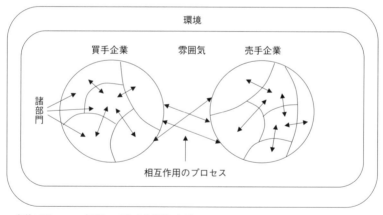

出所：Häkansson（1982, p.15）より訳出、加工。

---

[21] Corey（1962, p.463）は、売手と買手が、長期的な視野に立ってお互いの利益を追従する関係性のあるべき姿として、売手は、買手が情報漏えいの心配なく助けを求められるような売手であるべきであり、買手は、売手からの新しいアイデアには購入額を増やすことで報いるような買手であるべきである、と主張している。
[22] IMPグループについては、第3章にて詳述する。

への参加者、相互作用が行われている環境、相互作用に影響を与える雰囲気の4つの要因である。まず、1つ目の要因である相互作用プロセスについては、企業間取引における相互作用プロセスを、「エピソード（episodes）」と「関係性（relationship）」の2次元で捉えている（高嶋 1988）。エピソードとは、長期的なものとなることが多い企業間取引関係において、売手企業と買手企業の間で発生する逸話的経験を意味する。例えば、特定の注文における発注や配送に関する逸話的経験が、長期的関係性に影響するという考え方である。

このエピソードは、1）製品・サービスの交換、2）情報の交換、3）金銭の交換、4）社会的な交換、の4つの要素から成る。製品・サービスの交換はコアとなる交換であり、この交換の関係性へのインパクトは、売手企業が購買に伴う不確実性をどこまで減らすことができるか、に大きく左右されるであろうし、情報の交換においては、技術的、経済的、組織的な質問が売手企業と買手企業の間の情報交換の大部分を占めることが重要である。また、金銭の交換は、関係性の経済的重要性を測定する尺度であり、社会的な交換は、売手企業と買手企業の間に存在する不確実性を減少させる機能を持ち（Häkansson & Östberg 1975）、企業間に地理的な距離や文化的な乖離がある場合は、このような機能はより重要となる。また、社会的な交換は、売手企業と買手企業の関係性を固定する働きがあり、企業間の非公式なコミュニケーションや相互信頼に立脚するものである。

このような「エピソード（episodes）」の積み重ねは、売手企業と買手企業の長期的関係性を構築する上で非常に重要なものであり、企業間の「関係性（relationship）」においては、エピソード交換が慣習化（routinization）されてくると、お互いが持つ取引相手の役割への期待値が、組織として「制度化（institutionalized）」されて最早疑問も挟まれなくなってくるのである。さらに、情報の交換に関するエピソードは、異なる部門間の関係に影響を与えたり、さまざまなメッセージを伝達したりするような個人やグループから形成される、組織間の「接触様式（contact patterns）」をより強固なものとする。情報の交換や社会的な交換は、具体的な製品・サービスの交換が存在しない場合でも、長期間継続することが可能であり、文献の共有、仕様の共同開

発、相互訪問などは、製品・サービスの注文間隔が長くなった場合でも、よく行われる企業行動である。

「制度化」、「接触様式」に加えて、「関係性（relationship）」についてもう１つの重要な要素が、「適合化（adaptation）」である。適合化とは、企業間関係を継続していくうちに、より円滑な交換を実現するためにお互いの要求や考え方、あるいは、相手の文化的特性などを理解したり、受け入れたりしていくことを指す（大友 1999）。売手企業と買手企業による適合化の効果としては、コストの削減、売上高の増加、従来とは異なる交換の管理手法などが挙げられる。このような「関係性（relationship）」に関する、制度化、接触様式、適応化という３つの要因は、交換が反復して行われることによって形成されるものである。すなわち、企業間における継続的で包括的な取引関係が、交換の反復によって強化され、制度化、接触様式、適応化の３つの特徴を生み出すのである。

Häkansson（1982）の相互作用モデルにおける２つ目の要因である相互作用プロセスへの参加者も、（上記のような相互作用の要因に加えて）相互作用プロセスや企業間の関係性に影響を及ぼすものである。この要因は、売手企業と買手企業の組織的性格という側面と、売手企業と買手企業に属する個人の個人的特性という側面がある。組織的性格の例としては、製造者や問屋としての市場におけるポジション、売手企業が生産する製品、売手企業と買手企業の生産や応用技術のレベル、などが挙げられる。また、個人的特性は、個々のエピソードにおける反応という形で、売手企業と買手企業の関係構築の方向性に影響を与える。

Häkansson（1982）の相互作用モデルにおける３つ目の要因である環境は、５つの要素から形成される。それらは、1）市場の構造的特性（売手企業と買手企業の市場占有率、市場の変化度合いなど）、2）企業間関係のダイナミック度合い（親密な企業間関係が企業行動予測を容易にするものとして、正の効果をもたらすのか、あるいは、特定の企業関係への過度の依存が機会コストの増大という形で負の効果をもたらすのか）、3）国際化の進展状況（売手企業や買手企業の市場が国際化されている場合は、国境を越えての企業間関係を構築するという方向の力学が働く）、4）製造チャネル上の地位（売手企業の買手企業

との関係は、買手企業が売手企業として関係する第三の企業との関係の影響を受ける）、5）社会システム（売手企業と買手企業が属する市場が、水平分業が進んだ市場なのか、垂直分業が進んだ市場なのか、あるいは、国際化が進んだ市場であれば、貿易規制や外国為替相場はどのような水準なのか等）、の5つの要素である。

　Häkansson（1982）の相互作用モデルにおける4つ目の要因である雰囲気は、いくつかの要素、すなわち、売手企業と買手企業の間のパワー・依存関係、企業間のコンフリクトや協業（co-operation）の状態、関係性の距離感、売手企業と買手企業の相互への期待などの要素によって規定される。これらの要素は、環境的特性、組織的特性、そして相互作用プロセスの特性などの組み合わせから成る介在変数（intervening variables）によって計測される。雰囲気は、関係性の結果として生じるものであるが、Häkansson（1982）は、関係性の距離感（closeness）が近ければ近いほど良いというスタンスは取っておらず、コスト・ベネフィット概念をベースとする経済的次元と、支配概念をベースとする操作的な次元という2つの次元から、関係性の距離感がもたらすインパクトを解明しようとしている。

　まず、経済的次元については、売手企業と買手企業のより緊密な関係性がいくつかのコストを低減させる可能性があることを指摘している。Williamson（1975）の取引費用論を活用して、緊密な関係性は、流通・交渉・管理における効率が向上することで取扱いコストの低下が見込めるとしている。また、緊密な関係にあるサプライヤーとその顧客企業が、二社間の製造に関するプロセスを変更したり、製品のデザイン段階で協業することによって製造コストが低下する可能性が指摘されている。コスト削減だけではなく、緊密な関係性が設備やその他の経営資源の相互活用を促し、新商品の共同開発、技術的・商業的情報の共有などが売上高の向上につながるとしている。

　操作的次元については、緊密な関係性にある売手企業と買手企業は、相手へのコントロールを高めることで、購入や販売における不確実性を減少させることができるとされている。関係性をコントロールする能力は、お互いの知覚されたパワー（perceived power）に関わっており、パワーの知覚は、関係の初期的段階では不透明かもしれないが、初期段階でのエピソードの交換

が、お互いのパワーについて理解することを可能にする。知覚されるパワーは、時間の経過と共に変化し、組織 A の組織 B に対するパワーが増大した場合は、組織 B の組織 A への依存を意味し、一方の組織が他方の組織に依存している状況は、相互作用を制限すべき要因となる可能性が指摘される。1 つの関係における時間や資源への投資は、他の組織との関係への投資の価値に関連する機会コストを意味し、また、依存する側の組織は、相手組織が反対するためのパワーを行使した場合、脆弱な立場に陥るからである。このような状況は、サプライヤーがその売上高の大半を 1 社への販売に依存しているような場合（あるいは、逆に、購買企業がサプライヤー 1 社からの購入に依存している場合）に発生する。このようなパワーのアンバランスを回避することは、企業間取引におけるマーケティング戦略や購買戦略における重要な課題である。

　以上のような議論を踏まえた上で、Häkansson（1982）は、相互作用モデルを図 2-9 のようにまとめており、売手企業と買手企業の間の関係性における相互作用プロセス・参加者・環境・雰囲気に着目することによる、コス

図 2-9　相互作用モデル

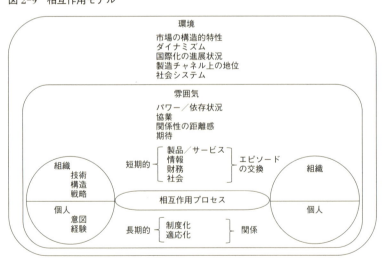

出所：Häkansson（1982, p.24）より訳出、加工。

トの削減や売上高の増大の可能性を指摘し、そして、関係性維持における操作性の問題への戦略的対応の重要性を強調している。

3-2. 相互作用モデルにおける売手企業のマーケティング戦略の類型化

　売手企業のマーケティング戦略は、顧客である買手企業との関係性が、顧客企業の競合優位につながるような形で策定されなければならない（Häkansson, Johanson & Wootz 1976）との主張を踏まえ、Häkansson（1980）は、売手企業の（顧客である買手企業が抱える問題についての）問題解決能力（problem solving ability）と移転能力（transfer ability）に焦点をあて[23]、売手企業のマーケティング戦略についての示唆を抽出している。

　問題解決能力とは、顧客企業における通常の職務や顧客企業が注力している製品・サービスなどにおいて、顧客企業が抱える問題を解決するような製品・サービスを開発し、提供する能力である。移転能力とは、このような問題解決能力を、売手企業が使いこなせるような知識を付与する形で、適切なタイミングで顧客企業に移転する能力である。

　Häkansson（1980）は、それぞれの能力について、一般的局面（general aspect）と適応的局面（adaptive aspect）の2つの局面を設定し、能力と局面のマトリックスを図2-10のように考察することで、売手企業の問題解決能力と移転能力におけるマーケティング戦略を類型化している。

　一般的局面とは、売手企業が買手企業に対して複雑で困難な問題解決を提供可能であり、買手企業がその問題解決能力に依存している局面である。また、適合的局面とは、売手企業が標準化された製品・サービスを提供するのではなく、製品・サービスを買手企業の個別のニーズに適応させている局面

---

[23] Häkansson（1980, p.376）は、問題解決能力（problem solving ability）と移転能力（transfer ability）に焦点をあてる形でマーケティング戦略を捉える考え方は、European Journal of Marketing の同じ号に掲載されている、Blois（1980）の考え方と非常に類似している（very close）と述べている。

図 2-10 問題解決能力と移転能力に関するマーケティング戦略の類型化

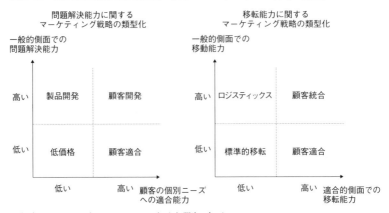

出所：Håkansson（1980, pp.368-369）より訳出、加工。

であり、このような顧客の個別ニーズに対応することができる能力を、適合能力と規定する。

　まず、問題解決能力に関するマーケティング戦略を考えてみると、売手企業の適合能力が低く、問題解決能力が高い場合は、その製品・サービスの優秀さによって顧客企業の問題を解決していくことが可能であることから、売手企業が取るべき戦略は、製品開発を重視する戦略となる。売手企業の適合能力が低く、問題解決能力も低い場合は、顧客企業間にニーズの共通性が存在し、品質・規模・デザインなどに関して標準化された製品を望むという前提に基づけば、低価格戦略が売手企業が取るべき戦略となる。売手企業が可能な限り低コスト構造を達成することで、買手企業は問題解決サービスの代わりに低価格を選択することができるのである。

　売手企業の適合能力が高く、問題解決能力も高い場合は、売手企業はどのような顧客企業に対しても優れた問題解決を提示することで、多角的かつ積極的な新規顧客獲得が可能となる。このような状況では、顧客開発が適切なマーケティング戦略となる。売手企業の適合能力は高いものの、問題解決能力が低い場合は、製品開発力には期待できないので、顧客企業との頻繁な接触を通して、彼らが要望するデザインや品質への適合を、なるべく低コスト

で行うことがマーケティング戦略上重要となってくる。

　次に、移転能力に関するマーケティング戦略を考えてみると、売手企業の適合的移転能力が低く、一般的移転能力が高い場合は、配送における正確さと大量のボリュームを望む顧客が存在するという前提に基づけば、これらの顧客のニーズを標準化された方法で満たす必要があり、ロジスティックに注力することが、売手企業にとって有効なマーケティング戦略となる。売手企業の適合的移転能力が低く、一般的移転能力も低い場合は、問題解決能力と同様に、売手企業は標準化された移転システムを提供することで低価格を実現し、顧客企業は自社にカスタマイズされた移転システムの代わりに低価格を選択することができるのである。

　売手企業の適合能力が高く、一般的移転能力が低い場合は、問題解決能力と同様に、顧客企業との頻繁な接触が重要となり、顧客適合戦略として突発的な不定時配送などへの対応が必要となってくる。売手企業の適合能力が高く、一般的移転能力も高い場合は、顧客適合戦略とロジスティック戦略の組み合わせとして、売手企業の組織と技術的設備に対する負荷が大きくなることから、可能な限り顧客企業の統合化を図り、コスト効率の高い管理、運営を実現することが重要となってくる。

・小括

　相互作用モデルは、企業間取引に関するマーケティング分野では、組織購買行動論と並んで最も広く受容されているモデルである（余田 1999）。組織購買行動論では、買手である購買企業に着目することで、購買状況（新規購買、修正再購買、無修正再購買）と問題の性格（問題の新規性、情報の必要性、新規代替案検討の重要性）のマトリックスによって、買手企業の購買意思決定パターンを捉え、問題の性格、購買センター構成員の個人的特性、購買企業の組織的特性など、買手である購買企業側の諸条件が購買行動を規定すると強調されている。

　これに対し、相互作用モデルでは、売手企業と買手企業間の相互作用に焦点をあてることで、買手企業側の諸条件ではなく、相互作用プロセス、相互

作用プロセス参加者、環境、雰囲気などの要因が、買手企業と売手企業の長期的関係性や購買戦略に影響し、サプライヤーである売手企業の戦略や能力が、買手企業のニーズに関して一定の前提を置いた上で、売手企業のマーケティング戦略を規定すると主張している。

このような相互作用モデルにおける売手企業の経営資源や戦略による影響を強調する姿勢は、組織購買行動論では注目されたリスク管理、コンフリクトの解消、情報の探索などの要因が軽視され、買手企業の購買行動における共同意思決定の側面が、相互作用モデルでは欠落していることにつながっている（高嶋 1988；余田 1999）。これは、相互作用モデルが、そもそも買手企業の購買意思決定プロセスを考慮の対象としていないためであるが、この点は、相互作用モデルが唱える、問題解決・移転能力に関するマーケティング戦略の類型化における課題としても指摘される。

すなわち、相互作用モデルが主張するように、売手企業による顧客適合能力は適合的局面において高い競争優位性をもたらすが、このような顧客適合能力を実行に移すには、生産量・生産時期・仕様・性能などを協議するための、製造部門と販売・マーケティング部門の有機的結合や、顧客ニーズに合わせた生産を可能にする柔軟な生産システムの構築など、売手企業の経営陣による高度な経営判断が求められる。そして、このような経営判断を下すためには、購買意思決定プロセスの分析において購買センターなどの概念が有効であったように、買手企業である顧客企業の製造、購買、販売などの各部門の関与を総合的に理解することが必要となってくる（高嶋 1988）[24]。しかし、相互作用モデルにおいては、このような買手企業側の諸条件に関する考察が欠如しているのである。

しかしながら、この相互作用モデルは、企業間取引を単発的取引として位置付けるのではなく、売手企業と買手企業の間の長期的、継続的関係性に着目したことで、マーケティング研究に大きく貢献している[25]。Webster（1991, p.15）も、購買企業の問題を解決するために販売企業の柔軟性（flexi-

---

[24] Hutt and Speh（1984）は、このような目的を達成するための「マーケティング戦略センター（marketing strategy center）」の設立を主張している。

bility）が求められるのであり、企業間取引におけるマーケティングにおいては、「商品は、固定的なもの（as a given）としてではなく、変動的なもの（as a variable）捉えられるべき」と主張し、販売は「売手と買手の相互依存関係（buyer-seller interdependence）」における単なる一時点に過ぎないとして、企業間取引における継続的関係性を強調している。そして、この相互作用モデルは、サービス・マーケティング分野における顧客との密接な関係を重視する動きと合流し、サービスや製品を提供する企業とその顧客との関係性を重視するリレーションシップ・マーケティングの理論的源流の1つとなっているのである（余田 2000, p. 3）。

---

25 相互作用モデルに関する研究としては、Cunningham（1980）やFord（1980）などが挙げられる。Cunningham（1980）は、HäkanssonとIMPグループが唱えた相互作用モデルを、欧州5か国（仏、独、イタリア、スウェーデン、英国）において、原材料、部品、機械設備の分野に焦点をあてたケース・スタディによる研究を行っている。Ford（1980）は、売手企業と買手企業の関係が、時間の経過と共に、変遷・進化するという5段階モデルを提唱している。このモデルでは、両者の関係は、経験、不確実性、距離、コミットメント、適合によって特徴づけられ、前関係段階、初期段階、発展段階、長期間段階、最終段階において、両者の関係性がどのように変化するかを論じている。

第3章 リレーションシップ・マーケティング論の系譜

1 主要アプローチ

　リレーションシップ・マーケティングとは、サービスや製品を提供する企業とその顧客との関係性を重視するマーケティングの手法や概念を意味する（南 2003）。嶋口（1994）は、マーケティングの思考や行動の枠組みをマーケティング・マネジメント・パラダイムと呼ぶとき、その中心パラダイムが、刺激・反応パラダイム、交換パラダイム、関係性パラダイムと徐々に変遷を遂げるとして[26]、リレーションシップ（関係性）・マーケティングを、新たなマーケティング・パラダイムとして位置付けている。

　そして、リレーションシップ・マーケティングの有効性を示す経験的データとして、嶋口（1996, p.3）は、次のようなデータを提供している。

- 新規顧客獲得には、既存顧客維持の5倍の経費がかかる。
- 平均的な企業のビジネスの65%は、満足した既存顧客からもたらされる。
- サービス業で顧客ロイヤルティが5%上昇すると、利益は25%から85%増加する。

---

[26] BtoB マーケティングの系譜における製品類型論は、刺激反応パラダイムに、組織購買行動論は、交換パラダイムに相当するとみる考え方がある（余田 2000）。

・米国ゼロックスでは、年間48万人の顧客を対象に5点尺度の満足度調査を実施しているが、「非常に満足（5点）」の顧客は、「満足（4点）」の顧客に比べて、6倍の再購買になっている。
・日本の産業機器メーカーの営業拠点に対する調査において、販売後のフォローアップを最も積極的に行っている拠点は、最も消極的な拠点に比べて、全顧客獲得に占める既存顧客からの紹介件数の割合で、7から10倍の開きがあった。

　これらの経験的データの正確性をすべて再検証することは困難ではあるが、全体的に見て、関係性を基礎とする既存顧客の維持と顧客満足向上への努力が、業績としても十分報われることを示しており、これらの経験的データからの発見は、「既存顧客の長期継続的満足と信頼の関係が、再購買を高め、周辺顧客を累積的に呼び込んでマーケティング成果をあげる」というリレーションシップ・マーケティングの命題を示唆していると思われる（嶋口2001）。企業間取引の複雑化に伴い、企業間関係をマネジメントする必要性が増す中で、このような命題を持つリレーションシップ・マーケティング研究は、BtoBマーケティング論への理論的貢献度が高い。本章では、リレーションシップ・マーケティング研究の発展を、BtoBマーケティング論への貢献という観点も含めてレビューする。
　リレーションシップ・マーケティングという用語は、L. Berryにより1983年のAMA（American Marketing Association）の学会で初めて明示的に使用された。Berry（1983）は、顧客を新規顧客と既存顧客に二分した上で、従来のマーケティング研究は新規顧客へ多くの焦点をあてているとし、既存顧客へのアプローチの重要性を強調する形で、リレーションシップ・マーケティングとは、顧客関係を魅了し（attracting）、維持し（maintaining）、強化する（enhancing）ことであると述べている。そして、リレーションシップ・マーケティング戦略の在り方として、1）コア・サービス戦略（顧客ニーズを充たすことで、顧客リレーションシップの構築を可能にするコア・サービスを開発し、マーケティングする）、2）顧客リレーションシップの個客化（個客ごとの特徴や要求を把握し、これらの情報を活用して、サービス内容を個客ごとにカ

表 3-1　リレーションシップ・マーケティングにおける 3 つのレベル

レベル	関係性の原動力	顧客の位置付け	サービスの個客化	強調される要素	競合との差別化
1	金銭	カスタマー	低	価格	低
2	金銭を超える絆	クライアント	中	人的コミュニケーション	中
3	金銭を超える絆と構造的つながり	クライアント	中〜高	付加価値サービスの提供	高

出所：Berry and Parasuraman（1991, p.137）より訳出、加工。

スタマイズする）、3) サービスの差別化（既存のサービスに、特別な部分 extras を追加することによって、競合との差別化を図る）、4) リレーションシップ価格の設定（リレーションシップを継続することに対して、顧客に何らかの価格面でのインセンティブを提供する）、5) インターナル・マーケティング（自社の従業員を内部顧客と捉え、マーケティングの手法を使って、高い資質を持つ内部顧客を維持し、動機付けることで、高い品質のサービスを提供するようにする）などの 5 つのパターンを挙げた[27]。

　この考え方をさらに推し進め、Berry and Parasuraman（1991）は、サービスの個客化度合いや競合との差別化度合いなどによって、リレーションシップ・マーケティングは、3 つのレベル・段階に分けられるとしている（表 3-1）。

　レベル 1 は、顧客維持マーケティングの性格が強く、このレベルでは、マーケターは、価格インセンティブを主要なマーケティング手段として活用することが多い。しかしながら、価格インセンティブは、最も模倣が容易な

---

[27] この研究は、サービス・マーケティングの枠組の中の研究であったので、サービス・マーケティング戦略について言及する形となっているが、内容としては、サービスのような無形財だけではなく、有形財にも当てはまるものとなっている。これらの 5 つの要素の列挙においては、価格設定と従業員の問題など、戦略論的色彩が濃い論点が何の脈絡もなく並べられているようにも見えるが、これは、Berry（1983）が、サービス産業における競争激化という外的要因への対応策としてサービス・マーケティングの必要性を認識していたためであり（谷本 2004）、後述する C. Grönroos が、サービスの特性という内的要因を直視することで、サービス・マーケティングのあるべき姿を捉えるアプローチをとっている（藤岡 2002）こととは、好対照を成している。

マーケティング手段であり、長期的視点に立った場合の顧客との関係性において、競合との差別化をもたらすものではない。また、このレベルでは、顧客との信頼関係は構築できておらず、顧客の位置付けは、「(信頼関係のある)クライアント」の域には達していない。

　レベル2において、マーケターは、各顧客の要望やニーズを理解し、その理解に基づいてサービス内容を顧客ごとにカスタマイズし、関係性継続の利点を顧客にアピールする。このようなマーケティング努力の結果、顧客との間に金銭を超える絆が形成される。このような絆は、競合企業のサービスとの非常に大きな価格差や劣後するサービス内容を克服することはできないが、サービス提供企業の変更の必要性を特に感じていない顧客を維持することには有効に機能する。また、このレベルでは、顧客を「個」として認知する段階に達しており、顧客は、「(個として認知され、信頼関係も構築されている) クライアント」として位置付けられる。

　レベル3においては、マーケターは、レベル2でのサービスの個客化に加えて、自社の技術的資産などを活用して、競合他社が簡単には提供できない、顧客業務の効率性向上につながる付加価値サービスも併せて提供する。他社には提供できない技術サポートが、このような付加価値サービスの1例である。このような他社との差別化が実現される段階に達すると、顧客が競合他社へサービス提供企業を変更（スイッチ）するコスト、すなわち、スイッチング・コストは大きくなり、顧客との関係性は、構造的（structural）なものとなる。

　このように、Berry and Parasuraman (1991) は、リレーションシップ・マーケティングが目指すべき方向性を示したが、1990年代においてリレーションシップ・マーケティング研究は、多くのマーケティング研究者の注目するところとなり大きな発展を遂げた[28]（久保田 2003；南 2005）。Sheth

---

[28] ProQuest Centralというデータベースを使い、relationship marketingというキーワードで学術誌（Scholarly Journals）を検索すると、1912年から1989年までの文献合計数が1万強（10,584）なのに対し、1990年から2013年までの文献合計数は、約18倍の19万強（190,627）となっており、年々その数は、増加している。

(2002) は、リレーションシップ・マーケティングが精力的に研究された背景として、1) 石油危機から誘発された競争激化による既存顧客維持の必要性の高まり、2) サービス・マーケティング研究の進展、3) 企業間取引に関するマーケティング研究の進展の3つを挙げている[29]。

　Payne (1995) によると、リレーションシップ・マーケティングの研究グループは4つあるとされる。第1は、英国と豪州の研究者からなるAA (Anglo Australian) グループで、品質管理とサービス・マーケティングとの統合的アプローチが特徴である。第2は、C. Grönroos や E. Gummesson などの北欧（スカンジナビア・フィンランド）のグループであり、サービス・マーケティング研究から発展してきたグループである。第3は、前述の IMP (Industrial Marketing and Purchasing) グループであり、第4が北米の諸グループである。それぞれのグループが、リレーションシップ・マーケティング研究の系譜の中で、さまざまな理論体系を発展させてきているのが現状であり、Christopher, Payne and Ballantyne (2002) は、リレーションシップ・マーケティングにおける主要なアプローチとして、図3-1のように3つのアプローチを挙げている[30]。次節より、Christopher et al. (2002) による分類に従って、各アプローチの研究内容について、論述していく。

---

[29] Sheth (2002) は、企業間取引に関するマーケティング研究が進展した理由の1つとして、日本の自動車産業が、サプライヤーとのパートナーシップを活用して製品の品質向上に成功したことが、各国を刺激したことを挙げている。

[30] Christopher et al. (2002) は、IMP (Industrial Marketing and Purchasing) グループは、ノルディック・グループに含めて捉えており、本書も、その分類に従って、各グループの研究内容について論述していく。

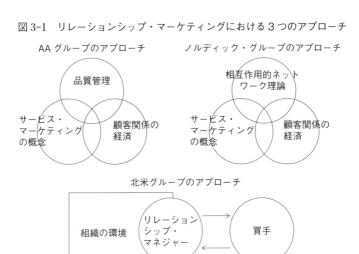

図 3-1　リレーションシップ・マーケティングにおける 3 つのアプローチ

出所：Christopher et al.（2002, Introduction xii）より訳出、加工。

2　北米グループのアプローチ

2-1.　内部化市場モデルと関係的交換の発展プロセスモデル

　北米におけるリレーションシップ・マーケティングの先駆的研究として、Arndt（1979）による内部化市場モデル（domesticated market model）を挙げることができる（南 2006）。Arndt（1979）は、取引が市場において 1 回限り（ad hoc）のものとして行われるのではなく、長期的かつ一定のコミットメントを持つ企業間関係の中で行われることに注目した。すなわち、取引の無名性、分散性、そして、時間的、空間的分離を前提とした伝統的かつオープンな市場概念ではなく、取引の継続性、安定性、そして、集中化された統制によって特徴付けられ、長期的協力関係にコミットする企業のみで構成される、内部化市場（domesticated markets）において取引が行われる点を強調したのである。内部化市場においては、取引は企業のような集中化された統制機構によって事前交渉によって設定されたルールに則る形で行われ、取引

に関する情報は意識的に直接管理される[31]。

　取引がこのような内部化市場で行われることには、1) 不確実性の低減（需要と供給をコントロールすることで環境による影響を低下させる）、2) 取引コストの削減（管理的手続きを通じて取引を定形化することができるため、取引コストが削減される）、3) シナジー効果（生産能力や供給業者、配送、金融、管理部門へのアクセスを共有することで余剰キャパシティを活用したり、規模の経済のメリットを享受することができる）の3つが挙げられる。また、内部化市場を構成する企業群が、一種の圧力団体として政治的パワーを獲得できる可能性もあるなどのメリットが存在する。

　Arndt（1979）は、伝統的マーケティングモデルと内部化市場モデルの比較を図3-2のような形でまとめている。

　この Arndt（1979）による内部化市場概念を発展させ、売手と買手の関係に適用したのが Dwyer, Schurr and Oh（1987）である（余田 1999）。彼らは「BtoB マーケティングも、BtoC マーケティングも、確実な反復取引をもたらすリレーショナルな絆を育成する条件に注目することからベネフィットを得る」（Dwyer et al. 1987, p. 12）と述べ、関係性が発展・持続するための条件の識別がリレーションシップ・マーケティング上の重要な課題であるという認識を示した上で、離散的取引（discrete transactions）と関係的交換（relational exchange）を識別し、関係的交換の有効性を指摘している。

　具体的には、関係的交換とは時間の経過に沿って行われ、交換の単位である取引は関係性の歴史と予測される将来の視点で位置付けられるのに対し、離散的取引は関係の交換の関係的要素（relational elements）を一切排除したものを意味し、金銭と金銭で測定されたコモディティによって成立すると定義される。このような定義に基づき、Dwyer et al.（1987）は、関係的交換

---

[31] Arndt（1979）は、内部化市場の例の1つとして、1970年代のいわゆる「日本株式会社（Japan Inc.）」を（フェアではないというニュアンスで）挙げている。彼によると「日本株式会社」は、輸出を刺激する一方で国内製造業には補助金を供与し、工業製品の輸入には輸入障壁を設けるという複雑なシステムであり、製造業者、中間業者、銀行、中央官庁によって構成される「絹のカーテン（silk curtain）」であるとしている（Arndt 1979, p. 71）。

図 3-2 伝統的マーケティングモデルと内部化市場モデルの比較

項目	伝統的マーケティングモデル	内部化市場モデル
主な対象分野	消費財市場	長期的関係性のあるすべての市場
分析の単位	役者（売手もしくは買手）	システム全体（個人間関係と、個人と所属組織との関係）
時間軸	短い	長い
構造	売手 ⟶ 買手	個人 ⟷ 個人 ↕　　　↕ 所属組織　所属組織
説明メカニズム	刺激－反応	長期コミットメントを前提とする相互影響
強調されるマーケティング理論	4Ps	管理手続きの策定、交渉、政治
主たる関連分野	経済学、心理学	政治学、社会学、組織論

出所：Arndt（1979, p.72）より訳出、加工。

は長期にわたって継続的に行われることから、関係的交換への参加者は、長期的目標を持ち長期的利益を重視することで、不確実性を減らし、依存性を管理し、効率を向上し、社会的満足を提供し、効果的なコミュニケーションを行い、目標達成のための協力関係を築き、そして、競争優位を獲得することが可能になるとしている。ここでの離散的取引と関係的交換の識別は、短期と長期という時間軸の違いだけではなく、買手と売手の関係が経済的価値による交換現象という側面に加えて、人格的、非経済的な満足と社会交換に関わることを強調した点に意義がある（小野 2000）。

また、Dwyer et al.（1987）は、Scanzoni（1979）が提唱する対人関係の発展モデルを理論的な基盤として、それを企業間取引に応用し、1）気付き（awareness）、2）探求（exploration）、3）拡大（expansion）、4）コミットメント（commitment）、5）消滅（dissolution）という5つのフェーズから成る関係的交換の発展プロセスの記述モデルを構築している（図3-3）。

まず、第1のフェーズである「気付き」においては、将来の交換のパートナーとして相手を認識する。具体的には、特定企業名とそのブランドの認

図 3-3　関係的交換の発展プロセス

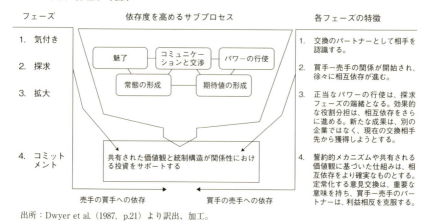

出所：Dwyer et al.（1987, p.21）より訳出、加工。

知を意味する。相手先を魅了する活動も開始されている可能性はあるが、この段階では直接の接触は発生していない。第2のフェーズである「探求」においては、買手―売手の関係が開始され、徐々に相互依存が進む。この探求フェーズは、魅了、コミュニケーションと交渉、パワーの行使、常態の形成、期待値の形成という5つのサブプロセスから形成される。

ここでの魅了は、Lott and Lott（1974）が唱えるいくつかの報酬（rewards）からもたらされる。具体的な報酬の例としては、相手先企業から直接もたらされる報酬（買手の購入代金の支払い、売手の製品が買手にもたらすベネフィット等）、相手先の特性がその源泉となる報酬（オリンピックのオフィシャルスポンサー等）、相手先との共通性がもたらす報酬（営業担当者が共感を形成する等）などが挙げられる。

コミュニケーションと交渉において、交渉する姿勢は、相手先企業に交換の価値を認識し、交換を実施するために必要な面倒事を行う用意があるというシグナルを送ることを意味する。このサブプロセスでは、さまざまな質疑応答などを通して買手と売手がコミュニケーションの取り方を確立するのである。

パワーの行使において、そもそも、A社のB社に対するパワーは、経営資源に関するB社のA社への依存度によって規定され、B社のA社への依

存度は、A社以外の経営資源の入手先が限定される場合に高くなる。買手と売手の相互依存度がまだまだ低いこのフェーズでは、A社のパワーの行使が関係性の解消につながる危険は大きい。しかし、A社のパワーの行使が、「正当性がある（just）[32]」とB社に認められるような状況になれば、両者の関係は、自社の利益のみを考える段階から両社の利益を考えて行動する段階に進化したと言うことができる。

　常態の形成とは、買手と売手の間で将来の交換に備えて、行動規範（standards of conduct）が定められることを意味する。交換の初期段階では、行動規範に関する自発的な合意形成（consensus）が有効であり、「共通の目的を共有する者は、機能上の必要性（functional necessities）に基づいて効果的な役割分担を考えることができる（Fox 1974, p. 86）」のである。

　期待値の形成については、交換を経験することで、次回の交換についての期待値が形成される。期待値は、利害が衝突する部分や今後の連帯内容などに関しても形成され、買手と売手の結束を強化する方向にも、弱体化させる方向にも働く。このような期待値の形成において、信頼関係の構築は、交換への期待値を理解したり、関係性を規定する文書を準備したりする際に重要な要素となる。Schurr and Ozanne（1985, p. 940）は、信頼関係を「1社の言葉や約束が、信じられるものであり、その会社は、交換的関係（exchange relationship）においては、自社の責務を果たす」状態であると定義し、買手の売手に対する低い信頼度は、売手へのあまり好ましくない態度、コミュニケーション、交渉行動などをより助長する要因となるという研究結果を発表している。

　このような5つのサブプロセスは、第2のフェーズである「探求」において、売手と買手が、追求する目的の整合性や相手企業の清廉性、能力を測定し、テストするという意味で重要なプロセスとなっている。

　第3のフェーズである「拡大」においては、交換の相手先企業から獲得

---

[32] Dwyer et al.（1987, p. 17）は、法的なニュアンスがある legitimate（正当な、合法的な）や non-legitimate（正当ではない、非合法な）をいう言葉を意図的に避けて、just と unjust という言葉を使って、関係性におけるパワーの行使が、正当だと判断される場合（just）と、不条理だと判断される場合（unjust）を識別している。

するベネフィットは継続的に拡大し、相互依存度合いも同時に増大する。第2フェーズ「探求」における5つのサブプロセスは、この「拡大」フェーズでも機能し、「探求」フェーズにおいてテストされた相手企業の清廉性や能力が、「拡大」フェーズでの交換において好ましい結果を生むことで、売手と買手の関係性を維持しようとするモチベーションにつながるのである。

　第4のフェーズである「コミットメント」において、コミットメントとは、売手―買手間の関係性の継続について、明示的であれ暗示的であれ、何らかの誓約を行うことを意味する。Scanzoni (1979) は、関係的交換における売手と買手のコミットメントの大小を計測する変数として、投入される経営資源、関係性の耐久性、関係性の一貫性（特に、投入される経営資源に一貫性があること）の3点を挙げている。このフェーズにおいて、売手と買手による相互的なコミットメントが形成されることで、売手―買手の関係は、最も進化した相互依存関係になるのである。

　第5のフェーズである「消滅」は、図3-3の関係的交換の発展プロセスにおいては明示的に触れられていないものの、Dwyer et al. (1987) は、関係性の解消は、関係的交換の発展プロセスにおける、どのフェーズにおいても起こり得るとしている。気づきフェーズを完了した売手―買手間の関係性のすべてが、探求フェーズに進むわけではなく、それは、拡大やコミットメントのフェーズにおいても同様だとしている。関係性の解消は、片方の企業が、相手先企業に対する不満足度を分析し、関係継続のベネフィットよりも関係維持のコストの方が大きいと判断した際に発生するとしている。

　このように、Dwyer et al. (1987) は、離散的取引（discrete transactions）と関係的交換（relational exchange）を識別し、対人関係の発展モデルを理論的な基盤として、関係的交換の発展プロセスの記述モデルを提唱し、中核となる構成概念として、期待値、信頼、コミットメントを提示した。彼らの研究は、その後の北米グループによるリレーションシップ・マーケティング研究の礎となっている（小野 2000）。

図3-4　Anderson and Weitz (1989) のモデル

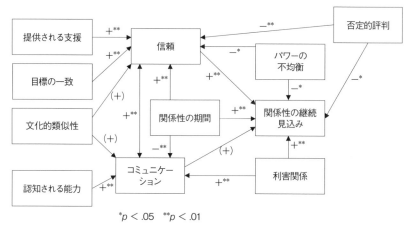

出所：Anderson and Weitz (1989, p.311) より訳出、加工。
注：括弧つきの関係は、仮説としては提示されたが、支持されなかったもの。

2-2. 北米グループによるさらなる研究

　北米グループによるリレーションシップ・マーケティング研究は、Arndt (1979) による内部化市場モデルやDwyer et al. (1987) による関係的交換の発展モデルをベースとしながら、北米グループの関係的交換への関心は、売手—買手関係の形成要因、安定化要因、安定化阻害要因に着目する研究へと向けられることとなった（南 2006）。

　例えば、Anderson and Weitz (1989) は、製造メーカーとその販売代理店との間の長期的関係構築についての実証研究を行い、関係継続における対人関係（interpersonal relationships）の有効性を確認するという内容の研究結果を報告している（図3-4）。

　彼らは、商業的交換における信頼関係の構築は、正式な法的契約の代替となり得るほどに関係性継続に対して重要であるとし、暗黙の了解や慣習は、法的責務と並んで売手と買手の間の関係性を規定すると主張している。

　また、Anderson and Weitz (1992) は、製造メーカーとそのディストリビューターによるコミットメントの先行要因に関する研究を行い、ある種の

図 3-5 Anderson and Weitz (1992) のモデル

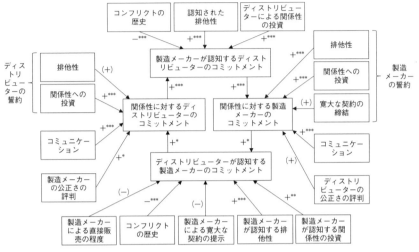

出所：Anderson and Weitz (1992, p. 19) より訳出、加工。
注：括弧つきの関係は、仮説としては提示されたが、支持されなかったもの。

誓約（pledge）が売手と買手の間で取り交わされることが、関係性に対する両社のコミットメントに大きな影響を与えるという内容の研究結果を発表している（図 3-5）。

彼らは、取引相手が関係性に対してコミットしていると知覚すると、自らの関係性に対するコミットメントレベルを上げる傾向があることを明らかにし、また、どのような誓約がコミットメントの形成に有効であるのかも併せて分析している。

また、Anderson and Narus (1990) は、製造メーカーとそのディストリビューターとの間における協調的関係性に関する実証研究を行い、企業間の協調的行動は、信頼関係が構築された結果として行われるものではなく、信頼関係に先行するものであるという研究結果を報告している（図 3-6）。

具体的には、彼らは、コミュニケーションが協調姿勢を高め、それが信頼を高め、それがさらにコンフリクトの低減と満足の向上につながることを明らかにしている。

図 3-6 Anderson and Narus（1990）のモデル

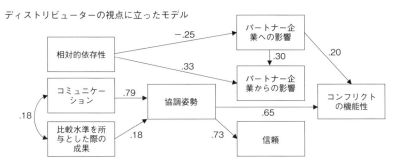

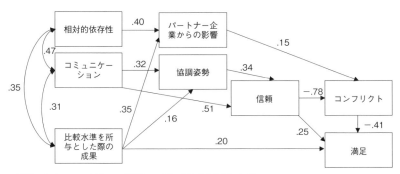

出所：Anderson and Narus（1990, pp.50, 53）より訳出、加工。
注：いずれの係数も、5％水準で有意。

　一方で、Morgan and Hunt（1994）は、リレーションシップ・マーケティングはマーケティング研究の理論構築と実践に大きな変革をもたらすという認識を示した上で、乗用車向けのタイヤの小売り販売業者とそのサプライヤーとの関係性を分析し、関係性へのコミットメントと信頼関係の構築が売手―買手間の関係性を規定するという研究結果を報告している（図3-7）。

　同様に、Ganesan（1994）は、小売り販売業者とそのサプライヤーとの関係性構築において、信頼関係の構築と相互依存が長期的関係を担保するという実証研究結果を報告した上で、サプライヤーのマーケティング戦略への示唆として、サプライヤーは、各小売り販売業者との関係性が短期的性格を持つものなのか、それとも、長期的性格を持つものなのかを見極めることが重

図3-7 Morgan and Hunt (1994) のモデル

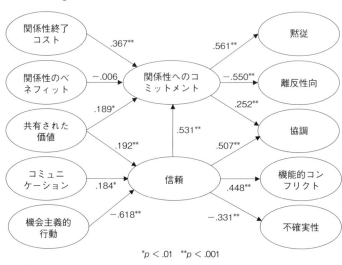

出所：Morgan and Hunt（1994, pp.22, 30）より訳出、加工。

要だとし、短期的性格を持つ各小売り販売業者には、短期的施策、すなわち、低価格を提供し、長期的性格を持つ各小売り販売業者には、長期的施策、例えば、小売り販売業者への技術的投資や小売り販売業者の技術力向上のためのサポートを推進するべきだと主張している。

また、Dwyer and Oh（1988）は、関係性維持におけるガバナンスの問題に注目し、Arndt（1979）の内部化市場モデルが主張した、組織間の関係交換においては管理手続きの策定が必要であるという論点に刺激を受ける形で、チャネル組織における意思決定構造やあるべき組織形態[33]についての研究を発表している。Heide and John（1988）は、関係維持のための経営資源への投資に着目し、このような投資を行った企業、特に中小企業は、投資資産保護の観点からより緊密な関係性を追求する傾向があるという研究結果を発表している。

---

[33] フランチャイズ方式、システム販売方式、販売代理店方式、卸会社による自主組合方式などのさまざまな組織形態を比較、検討している。

図 3-8 Heide and John（1990）のモデル

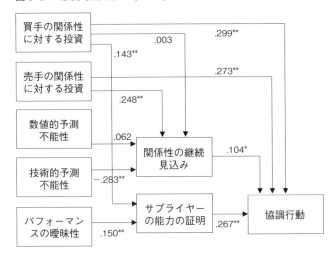

$^*p < .10$　$^{**}p < .05$

出所：Heide and John（1990, pp.26, 30, 33）より訳出、加工。

Heide and John（1990）は、この研究をさらに推し進め、製造メーカーとそのサプライヤーによる協調行動の先行要因について検証している（図 3-8）。

彼らのモデルは、他社との取引においては利用できない関係性への投資が直接的に協調行動を促進するとしている。また、関係性の継続見込みは、技術的予測不能性が高い場合は低下するものの、関係性への投資は、この関係性の継続見込みを高め、そのことで、間接的に協調行動を促進するのである。また、パフォーマンスの曖昧性、すなわち、取引相手から得ることのできる成果の不確実性が高い場合は、サプライヤー企業の能力を証明する必要性がより高まり、結果として協調行動がより促進されるとしている。

Noordewier, John and Nevin（1990）は、売手―買手間で反復取引される商品（RUI：Repetitively Used Items）に着目し、取引コストの観点から、購買の取り決めにおいて、関係性に関する規定（サプライヤーの柔軟性・サポート、サプライヤーへの情報提供など）が組み込まれていた方が、購買に関わるトータルコストが削減されるという研究結果を発表している[34]。

第3章　リレーションシップ・マーケティング論の系譜　│　59

Crosby, Evans and Cowles（1990）は、関係性の質に関する研究を行い、関係性の質は、売手と買手の間の信頼関係と関係性に対する満足度によって規定され、関係性の結果としての販売機会の増大は、関係性の質に依存するという研究結果を発表している。彼らは同時に、協力的意思の表明や、相互の情報共有、密接な追加連絡などの関係性を重視する営業行動は、多くの場合売手と買手の間の絆をより強化すると述べている。

　Moorman, Zaltman and Deshpande（1992）は、市場調査における情報の出し手（外部の市場調査会社または内部の市場調査部門）と、ユーザーである情報の受け手との間の信頼関係に着目し、信頼関係が形成され情報のやり取りの質に対しても評価が高い場合は、信頼関係の存在が関係性における各種のプロセスにおいて間接的に好影響を及ぼすため、結果として、市場調査結果報告がより有効に活用されるという内容の研究結果を発表している。この研究をさらに発展させるべく、Moorman, Deshpande and Zaltman（1993）は、信頼関係の先行要因についての研究を行い、1）実直な態度、2）市場調査に関わる不確実性を減らそうとする姿勢、3）機密性の担保、4）高い専門性、5）如才のなさ、6）誠実さ、7）相性の良さ、8）期日を守る姿勢、などの対人関係的要素（interpersonal factors）が、信頼関係の構築につながるという内容の研究結果を発表している。

　Gundlach, Achrol and Mentzer（1995）は、売手と買手によるコミットメントの信頼性に着目する研究を行い、交換におけるコミットメントに対する信頼性が高い場合は、1）関係的交換に関する各種の取り決めが構築され、2）長期的なコミットメントを形成するという意思決定がなされ、3）各種の取り決めは、（自社の都合のみを考える）ご都合主義的行動によって悪影響を受け、4）一度各種の取り決めが構築されると、その後の長期的なコミットメントの形成に結び付くという研究結果を発表している。

34　Dwyer and Oh（1988）、Heide and John（1988；1990）、Noordewier et al.（1990）において共通して活用された手法が、TCA（Transaction Cost Analysis）である。TCAは、Oliver E. Williamson の一連の研究（Williamson 1975；1979；1985）によって提唱された、取引コスト分析に関する手法であり、制度派経済学（institutional economics）や組織論、契約法（contract law）などの要素を含んでいる（Heide & John 1988, p. 20）。

これらの北米グループによる研究は、離散的取引（discrete transactions）と関係的交換（relational exchange）との識別をその出発点とし、関係性の長期継続の先行要因、交換における社会的要素、関係的交換の発展プロセスなどに着目する研究へと発展を遂げているのである。また、北米グループによる研究は、一貫して売手─買手間の関係性に注目しているところに特徴がある。その研究対象となった関係性は、製造メーカー対ディストリビューター、製造メーカー対販売代理店、小売り業者対サプライヤー、市場調査会社（部門）対ユーザー、などである。このような傾向は、北米においては、売手と買手の関係性が強化されるという現実のビジネスにおいて発生している現象を、マーケティング理論上で合理的に説明することに対して関心が高かったことの表れと思われる（南 2006）。

3　AA グループのアプローチ

　AA グループの初期メンバーは、A. Payne、M. Christopher、D. Ballantyne の3人であり、英国の Cranfield 大学（Cranfield School of Management）の研究者であった[35]。初期メンバーの1人であった D. Ballantyne が、オーストラリアの Monash 大学（Monash University）に移籍したことから、AA（Anglo Australian）グループと呼ばれる（藤岡 2001）。
　AA グループの研究アプローチは、北米グループが売手─買手という二者間の関係性に注目するのに対し、関係者集団の中で形成される関係性をより広い範囲で全体的に考慮している点に特徴がある。ここでは AA グループによる研究成果について論述する。

---

[35] このことから、AA グループは、Cranfield グループと呼ばれることもある（藤岡 2001）。この3人以外にも、M. Clark、H. Peck、R. Palmer、S. Holt、N. Ryalsa など、多くの研究者が挙げられるが、ここでは、初期メンバーの3人の業績について、論述する。

表 3-2 トランザクション・マーケティングとリレーションシップ・マーケティング

	トランザクション・マーケティング	リレーションシップ・マーケティング
焦点をあてるもの	おのおのの取引	顧客維持
拠り所とするもの	製品の特徴	製品がもたらすベネフィット
時間軸	短期	長期
顧客サービス	あまり強調されない	強調される
顧客のコミットメント	限定的	高い
顧客とのコンタクト	中庸	高い
品質の位置付け	製造部門の問題	すべての部署の問題

出所:Christopher et al.(1991, p. 9)より訳出、加工。

3-1. Christopher, Payne and Ballantyne(1991)による対象市場概念の拡大

　Christopher et al.(1991)は、関係性に焦点をあてるリレーションシップ・マーケティングとおのおのの取引に焦点をあてるトランザクション・マーケティングの違いを表3-2のように整理した上で、伝統的なマーケティングが顧客市場のみを考慮の対象としてきたことに対し、マーケティングの対象範囲を幅広く捉え、対象となる市場として6つの市場を挙げている。

　この6つの市場とは、1)顧客市場(customer markets)、2)紹介市場(referral markets)、3)サプライヤー市場(supplier markets)、4)従業員市場(employee markets)、5)影響市場(influence markets)、そして、6)内部市場(internal markets)である(図3-9)。

　顧客市場においては、表3-2において顧客維持が強調されたのと同様に、新規顧客獲得に加えて既存顧客との関係性を強化し、顧客として維持することの重要性が高い[36]。紹介市場においては、既存顧客や従業員からの紹介に加えてさまざまな関係者(銀行の場合では、保険会社、不動産会社、会計士、弁護士、不動産鑑定士など)からの紹介は効果的ではあるが、このような外部

---

[36] 新規顧客獲得に比重がかかりすぎ、既存顧客の維持が疎かになっている状態を、「ざる(leaking bucket)」と呼び、その非効率性を表現している(Christopher et al. 1991, p. 21)。

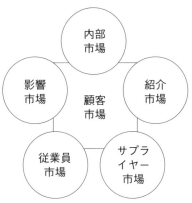

図3-9 拡大された視点での6つの市場モデル

出所：Christopher et al.（1991, p.21）より訳出、加工。

関係者からの紹介から組織的にベネフィットを得るには時間がかかることが多い。

　サプライヤー市場においては、サプライヤーとの関係性は伝統的には敵対的なものとして捉えられることが多いが、サプライヤーは協業者（collaborator）として位置付けられるべきである。例えば、新製品の市場導入計画の策定や、仕様決定の際にサプライヤーと協業することは、コストの低減や品質の向上に結び付くことが多い[37]。サプライヤーとの協業的関係のベネフィットが具現化する分野としては、合意事項の信頼性、配送の定時性・柔軟性、製品コンセプトの開発、コストの削減、仕様の決定、品質の向上、生産量の調整などが挙げられる。

　従業員市場においては、企業が十分な数の良質な従業員を安定的に確保することは年々困難さを増している。これは、マーケティングの問題（a marketing problem）であり、マーケティングの手法を活用して解決されるべき

---

[37] このような考え方は、本書のテーマの1つである、価値共創の概念の世界観につながるものである。

である。例えば、よりプロフェッショナルな会社案内の作成、有望な学生への効果的なダイレクトメールの送付、有力大学とのスポンサーシップを通しての連携、キャンパスでの会社案内プレゼンテーションを担当する専門チームの確立、などがリクルーティング活動におけるマーケティングの手法として考えられる。

　影響市場において関係性を考える対象としては、金融市場、政府、規制機関（regulatory bodies）が挙げられる。例えば、金融市場との良好な関係性を構築するべく、ある英国のメーカーは、証券会社、銀行、投資会社、金融専門のジャーナリストと積極的にコンタクトし、自社の戦略を「マーケティング」したところ、証券会社のレポートや新聞記事には好意的なコメントが掲載され、株価も20％程度上昇したとしている。また、原子炉や通信システムのメーカーや防衛産業のメーカーは、経済的要素だけではなく政治的要素にも影響を受ける可能性があるため、金融市場に加えて政府や規制機関とも良好な関係を構築する必要がある。

　内部市場においては、2つの考え方がある。1つは、前述のインターナル・マーケティングの概念（自社の従業員をインターナル・カスタマー、すなわち、内部顧客と捉え、マーケティングの手法を使って、高い資質を持つ内部顧客を維持し、動機付けることで、高い品質のサービスを提供するようにする）であり、もう1つは、すべての従業員が、自社の使命、戦略、目標に沿った形で顧客と接し、顧客との電話応対、メールの往復、人的接触など、すべての場面で会社代表として適切に振る舞うことを意味する。

　このように各市場との関係性認識をより幅広く捉えると同時に、Christopher et al.（1991）は、企業のマーケティング・プログラムの成功は、内部環境（internal environment）と外部環境（external environment）の重なり度合い（matching）次第であるとしている（図3-10）。

　内部環境におけるマーケティング・ミックスにおいては、伝統的な4Pモデルは不必要に限定的であり、リレーションシップ・マーケティングという文脈で考えるならば、プロダクト、プロモーション、流通、価格の4Pに加えて、顧客サービス（customer service）、従業員（people）、プロセス（processes）という新たな3要素も含めて、拡大された形でマーケティング・

図 3-10　内部環境と外部環境の重なり度合い

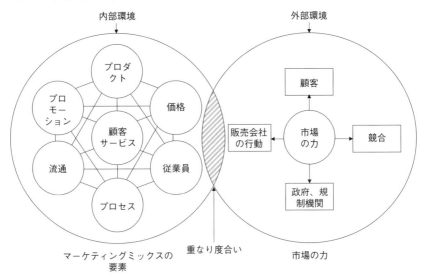

出所：Christopher et al.（1991, p.20）より訳出、加工。

ミックスは捉えられるべきである。

　顧客サービスは、配送や物流の問題の影に紛れてしまうことも多いが、広告、プロモーション、営業努力よりも重要だとする研究結果もあり（La Londe, Cooper & Noordewier 1988）、効果的なリレーションシップ・マーケティングには不可欠の要素である。

　従業員は、1）接触者（contactors：営業部門や顧客サービス部門において、頻繁にもしくは定期的に顧客とのコンタクトを持つ）、2）修正者（modifiers：受付担当者、債権回収担当者、電話交換手など、伝統的なマーケティング活動の従事者ではないが、頻繁に顧客とのコンタクトを持つ）、3）影響者（influencers：R&D部門、市場調査部門、配送部門など、顧客とのコンタクトは限定的だが、リレーションシップ・マーケティング戦略の実行においては、重要な役割を果たす）、4）疎遠者（isolateds：購買、人事、データ管理などの管理部門従事者であり、顧客とのコンタクトはなく、リレーションシップ・マーケティング戦略の実行にも関与しないが、組織全体のパフォーマンスには大きく影響する）、などの4

つのカテゴリーに分けられる。

　つまるところ、これらの従業員は、顧客に付加価値を提供し、他社との差別化を図る主体である。マーケティング・ミックスの要素として従業員を捉えることは、彼らのモチベーションを高め、彼らの活動の成果を最大化することにつながるのである[38]。プロセスもマーケティング・ミックスとしての役割を持つ。

　例えば、銀行サービスにおいて顧客をATMに誘導することで行員がより複雑な顧客サービスに集中することができるようになったのは、この点での良い例であり、「笑顔で接客」運動も、それを支える事務プロセスが適切でない場合、失敗することは必定である。マーケティング部門と事務部門の緊密な協力は必須であり、プロセスをマーケティング・ミックスの1つとして認識することで、プロダクトとサービス品質におけるプロセスの重要性が認識されるのである。これらのマーケティング・ミックスの要素を統合し、相互の互助性を発揮することで、内部環境と外部環境の重なり度合いを最大化する、すなわち、内部環境におけるマーケティング・ミックスを、可能な限り外部環境に適合した形で構築することが、マーケティング・プログラムの成功につながるのである。

　このように、Christopher et al. (1991) は、リレーションシップ・マーケティングを、顧客市場とより良い関係性を構築することにとどまらず、サプライヤー、従業員、紹介者、影響者、内部市場などとの関係性を発展し、強化するものとして位置付けている。彼らは、顧客市場、紹介市場、サプライヤー市場、従業員市場、影響市場、内部市場の6つの市場について、正式なマーケティング戦略を策定することの必要性を強調している。

　また、顧客の要望がより洗練されてくる中、顧客サービスは、販売時、販売後、販売前のすべての時点で顧客との関係性構築に重要な役目を担う、として伝統的な4Pモデルを拡大し、顧客サービスも含めた7つの要素から成るモデルを提唱している。

---

[38] ここでの従業員に対する考え方は、前述の内部市場の概念における従業員の重要性と符号するものである。

3-2. Payne (1995) によるリレーションシップ・マネジメント・チェーン

　Payne (1995) は、Christopher et al. (1991) において提唱された研究をさらに推し進めながらも、実務家であるマーケティング・マネジャーを主要な読者層の1つとして想定し、リレーションシップ・マーケティング研究における学問的課題を網羅的にカバーするというよりは、マーケティング戦略の実行やマーケティング施策の結果測定といった、企業のマネジメントという観点から見て鍵となる問題についての論証を行っている[39]。

　まず、Payne (1995) は、Christopher et al. (1991) において示された既存顧客の維持と、リレーションシップ・マーケティングの対象市場としての6つの市場概念を踏まえた上で、トランザクション・マーケティングからリレーションシップ・マーケティングへの変遷を改めて強調している（図3-11）。

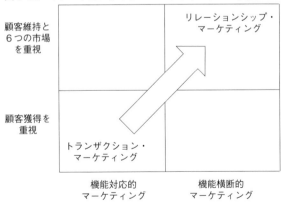

図3-11　リレーションシップ・マーケティングへの変遷

出所：Payne (1995, p.30) より訳出、加工。

---

[39] Payne (1995) は、AAグループの初期メンバーである、A. Payne、M. Christopher、D. Ballantyne の3人を含めた総勢17人の研究者からの寄稿によって構成されており、編集者が A. Payne となっている。

図3-11における、(新規顧客獲得ではなく) 顧客維持を重視する論点と、リレーションシップ・マーケティングの対象市場概念を6つの市場 (顧客市場、紹介市場、サプライヤー市場、従業員市場、影響市場、内部市場) に拡大する論点は、Christopher et al. (1991) においてすでに論述されたものであるので、ここでの主要論点は、機能対応的マーケティング (functionally based marketing) と機能横断的マーケティング (cross-functionally based marketing) の対比である。

　企業の組織形態が、顧客を満足させる能力に悪影響を及ぼすことは多い。伝統的な機能別組織における最大の問題は、機能、部署、タスクを超えて仕事の調整が行われないことである。このような状況は、顧客が部門間をたらいまわしにされるような事態を招くことが多く、結果として、低い顧客満足や低調な企業業績につながる。激化する競争状況や動きの速い市場に対応するためには、部門間の仕事の調整と柔軟性が不可欠である。企業は、品質、サービス、商品サイクル、その他の指標において優れた結果を残さなければならず、そのためには、サプライヤー、販売チャネル、顧客との接点の在り方を一から見直さなければならない。その意味で、会社横断的なプロセスや機能を超えて活動するチームを構築することによって、市場に向き合う組織 (market-facing organisations) に変革しなければならない。このような組織においては、それぞれの部門は、機能を超えて活動するチームに対して専門性を持つスタッフを提供するリソースとして位置付けられるのである (図3-12に機能対応的マーケティングと機能横断的マーケティングの対比を表示)。

　また、彼らは、関係性を重視するリレーションシップ・マーケティングの概念と顧客に対して部門や機能を超えて対処するというアプローチを結びつけることで、リレーションシップ・マネジメント・チェーン (relationship management chain) という考え方を提示している (図3-13)。

　リレーションシップ・マネジメント・チェーンの考え方は、Gluck (1980) のビジネス・プロセスの概念と、Porter (1985) の価値連鎖 (value chain) の概念に基づくものであり、関係性が向上する中で価値が創造される過程に焦点をあてている。

　外部市場のマネジメントにおいては、Christopher et al. (1991) が唱えた

図 3-12 機能対応的マーケティングと機能横断的マーケティング

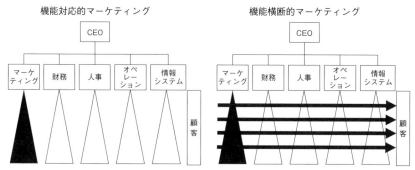

出所：Payne（1995, pp.265-266）より訳出、加工。

図 3-13 リレーションシップ・マネジメント・チェーン

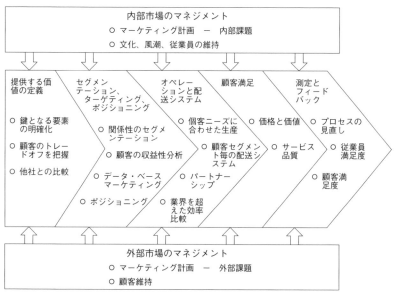

出所：Payne（1995, p.267）より訳出、加工。

6つの市場を対象にマーケティング計画を立案する。このマーケティング計画は、自社の現在と将来の戦略的ポジショニングを明らかにし、そのポジショニングにたどり着くまでのプロセスを明らかにするものであり、その際のマーケティング上の焦点は、既存顧客の維持に向けられなければならない。

内部市場のマネジメントにおいては、外部市場のマネジメントと同様にマーケティング計画が立案されるが、ここでの目的は、前述の機能横断的マーケティングを具現化することである。すなわち、すべての従業員が互いの業務内容を理解し、自身の業務が最終的に顧客に対して与えているインパクトを把握しなければならない。顧客満足への貢献度を各従業員が理解することは、部門を超えた形での業務推進の確立や、外部顧客・内部顧客に対するサービス品質向上の気風の形成につながるのである。

また、顧客を第一とする企業文化の形成がリレーションシップ・マーケティングの長期的成功に不可欠の要素である。企業文化は、従業員の行動と態度に大きな影響を及ぼし、企業における風潮を規定する。リテールバンキング業界における調査では、良い形での顧客との接点は、顧客満足度だけではなく、従業員満足度をも向上させるという研究結果が報告されている（Schneider & Bowen 1984）。従業員維持は、顧客との関係性が、結局は各従業員によって構築、維持されていることに鑑みれば重要な課題であり、顧客は、取引先企業の組織全体というよりは自分がコンタクトする個人により親密感を抱くのである。

提供する価値の定義においては、3つのアプローチがある。1つ目は、顧客が、前述の7つの拡大されたマーケティング・ミックス（プロダクト、プロモーション、流通、価格、顧客サービス、従業員、プロセス）の中で、どの要素を重要視しているのかを理解し、特に顧客サービスの中でさらに細分化された要素の相対的重要性を把握することである。2つ目は、その相対的重要性の理解に基づき、顧客にとっての要素間のトレードオフ（ある要素を犠牲にしてまでも、別の要素を重要視する）を明らかにすることである。3つ目は、顧客の要素間のトレードオフを理解した上で、各要素について自社と競合各社の評価を顧客に問うことである。

セグメンテーションとは、顧客の要素間のトレードオフを把握した上で、クラスター分析などを活用して、要素間のトレードオフにおいて観察されるパターンに基づいて顧客をセグメント化することである。そして、顧客セグメントごとの収益性を、サービス提供コストも含めて、データベース・マーケティングの手法などを活用して計測するのである。また、ここでは、7つのマーケティング・ミックスなどの客観的指標と企業イメージなどの主観的指標に基づいて、自社と競合各社の市場でのポジショニング把握を行う。

　オペレーションと配送システムにおいては、生産管理技術や情報システム技術の進歩を活用して、顧客別のニーズに対応した生産体制を構築することが重要である。また、配送においても、注文頻度、返答までの希望時間、配送パッケージの種類・大きさ、購入商品の価格などを軸に形成される顧客セグメント毎に、配送サービスの内容を適合させるのである。このようなセグメント別配送の実施においては、高いサービス品質を持つ少数のサプライヤーとパートナーシップを結ぶことが有効である。プロセス全体の効率性を検証するために、業界を超えた形での企業比較を試みる必要がある。

　顧客満足においては、顧客セグメント毎に価格に見合う価値が提供されているかを絶えず検証し、自社の製品・サービスの品質レベルを、技術的、機能的観点から計測することが求められる。

　計測とフィードバックにおいては、より高い顧客満足を実現するために、プロセス、従業員満足度、顧客満足度を定期的に測定し、改善努力を継続する仕組みを社内に導入することが重要となる。

　このように、Payne（1995）は、リレーションシップ・マネジメント・チェーンという考え方を提示することで、Christopher et al.（1991）が提唱している、6つの市場概念（顧客市場、紹介市場、サプライヤー市場、従業員市場、影響市場、内部市場）を対象とするリレーションシップ・マーケティングを企業において実行し、顧客とより良い関係性を構築するためのプロセスと仕組みを提案しているのである[40]。

　全体として俯瞰すると、AAグループのアプローチ[41]は、リレーションシップ・マーケティングの対象範囲を幅広く捉え、トランザクション・マーケティングからリレーションシップ・マーケティングへの移行を主張してい

る。その上で、トランザクション・マーケティングからリレーションシップ・マーケティングへの移行において鍵となる要素として、1）新規顧客獲得を重視するマーケティングから、既存顧客の維持を重視するマーケティングへ移行する、2）伝統的なマーケティングが顧客市場のみを考慮の対象としてきたのに対し、マーケティングの対象範囲を幅広く捉え、6つの市場を分析の対象とする、3）機能対応的マーケティングから機能横断的マーケティングへ移行し、会社横断的なプロセスに基づいて、機能を超えて活動するマーケティング・チームを構築する、の3点を挙げている。また、前述のように、リレーションシップ・マネジメント・チェーンを提唱することで、リレーションシップ・マーケティングを6つの市場で実行するためのプロセスと仕組みを提案している。

とりわけ、内部市場への着目がAAグループのアプローチの特徴として挙げられる（渡辺 1996a）。内部市場の考え方は、前述のように2つの側面がある。第1は、内部顧客（インターナル・カスタマー）の概念であり、組織内のすべての従業員を顧客と捉え、マーケティングの目的は、内部顧客（＝従業員）のモチベーションを高め、高い品質のサービスを提供してもらうことにある。第2の側面は、従業員によるすべての顧客接点に関するものであり、マーケティングの目的は、すべての従業員が自社の戦略や目標を理解した上で、あらゆる顧客接点において会社代表として適切に振る舞うように仕向けることにある。この第2の側面は、次節にて論述するノルディック・

---

40 Payne (1995) は、企業マネジメントの観点から、キーアカウントマネジャー（key account manager：重要顧客を担当する営業マネジャー）の役割と、組織内での位置付けや動き方についても論述しているが、ここでは省略する。

41 AAグループによる主な著書としては、Christopher et al. (1991)、Payne (1995)、そして、Christopher et al. (2002) に加えて、Payne, Christopher, Clark and Peck (1995)、Peck, Payne, Christopher and Clark (1999) が挙げられる。しかし、これらは、関連する論文を系統だてて紹介する (Payne et al. 1995)、ケース・スタディを多用することでAAグループの主張をより深く解説する (Peck et al. 1999)、などに主眼が置かれており、主要論点は、Christopher et al. (1991)、Payne (1995)、Christopher et al. (2002) において論述されている。したがって、Payne et al. (1995) などの著書の詳細は、ここでは論述しない。

グループのアプローチにおいて、PTM（Part-Time Marketer）と FTM（Full-Time Marketer）を対比する発想（顧客に対するマーケティング活動は、マーケティング部門に属するマーケター、すなわち FTM だけではなく、それ以外の部門において、直接的、間接的に顧客と接するスタッフ、すなわち PTM の総体によって担われるべきだという発想）に触発された考え方といえ、内部市場への着目は、組織内のコミュニケーション構造、とりわけマーケティング部門と非マーケティングの部門のコミュニケーションの在り方に変更を迫るものであり、それによって、より顧客に向き合う組織への転換を図ろうとするものである（渡辺 1996a；1996b）。

4 ノルディック・グループのアプローチ

ノルディック・グループは、スウェーデンの Häkansson を中心とする IMP（Industrial Marketing and Purchasing）グループと北欧学派（Nordic School）と呼ばれるグループによって構成される。ここでは、それぞれのグループの研究内容について論述する。

4-1. IMP グループによるネットワーク・モデルと市場ネットワーク・アプローチ

IMP グループは、ヨーロッパにおける産業財のマーケティングをテーマに 1976 年に発足した国際研究プロジェクトであり、これまで行われたプロジェクトは、第1期（IMP1：1976 年から 1982 年）と第2期（IMP2：1986 年に開始）の2つの時期に分けられる（Häkansson & Snehota 2000）[42]。第1期のプロジェクトは、フランス、ドイツ、イタリア、スウェーデン、英国の5

---

[42] IMP グループの代表的研究者としては、H. Häkansson、I. J. Snehota、L-G. Mattsson、J. Johanson などが挙げられるが、現在では、多数の研究者が IMP グループとして、BtoB 分野に限らず、BtoC 分野も含めて活発な研究活動を行っており、その研究成果は、IMP グループのホームページ（http://www.impgroup.org/）でも報告されている。

か国からの20人を超える研究者の連携の下で開始された。第1期プロジェクトの主たる研究成果は相互作用モデル（Häkansson 1982）であり[43]、企業間取引を単発的取引として位置付けるのではなく、売手企業と買手企業の間の長期的、継続的な相互作用関係を詳細に分析している。

　第2期のプロジェクトは、第1期のメンバーに加えて、新たにオーストラリア、日本、米国から研究者の参加を受けて、1986年に開始された。第2期プロジェクトにおいては、分析対象が、売手と買手間に限定される相互作用から、複数の関係性によって構成される関係ネットワークのダイナミクスにまで広げられ、ネットワーク・モデルとネットワーク・アプローチが提唱されている。

4-1-1．ネットワーク・モデル

　ネットワーク・モデルにおいては、関係性の実質（substance）を規定する要素として、活動（activity）、資源（resource）、個人や企業などの行為者（actor）の3つの要素が挙げられる（Häkansson & Snehota 1995 ; Anderson, Häkansson & Johanson 1994）。活動（activity）については、関係性は関係性を構成する二者の内部行動を連結する活動によって構築され、このような活動の連結（activity links）が関係性の成果に大きな影響を及ぼす。資源（resource）については、関係性が発達するにつれて、関係性を構成する両者が保持するさまざまな資源に対して両者共にアクセスできるようになり、資源の結合（resource ties）が形成される。そして、個人や企業などの行為者（actor）については、関係性が発達するにつれて、行為者間の絆（actor bonds）が形成され、お互いの知覚、評価、処遇に影響を及ぼす。このような活動の連結（activity links）、資源の結合（resource ties）、行為者間の絆（actor bonds）は、次のような側面を持つ。

・活動の連結（activity links）は、関係性の発展に伴い、技術、管理、商業活動などの分野で発生する。

---

[43] Häkansson（1982）による相互作用モデルについては、第2章第3節を参照。

図3-14　顧客とサプライヤー3社との関係性

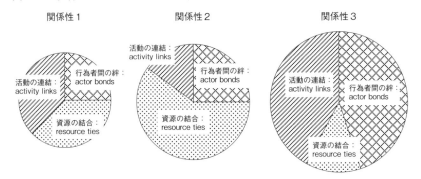

出所：Ford, Gadde, Häkansson and Snehota (2006, p.31) より訳出、加工。

- 資源の結合（resource ties）は、関係性を構成する二者が持つ、技術的、資材的、知識的資源を結合するものであり、関係性が発展する過程で、自社が持つ資源を互いに開示することで発生する。
- 行為者間の絆（actor bonds）は、関係性における両者の位置付けを確認するものであり、関係性において対話を重ねる中で形成される。

　これらの3つの要素（活動の連結：activity links、資源の結合：resource ties、行為者間の絆：actor bonds）の相対的比重が、関係性の実質を左右することを表すパターン例として、図3-14にある特定の顧客（買手）と、そのサプライヤー（売手）3社との関係性を示す（円の直径が取引量を反映しており、3つの要素の相対的比重は、各社へのインタビューの結果を反映したもの）。

　関係性1においては、顧客（買手）は難しい関係性だと認識している。行為者間の絆（actor bonds）は比較的未開拓であり、最近ではサプライヤーとの間で技術開発の結果をどう活用するかについて、かなり大きな意見の相違があったケースである。

　関係性2は、資源の結合（resource ties）の比重が高いという点で、他の関係性とは異なっている。このような関係性は、備品のサプライヤーとの間で見られることが多い。これは、製品の性格上、業務の遂行において特段の活動の連結（activity links）が必要とされないからであるが、このケースの

ように、資源の結合（resource ties）が非常に強い場合は、他のサプライヤーとの取引の可能性を狭めてしまう危険性がある。

　関係性 3 は、最も取引量が多い関係性であり、行為者間の絆（actor bonds）が、他の関係性よりも大きな比重を占めている。このような場合、買手側は特に問題を認識していないことが多いが、二者間の良好な人的関係が資源の結合（resource ties）にはつながっていないケースである。

　このような関係性のパターンは、以下の 3 つの示唆をマーケターに提示する。

- サプライヤーとその顧客との関係性は、非常に成熟したものであっても、顧客ごとに全く異なる性質を持つ。関係性は多面的なものであり、マーケターは、この多面性を分析しなければならない。関係性の内容は、両者の戦略、ネットワークの特徴、両者が直面する問題、両者が保有する経営資源などによって規定される。
- コンフリクトや問題が発生していない状況は、両者間の活動が単に不十分である可能性もあり、必ずしも良い兆候ではない。問題の発生は、より深い相互理解につながることもあり、コンフリクトをマーケターが適切に処理することで、関係性がさらに発展することもある。
- マーケティングを重視する企業は、行為者間の絆（actor bonds）の構築には熱心に取り組むが、活動の連結（activity links）や資源の結合（resource ties）には、あまり注力しないことが多い。その意味で、行為者間の絆（actor bonds）に過度に依存する関係性は、その可能性を生かし切れていないと言え、活動の連結（activity links）や資源の結合（resource ties）を伴う関係性に比べて、脆弱なものとなる。

4-1-2. ネットワーク・アプローチ

　次に、ネットワーク・アプローチについては、基本的な認識として、産業システム（industrial systems）において各企業がそれぞれの立場で生産・流通に従事し、製品とサービスを利用しているというシステムを、企業間関係におけるネットワークと位置付ける（Häkansson 1987；Johanson & Mattsson

1987；Häkansson & Snehota 1989；Mattson 1997；Ford, Gadde, Häkansson & Snehota 2002；Snehota 2003）。このようなネットワークにおいて、各企業は相互依存の状態にある。したがって、各企業の活動は全体として協調される必要があるが、このような協調は、中央集権的計画や企業の力関係によって決まるものではなく、伝統的市場モデルが主張する価格調整メカニズムによって決まるものでもない。必要な協調はネットワークにおける各企業間の対話によって生まれるのである。

このような基本認識を踏まえ、ネットワーク・アプローチは、市場を従来のマーケティングで想定されているような需要の集合や客体化された標的として捉えるのではなく、企業自らもその内に組み込まれた関係性の集合から成るネットワーク構造として捉えるものである（村上 2003）。

ネットワーク・アプローチにおける主要論点は、以下の4点に集約される。

・企業の役割、発展、業績は、市場におけるネットワークプロセスから関係性を構築する能力によって説明することができる。
・経営資源の形成は、伝統的には企業内で行われるものとされてきたが、そうではなく、企業間活動によってもたらされる。
・製造などの内部的活動の効率性は、伝統的には企業内の技術的問題とされてきたが、そうではなく、サプライヤーとの関係性に依存する。
・関係性の相手方に関する伝統的理解とは異なり、相手方の成功が、自社の成功に直結する。

このようなネットワーク・アプローチは、ビジネスにおける関係性が国際色を帯びるにつれてより有効性が増すと思われる。すなわち、多国籍に活動する企業が複数の国で企業買収や新規部門の立ち上げによって成長を遂げ、また、企業が取引するサプライヤーを世界規模で拡大しようとし、さらに、各国政府が製品やサービスの重要な買手としてだけではなく、特別経済区域や地域の推進役として機能するような状況では、企業はさまざまな国や市場におけるネットワークにおいて活動を行う必要があり、上記の4点は、そ

の有効性を増すのである。

IMP グループによるアプローチの特徴は、顧客市場だけを想定したリレーションシップ・マーケティングではなく、企業を取り巻くあらゆる市場のビジネス・ネットワークを包含した知識体系を構築しようとしたことに加えて、伝統的なマーケティング機能だけではなく、組織内における各種の機能とビジネス・ネットワークとのインターフェースが強調されたことにある（小野 2000）。

4-2. 北欧学派によるアプローチにおける主要コンセプト

北欧学派とは、第一義的にはフィンランド出身の C. Grönroos とスウェーデン出身の E. Gummesson を指すが、広い意味では北欧出身の研究者や実務家を意味し、R. Normann や J. Carlzon も含まれる。ここでは、主に C. Grönroos と E. Gummesson による研究成果について論述する。

北欧学派によるリレーションシップ・マーケティング研究は、マーケティングにおける問題を解決する鍵は関係性のマネジメントにあるという認識をベースとして、関係性のマネジメントが、サービス・マーケティングと BtoB マーケティングに共通して重視されることに着目し、この関係性を中心概念とする、交換の対象となる財の種類が有形財か無形財かに左右されない、新たなマーケティング理論の構築をその目的としている（Grönroos 1978；1989；1990；1991；1994a；2000b；Gummesson 1987；1991；1997；2002a）。

表 3-3 は、彼らが主張する新たなマーケティングを従来型マーケティングとの対比で捉えるものである。

北欧学派によるアプローチは、プロセスの重視、内部組織の重視、ネットワーク・マネジメントの重視、の 3 点にその特徴があり、ここでは、それぞれの特徴について論述する。

4-2-1. プロセスの重視

Grönroos（2000b, p. 99）は、「リレーションシップ・マーケティングは、

表3-3　新たなマーケティングと従来型マーケティングとの対比

	従来型マーケティング	新たなマーケティング
名称	トランザクション・マーケティング	リレーションシップ・マーケティング
マーケティングの目的	交換・取引の成立	顧客との関係性の確立
時間軸	短期	長期
主要なマーケティング活動	マーケティング・ミックス（4Ps）	関係性のマネジメント（マーケティング・ミックスの活動にサポートされる）
価格弾力性	顧客は価格の変化に敏感ある	顧客は価格の変化にあまり敏感ではない
品質決定要因	技術力	顧客との関係性
顧客満足の測定	間接的に市場シェアをモニターする	直接的に顧客と対話する
インターナル・マーケティング	戦略上重要ではない	戦略上極めて重要
マーケティングを遂行する部門	マーケティング部門	すべての部門
分析の対象	売手と買手の二者間関係	二者間関係（売手―買手に限定されない）、ネットワーク
想定する財	一般消費財（とりわけ包装消費財）	一般消費財、産業財、サービス

出所：Grönroos（1978；1989；1990；1991；1994a；2000b）、Gummesson（1987；1991；1997；2002a）を参考に著者作成。

第一に（first and foremost）プロセスである」として、プロセスの重要性を強調している。ここでのプロセスとは、潜在顧客を明らかにした後、顧客との関係性を構築、維持、強化することで、好意的な口コミや他社への紹介などにつながるという一連の流れを意味しているが、この流れの中で最も中核的な役割を果たすのが、企業と顧客とのインタラクション（interaction）であり、このインタラクションの積み重ねによって関係性は形成され、評価されるのである。

　インタラクション・プロセスについてIMPグループのHäkansson（1982）は、その相互作用モデルにおいて、短期的な「エピソード（episodes）[44]」が積み重ねられることによって、企業間の長期的関係性形成において、お互いの役割についての期待値が「制度化」され、「接触様式」がより強固なもの

---

[44] 前述のように、このエピソードは、1) 製品・サービスの交換、2) 情報の交換、3) 金銭の交換、4) 社会的な交換、の4つの要素から成る（Häkansson 1982）。IMPグループによる相互作用モデルの詳細については、第2章第3節を参照。

図 3-15　関係性におけるインタラクションのレベル

出所：Holmlund（1996, p.49）より訳出、加工（A はアクトを意味する）。

になり、関係性の「適合化」につながる、としている。

　このような考え方を踏まえ、Holmlund（1996）は、売手と買手の間に形成される関係を複数の階層構造として捉え、インタラクション・プロセスは、アクト（act）、エピソード（episode）、シークエンス（sequence）、リレーションシップ（relationship）の4つの階層から構成されるとしている（図 3-15）。

　アクト（act）は、リレーションシップを構成する最小の単位であり、企業と顧客が接触するさまざまな場面で発生するもので、顧客からの問い合わせの電話やアフターサービスの訪問などがこれにあたる[45]。複数のアクト（act）が、上位の階層であるエピソード（episode）を構成する。エピソードは、1回の取引や購買活動を単位としている。例えば、出荷というエピソードは、電話による発注、製品の梱包、製品の配送、（顧客による）製品の開封、苦情の申し立て、請求書の発送と支払などという一連のアクト（act）を含んでいることが考えられる。

　この一連のエピソードから構成される上位概念が、シークエンス（sequence）である。シークエンスは、複数のエピソードから成る1つのプロジェクト、キャンペーン、または、一定期間の取引活動などを単位とする。

---

[45]　アクト（act）は、サービス・マーケティングにおける「真実の瞬間（moment of truth）」（Carlzon 1987）に相当する。

そして、このシークエンスの上位にリレーションシップ（relationship）がある。インタラクション・プロセスを、これらの複数の階層（アクト、エピソード、シークエンス、リレーションシップ）に分解して把握することで、実務を担うマーケターは、売手と買手の間のインタラクションを詳細に分析するための道具を手にすることになり、インタラクション・プロセスにおけるすべての要素（製品・サービス、情報、金融活動など）を適切に把握し、それらを長期的関係性の構築に活用することができるようになるのである。

　また、インタラクション・プロセスに加えて、北欧学派のアプローチにおけるプロセス重視の特徴が表れているもう1つの点として、Grönroos（2000b）が提唱している、関係性における「ダイアログ・プロセス（dialogue process）」という考え方が挙げられる。これは、顧客とのコミュニケーションに関するすべての努力は、すべからく関係性の維持・強化につながるべきであるという認識をベースに、顧客との営業会議、顧客へ発送するダイレクトメール、インフォーメーションの冊子などは、個別に処理されるべきではなく、計画された全体プロセスとの整合性が保たれる形で実行されるべきであるという考え方である。この「ダイアログ・プロセス（dialogue process）」の対象となるのは、営業活動、マスコミュニケーション活動、営業以外の顧客との直接的な接触活動、広報活動などであり、これらの活動が有機的に連結する形を示しているのが、図3-16である（外側の円がダイアログ・プロセス、内側の円がインタラクション・プロセスを意味する）。

　この場合のマスコミュニケーション活動の例としては、伝統的な広告、パンフレット、セールスレター（返信が期待されていないもの）などが挙げられ、営業以外の顧客との直接的な接触活動の例としては、情報の提供、インタラクションの報告、データの提供依頼などが挙げられる。ダイアログ・プロセスの起点は関係性が開始された時点なので、当然ではあるが、ダイアログ・プロセスはインタラクション・プロセスに先行する形となる。ダイアログ・プロセスとインタラクション・プロセスの輪が並行していることと、2つの輪の間に矢印があることは、ダイアログ・プロセスとインタラクション・プロセスがお互いをサポートするべきことを意味している。ダイアログ・プロセスにおける営業活動は顧客による期待値の上昇につながるが、イ

図 3-16 ダイアログ・プロセスとインタラクション・プロセス

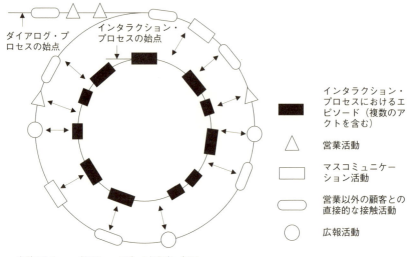

出所：Grönroos（2000b, p.107）より訳出、加工。

ンタラクション・プロセスは、このような期待値の上昇に対応する形で実行されなければならない。すなわち、ダイアログ・プロセスとインタラクション・プロセスが、1つの統一された戦略の下で有機的に統合され、そして、体系的に実行されることがリレーションシップ・マーケティングでは求められるのである。

4-2-2. 内部組織の重視

　北欧学派による問題意識の1つが、企業における部門間の相互依存性である。Gummesson（1987, p.17）は、「マーケティング部門が孤立した生活を送ることはできない（Marketing cannot live an isolated life）」という表現で、マーケティング部門が他の部門と協調して業務遂行にあたる必要性を説いている。

　顧客関係（customer relations）は、すべての従業員の影響を受ける。上級管理職は、大型契約を交渉し、企業の外交官として、顧客に誠意を伝える。

電話オペレーターや受付の担当者は、企業の第一印象を大きく左右する。エンジニアは、顧客と面談し、仕様を固める。営業部隊は、関係構築の専門家集団である。マーケティングの効果が上がらない多くの場合、マーケティング部門自体に問題があるのではなく、マーケティング部門と他の部門との連携に問題がある場合が多いのである。

したがって、リレーションシップ・マーケティングにおけるマーケティング機能は、マーケティング部門においてマーケティングを専門的に担当するマーケター（FTM：Full-Time Marketer）のみによって遂行されるものではなく、顧客関係に関わるすべての部門や従業員によって遂行されるべき全社的な機能として捉えられるべきである。すなわち、フルタイムのマーケター（FTM）に加えて、製品開発、生産、購買、顧客サービス、総務などにおけるスタッフも、部分的にマーケティング業務を担うスタッフ（PTM：Part-Time Marketer）として位置付けられ、マーケティングが全社的な機能として遂行されるために重要な役割を担うのである。図3-17は、FTMに加えてPTMが各部門に存在していることを示している。

リレーションシップ・マーケティングを成功裡に実施するためには、経営トップが、マーケティング活動をFTM、PTMの両者によって遂行される全社的活動として理解するだけでなく、顧客と接触する従業員やその活動をサポートする内部管理部門が、同様の認識を共有することが重要なのである（村上2003）。

Gummesson（1987；1991）は、このような考えを抱くに至った経緯について、品質管理論、特にTQM（Total Quality Management）論の影響が大きかったと述べている[46]。TQM論においては、品質は、顧客知覚品質（customer perceived quality）と捉えられており、この顧客知覚品質の向上には、生産部門とマーケティング部門が連携して業務を遂行し、技術的な要請と市場からの要請を有機的に結びつけることが重要だとされている。すなわち、

---

[46] Gummesson（1987）は、日本における品質管理、特にTQC（Total Quality Control：全社的品質管理）の先駆的指導者の一人であり、QCサークル活動の生みの親とされる石川馨の著書（Ishikawa 1985）を、影響を受けた研究として挙げている。

図 3-17　FTM（Full-Time Marketer）と PTM（Part-Time Marketer）

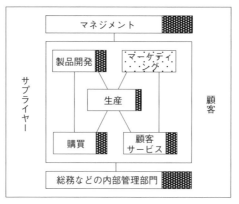

出所：Gummesson（1987, p.17）より訳出、加工。

TQM論から、品質管理の内部的能力と顧客ニーズや顧客満足を統合することで、彼は顧客へ提供する価値をトータルに管理することを学んだのである（渡辺 1996b）。

4-2-3. ネットワーク・マネジメントの重視

　売手と買手との関係に影響を及ぼし、関係性の質を規定する要因は、買手企業と直接に対応する従業員や部署だけではない。北欧学派は、企業が関わるさまざまな市場関係が顧客との関係性に影響を与えると考え、売手と買手の二者間関係だけではなく、その関係を取り巻く関係の連鎖、すなわちネットワークを良好にマネジメントすることが、組織内部の関係と同様にリレーションシップ・マーケティングにおいては重要であるという立場をとっている（藤岡 2001）。Gummesson（2002b）は、企業を取り巻く関係性のパターンとして、30の関係性を取り上げ、それらを大きく4つのグループに分けている（表3-4）。

　はじめの2つのグループは、マーケット・リレーションシップである。

表 3-4　30 の関係性における 4 つのグループ

古典的市場関係	R1	サプライヤーと顧客の古典的二者関係
	R2	サプライヤー、顧客、競合企業間の古典的三者関係
	R3	流通企業との古典的ネットワーク関係
特殊的市場関係	R4	FTM と PTM を通じての関係
	R5	顧客とサービス提供者間のサービス・エンカウンター
	R6	多数の顧客側担当者と多数のサプライヤー側担当者の関係
	R7	顧客の顧客（customer's customer）との関係
	R8	近い関係と疎遠な関係
	R9	不満足な顧客との関係
	R10	独占的関係（顧客もしくはサプライヤーが従属する関係）
	R11	顧客が「会員（member）」である関係
	R12	e メール、携帯電話、インターネット上での関係
	R13	ブランドとの関係
	R14	公的機関と市民との関係
	R15	環境を通じた関係（green relationship）
	R16	法的契約に基づく関係
	R17	犯罪者組織における非合法な目的を持つ関係
メガ関係	R18	個人と社会の関係
	R19	政府や政治家へのメガマーケティングが必要となる関係
	R20	企業間の提携が市場メカニズムに変化をもたらす関係
	R21	知識の獲得を目的とする関係
	R22	EU や NAFTA などの政府レベルでの関係
	R23	マスメディアの影響が大きい関係
ナノ関係	R24	市場メカニズムが新たに導入された関係
	R25	内部顧客との関係
	R26	オペレーション部門とマーケティング部門との関係
	R27	従業員との関係
	R28	営業部隊と商品別管理体制のようなマトリックスの関係
	R29	外部のマーケティング・サービス提供者との関係
	R30	株主との財務上の関係

出所：Gummesson（2002b, pp. 28-29）より訳出、加工。

　これは、サプライヤー、顧客、競合各社、そして、市場に存在するその他の主体の間に形成されるリレーションシップを意味する。マーケット・リレーションシップは、企業、顧客、競合各社、物流ネットワークから成る古典的市場関係（classic market relationship）と、その中で特定の顧客（例：ロイヤルティ・プログラムの会員である顧客）、コミュニティ（例：マニアや一部の熱狂的集団）との関係から成る特殊的市場関係（special market relationship）か

ら構成される。

　次の2つのグループは、非マーケット・リレーションシップであり、マーケット・リレーションシップの効率性に間接的に影響を与えるものである。非マーケット・リレーションシップは、メガ関係（mega relationship）とナノ関係（nano relationship）から成る。メガ関係は、マーケット・リレーションシップの上位に位置する概念であり、政府との関係や、EU（European Union：欧州連合）、NAFTA（North American Free Trade Agreement：北米自由貿易協定）などの市場における取引関係を超えた関係である。ナノ関係は、マーケット・リレーションシップの下位、すなわち組織内部に見出されるリレーションシップであり、組織内部の従業員や部門間の関係を意味する。

　ここで留意すべきは、北欧学派は、これらの企業を取り巻く関係性をすべて同等にコントロールすべきであると主張しているわけではなく、リレーションシップ・マーケティングを実施する際には、企業が関わるさまざまな市場関係間の関連性と相互依存性を考慮にいれて対処する必要があると示している点である。

　また、Gummesson（2002a, p.587）は、価値創造について、企業が価値の提供者であり、顧客は価値創造に関与せず、単に消費するのみであるという従来の考え方を否定し、「顧客は、受動的な受け手（passive recipient）ではなく、価値の積極的共同創造者である（active co-producer and value creator）」としている。これは、Journal of Marketing において S. L. Vargo と R. F. Lusch によって2004年に発表された、サービス・ドミナント・ロジックと文脈を通じるものであり、リレーションシップ・マーケティングによる、第5章にて論述する価値共創論への大きな影響をうかがわせるものとなっている[47]。

---

[47] サービス・ドミナント・ロジックを最初に発表した Vargo and Lusch（2004, p.3）は、Gummesson（2002a）を影響を受けた先行研究の1つとして記述している。

・小括

　ここまでリレーションシップ・マーケティング論の系譜をたどってきた[48]が、BtoB マーケティング論の系譜においては、伝統的産業財マーケティング論に始まり、その後、組織購買行動論や相互作用モデルへと発展していく過程を比較的系統立てて追うことができるのに対し、リレーションシップ・マーケティング論においては、リレーションシップ・マーケティングという呼称のもとにさまざまな理論系譜が存在し、それぞれが独立して発展を遂げた結果、リレーションシップ・マーケティング論が一概に何を主張しているのかという評価を下すことは困難である（Gummesson 1997；小野 2000；南 2005）。

　とりわけ、北米グループと AA グループおよび北欧学派との間の相違が、相対的に大きいと思われる。北米グループは、一貫して売手—買手間の二者間関係に焦点をあて、交換における社会的要素や関係的交換の発展プロセスなどに注目することによって、顧客市場の最前線の議論を試みている。

　これに対して、AA グループや北欧学派は、売手—買手間の二者間関係を超えてビジネス・ネットワークにまで言及し、さらに、企業内部組織の問題に注目してインターナル・カスタマーやインターナル・マーケティングの概念を重視している。

　特に、北欧学派が、マーケティングにおける問題を解決する鍵は関係性のマネジメントにあるという認識をベースとして、リレーションシップ・マーケティングの対象を有形財か無形財かに限定しない、すなわち、サービス・マーケティング論の領域をも含めた形での理論構築を行っていることは、北欧学派によるアプローチの特徴として特筆される。

---

[48] 本書は、企業間のリレーションシップ・マーケティングに着目するものであるが、企業と消費者間のリレーションシップ・マーケティングにおいては、近年の情報通信技術の発展や情報解析コストの低下などを背景に、いわゆるデータベース・マーケティングや、One to One マーケティングと呼ばれるアプローチが発展を遂げており、また、CRM（Customer Relationship Management）という、顧客情報を活用して顧客との関係を深めていく経営手法への関心が高まっている。

これらの相違は、それぞれのアプローチが生成・展開してきた環境要因（国内の市場規模、企業間関係の対立性や協調性、流通構造、商業メディアの存在など）の違いが大きいと思われ[49]、これらのアプローチを統合するモデルを構築することは容易なことではない。このような、ある意味混沌とした状況の中で、次章にて論述するサービス・マーケティング論の研究成果も取り込みながら、企業が顧客と共同で行う価値創造に焦点をあてることで、2000年代半ば以降に世界的な注目を集めたのが、サービス・ドミナント・ロジック（service dominant logic）である。

E. Gummesson は、2007 年に刊行された Gummesson（2002b）の日本語版の序文（p.3）において、「サービス・ドミナント・ロジックは、リレーションシップ・マーケティングをサポートするものであり、学会および実務家双方を導くような、より包括的で実際的なマーケティング理論である」と述べている。

サービス・ドミナント・ロジックの提唱者である S. L. Vargo と R. F. Lusch も、サービス・マーケティング論やリレーションシップ・マーケティング論から大きく影響を受けたことを公言しており、その意味で、リレーションシップ・マーケティング論は、サービス・マーケティング論と並んでサービス・ドミナント・ロジックの理論的源流の 1 つとなっているのである[50]。

---

[49] 北欧学派は、かねてより米国市場は世界でも特殊な市場であると主張しており、その意味で、北米グループによるアプローチの普遍性について疑問を呈するスタンスをとることが多い。Gummesson（1987）は、米国市場とスウェーデン市場の特徴を詳細に比較し、非常に競争的でありかつ巨大な米国市場における諸現象を説明する理論体系が、狭隘であり、（政府も含めた）企業間の協調行動も期待できるような他国の市場においては、必ずしも大きな説明力を持たないことを主張している。

[50] サービス・ドミナント・ロジックについては、第5章にて論述する。

第 4 章

サービス・マーケティング論の系譜

　サービス・マーケティング研究は、モノ（有形財）ではなくサービス（無形財）のマーケティングに着目するものである。サービス・マーケティング研究が注目され始めたのは、1970年代後半に入ってからである。それ以前においては、サービス・マーケティング研究は、独自の基本概念と分析枠組を持っていなかったため、モノのマーケティング研究の枠組の中で、サービス産業における各サービスの生産、管理、販売における実務的な問題の解明が行われるのみであった（遅曉 1999）。

　Fisk, Brown and Bitner（1993）は、サービス・マーケティング研究の足跡を、1) 1980年初頭までの黎明期、2) 1980年初頭〜1985年の発展期、3) 1986年以降の展開期に分けて論じており[51]、ここでも、この3つの区分に沿う形でサービス・マーケティング論の系譜を明らかにする。

1 黎明期

　1980年代初頭までの期間は、サービス・マーケティング研究の黎明期と位置付けられる。この黎明期におけるサービス・マーケティングの研究者にとっては、サービス・マーケティング研究の必要性を強調することが、まず

51　厳密には、Fisk et al.（1993）は、黎明期を Pre-1980 と定義しているが、ここでは、1981年の研究までを黎明期としている。

は重要な課題であった（Fisk et al. 1993）[52]。

　1970年代以前に、Levitt（1960）は、伝統的マーケティングの議論がモノの販売に偏重していたことへの反省から、マネジメントの役割は大量生産したモノをいかに売りさばくかではないとし、着目すべき点は、モノの属性ではなく、（モノかサービスかにかかわらず）顧客を満足させる価値であると強調した（高室 2004）。そして、Levitt（1972）は、製造業で見られる技術革新を、サービス業においても導入することで、サービス業における生産性を飛躍的に向上できると主張した。このように、Levitt（1960；1972）は、マーケティングの対象がモノなのかサービスなのかには拘泥せず、それらを統合した形での理論展開を試みたという点では前章の北欧学派の考え方（Grönroos 2000a）に通じる革新的なものであったが、当時、モノとサービスの区分を行うことで自らの存在意義を確立しようとしていたサービス・マーケティング研究者の見地からは、サービス・マーケティングの存立基盤への疑義を呈すると解釈される内容であった。

　Rathmell（1966）は、サービス・マーケティング研究の必要性を強調すべく、マーケティング研究者がサービス・マーケティングにもっと注意を向けることが重要であると主張し、Blois（1974）は、欧州マーケティング界のトップジャーナルである European Journal of Marketing における最初のサービス・マーケティングに関する論文を発表し、購買行動理論を活用したサービス・マーケティングにおけるアプローチを提唱しつつ、英国におけるサービス産業の重要性を踏まえて、サービス・マーケティングに関する研究蓄積を充実することの必要性を訴えている。

　Rathmell（1974）は、銀行、ヘルスケア、スポーツ、ビジネスサービスの4つの分野においてサービス業にマーケティングを導入しようとし、マーケティング研究にサービス・マーケティングを定着させようとした。また、

52　サービス・マーケティング研究の必要性を強調することは、重要ではあるが、新分野ゆえのリスクも大きかった。黎明期における研究の多くは、博士課程の学生か、有期雇用の大学教官によってなされていた。したがって、サービスと製品の分類を否定する Wyckman, Fitzroy and Mandry（1975）のような研究に対する反発は、かなり激しいものがあった（Fisk et al. 1993）。

Donnelly（1976）は、サービスの販売チャネルはモノの販売チャネルとは全く異なることを明らかにし、Weinberger（1976）と Weinberger and Brown（1977）は、顧客から見たサービスと製品の違いを探求し、サービスについての情報が不足している理由を分析している。

　Shostack（1977）は、サービスに対しては伝統的なモノのマーケティングの考え方を直接適用することはできないとして、「プロダクト・マーケティングからの離脱（breaking free from product marketing）」を呼びかけている[53]。また、北欧学派の Grönroos（1978, p.590）も、同様の文脈で「モノの問題を解決するために開発されたマーケティングのツールを、サービスの問題を解決するために使うことはできない」として、サービスに着目するサービス・マーケティング研究の必要性を訴えている。

　Eiglier, Langeard, Lovelock, Bateson and Young（1977）は、初期のサービス・マーケティング研究者にとって貴重な論文となった5つの論文（「何故、サービス・マーケティングは必要か」、「サービス・マーケティングにおける新たなアプローチ」、「サービス・マーケティングにおける諸問題の共通性に関する一考察」、「システムとしてのサービス：マーケティング研究への示唆」、「サービス産業における生産性向上へのマーケティング研究の貢献」）を収録している。

　Thomas（1978）は、製品向けに作られた伝統的な事業戦略をそのままサービスに応用することは不可能であり、サービス・マネジャーはサービスの本質を踏まえた上で戦略を構築しなければならないとし、Bateson（1979）は、サービス・マーケティングには新たな概念が必要であると強く主張し、Lovelock（1979）は、サービス・マーケティングの発展のためにはマーケティング研究におけるコンセプトそのものを拡大しなければならないとしている。

　黎明期の研究においては、サービス・マーケティング研究の必要性を訴えるために、経済構造のサービス化の進展と、企業のサービス・マーケティン

---

[53] G.L. Shostack は、当時シティバンクに勤務する実務家（Vice President）であり、このようなマーケティング界全体に警鐘を鳴らす論文が、実務家から発表されたことは、当時の学会にとって衝撃的なことであった（Fisk et al. 1993）。

グに対する認識の欠如が指摘されつつ（Shostack 1977）、無形性（intangibility）、生産と消費の同時性（inseparability）、異質性（heterogeneity）、一過性（perishability）などのサービスの特性が強調された。これは、サービスと製品の違いを比較するためであり、また、サービス・マーケティング特有の課題（品質管理が困難、顧客が直接参加する度合いが高い等）も併せて強調された。ここでは、黎明期の研究において強調された、サービスと製品の違いやサービス・マーケティング特有の課題について論述する。

1-1. サービスと製品の違い

　Booms and Nyquist（1981）は、サービスと製品の最も重要な相違点として、1）サービスは無形であるが、製品は有形である（サービスの無形性：intangibility）、2）サービスの生産・消費過程と製品の生産・消費過程は異なり、サービスの生産と消費の過程においては、顧客との間に緊密かつ複雑な相互作用関係が存在している、の2点を指摘している。

　1）の無形性については、生産されたサービスは、通常は無形的、非標準的、注文的な性格を持つ。ここでいう無形性とは、商品としてのサービスそのものを目で確認したり、手で触れることが困難なことを意味する。また、サービスは標準化が難しく、品質管理が困難であることから、同じ時点で、同じ場所で、同じ企業によるサービスであったとしても、個々の顧客により、その満足と期待の間に大きな差が生じることが起こり得る。サービスの場合、顧客の期待が顧客満足に対して重要な役割を果たしているのである。サービスの特質に鑑みると、顧客はサービスに対する正確な期待を持つことが困難であり、企業が顧客によるサービスへの正確な期待を形成することも困難である。

　これに対して製品の場合は、顧客は製品を買う前にそれを目で確認し、手で触れ、試すことが可能であり、場合によっては返品することも可能である。企業も、製品の生産段階において品質管理を行うことが十分に可能である。

　2）のサービスと製品の生産・消費過程については、サービスと製品の生

産から消費までの過程は、生産段階、購買段階、消費段階、評価段階の4つに分けられるが、各段階における特性は、サービスと製品とでは異なる。

まず、生産段階と購買段階においては、サービスの場合は、顧客はサービスの生産過程のすべてもしくは一部に直接参加することで、生産過程において重要な役割を果たしている（顧客の参加）。また、サービスの生産・購買・消費は、しばしば同時に同じ場所で行われる（生産と消費の同時性）。これに対して製品の場合は、顧客は原則として生産活動には関与せず、製品の生産過程を顧客が見ることもできない。また、製品の生産は、標準化し、品質管理を実施することが可能であり、製品の生産活動は、時間的・地理的に顧客の購買・消費行動とは分離している。

消費段階においては、サービスの場合は、サービス提供企業は顧客のサービス消費プロセスと連結しているので、その消費プロセスに対するコントロール性が高い。また、サービスは顧客が経験・体験するものなので、製品のように第三者が再使用したり、第三者に転売することは不可能である。製品の場合は、企業は顧客による製品の消費をコントロールすることはできないが、再使用や転売は可能である。

評価段階においては、顧客のサービスへの評価は、サービスへの期待と実際の経験・体験を踏まえて行われ、評価行為はサービスの生産、購買、消費行為と同時に発生することから、企業は、顧客のサービスへの評価に対して一定のコントロール力を持つ。これに対し、顧客の製品に対する評価は、製品への期待と製品の機能との比較においてなされるが、その評価行為は、製品の生産、購買、消費とは時間的に分離しており、企業は、顧客の評価行為に対してコントロールする術を持たない。

Booms and Nyquist（1981）と同様の文脈で、Grönroos（1980）は、サービスの5つの特性として、1) サービスは無形であり、顧客にとっては評価の問題が生じる、2) 顧客は実体のないサービスを評価することは出来ず、評価の根拠とするために目に見える糸口を探す、3) サービスは生産と同時に消費されるため、買手と売手の間に相互作用（buyer/seller interactions）が発生する、4) サービスは活動（activities）であり、プロセスにおいて生産され、その生産途中にあるものがサービスそのものである。したがって、

生産プロセスとサービスを切り離すことはできない、5) このプロセスは、顧客の存在するところで顧客と共同で行われる、を挙げている。

これらのサービスと製品の差異については、黎明期の研究において提示された論点をベースにして、後年になって複数の研究者が改めて整理している。例えば、Zeithaml and Bitner（2003）は、サービスと製品を比較して、1) 製品は有形性が高く、サービスは無形性が高い、2) 製品は標準化されるが、サービスは個別性が高い、3) 製品の生産と消費は分離されるが、サービスでは同時に行われる、4) 製品は蓄積可能だが、サービスは消失する、の4点を挙げている。また、Lovelock and Wirt（2007）は、サービスの特徴として、1) 在庫がない、2) 無形要素が価値を生み出す、3) 可視化が困難である、4) 顧客が共同生産者である、5) 顧客がサービス経験を左右する、6) 品質管理が困難である、7) 時間が重要な要素である、8) オン・ラインチャネルが存在する、の8点を挙げている。岸本（2003）は、サービスの特徴として、以下の6点について考察をまとめている（表4-1）。

無形性については、Zeithaml and Bitner（2003）は、製品・サービスへの評価の困難度合いによって、具体的な13の製品・サービスを「探索財（顧客は、購入前に品質の程度を判断することができる）」、「経験財（顧客は、一度購入し経験することによって品質の程度を判断することができる）」、「信用財（顧客にとって品質の程度を判断することは、購入・消費後でも非常に困難であり、企業が提供する価値を信用しないと購買の意思決定ができない）」の3つに分類している（図4-1）。

このような「経験財」や「信用財」の性質を持つサービスのマーケティングにおいて、未経験の新規顧客を獲得するには、価値を経験させたり、信用させるための活動に多大なコストがかかることになる。したがって、リレーションシップ・マーケティングにおいて強調される既存顧客維持の重要性は、「経験財」や「信用財」の性質を持つサービスにおいて、より高まると言えるのである。

表 4-1 サービスの特徴についての考察

無形性	サービスにおいて、顧客が対価を払う対象は、ヒトまたはモノが行う「行為（deeds）、プロセス（processes）、パフォーマンス（performances）」であり（Zeithaml & Bitner 2003, p.3）、サービスそのものを顧客が手に取ることは不可能である。そのためサービス提供企業が、自社サービスが持つ価値を顧客に伝達することは困難である。製品の場合は、製品の形状、カタログ上の仕様などを参考に購買判断を行うことが比較的容易であり、支払うべき対価の判断も可能である。一方、サービスの場合は、サービス内容や品質を、顧客に事前に伝達することが困難なため、サービス提供企業が他社との差別化を図り、高価格路線を実行する際のハードルが高くなる。
顧客の参加	サービスの対価の対象が、物体ではなく「パフォーマンス」であることから、そのパフォーマンスの受け手である顧客自身が、サービスの実現過程に関与する。これは、企業にとっては、サービスの提供段階における利便性や快適性が、顧客への価値に大きな影響を与えることを意味する。つまり、サービスにおいては、注文の受付からサービス終了までの間に多くの顧客接点があり、この間に不具合があると顧客の満足度が低下してしまうのである。
生産と消費の同時性	サービスの実現過程に顧客が関与するということは、生産と消費が同時に起こるということを意味する。そのため、サービスでは、在庫という概念が成立せず、「作りおき」が出来ないことから、需給バランスのコントロールが格段に困難となる。鉄道や航空などの、サービス提供企業側の設備によって供給量が規定される場合は、バランスの管理に失敗すると、過小設備による売上機会の喪失や過大設備による維持コストの増加、稼働率の低下などの問題を招くことになる。また、供給側のコントロールが困難な場合は、需要の側をコントロールすることになるが、この際は、価格の調整や、既存顧客の比重を高めることで重要を安定させることが課題となる。
流通の困難さ	サービスにおける対価の対象が、「パフォーマンス」という無形物であり、サービスの実現過程に顧客が関与し、生産と消費が同時に起こるということは、サービスが「流通」しにくいことを意味する。すなわち、サービスが生産されるオペレーションの現場そのもので顧客を迎える必要性が高いため、生産と消費の間に第三者が介在する余地が少ないのである。例えば、宅配便のように、顧客受付業務をコンビニエンスストアのような第三者に委託することは可能であるが、これは、ごく一部の業務の委託であり、荷物の配送業務そのものを「流通」させている訳ではない。サービス提供企業は、製造メーカーのように、流通業者にチャネル機能のすべてを委ね、自らは製造機能に特化するような戦略を取ることはできないのである。
品質維持の困難さ	サービスにおける対価の対象が、「パフォーマンス」という無形物であることは、顧客の期待レベルを認識することは困難であり、サービスに対する評価は、顧客の主観によらざるを得ないことを意味する。顧客がサービスの実現過程に関与するということは、顧客の行動によって、サービス内容が随時変化するため、均質化が困難であることを意味する。生産と消費が同時に起こるということは、製品のように、一定の場所で生産し、集約して品質管理を行うことができない、すなわち、サービスにおいては、品質を一定に維持することが極めて困難であることを意味する。サービス・レベルのばらつきは、（機械ではなく）人間が関与する業務における品質の均質化の問題と捉えられており、教育や訓練を重ねても完全な均質化は不可能であり、従業員のモラルや現場責任者の属人的管理能力に依存する部分が大きくなる。

価格設定の困難さ	顧客のサービスの結果に対する評価が主観的なものであるということ、すなわち、サービスに対する価値の認識が顧客によって異なるということは、同じサービスであっても、支払っても良いと思う対価が、顧客ごとに異なることを意味する。製品においても、顧客ごとの価値認識のズレは発生するが、転売が可能なこともあり、最終的には一物一価に収斂していく可能性が高い。サービスは、転売が効かないため、同じサービスであっても、顧客が支払っても良いと思う金額に応じて、価格設定を行うことが可能になる。サービスの価格設定に自由度が高いということは、同時に、価格設定の際の指標が乏しいことを意味する。製品であれば、コストが有効な指標となることが多いが、サービスの場合、コストの大半は固定費として発生することが多く、個別顧客ごとに発生する変動費は少ないことから、顧客ごとの価格設定の指標としては、あまり適切ではない。サービスにおいては、価格設定の自由度は高いものの、価格設定そのものは困難なのである。

出所：岸本（2003, pp.16-25）より著者作成。

図4-1　探索財、経験財、信用財の分類

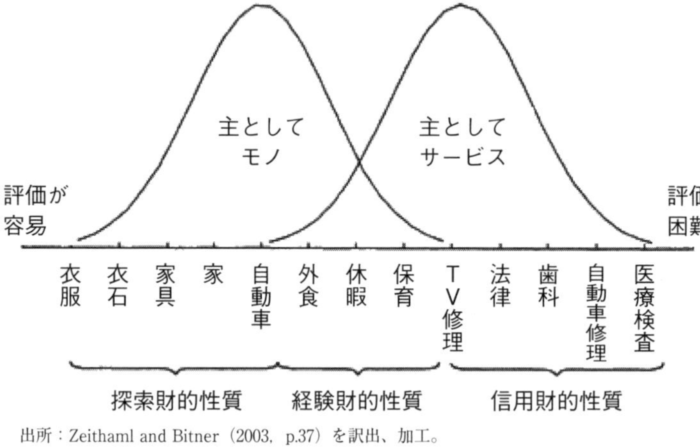

主として
モノ

主として
サービス

評価が
容易

評価が
困難

衣服　衣石　家具　家　自動車　外食　休暇　保育　TV修理　法律　歯科　自動車修理　医療検査

探索財的性質　　経験財的性質　　信用財的性質

出所：Zeithaml and Bitner（2003, p.37）を訳出、加工。

1-2. サービス・マーケティング特有の課題

　Booms and Bitner（1981）は、サービス・マーケティング特有の課題として、1) 企業と顧客の相互作用、2) マーケティング・コンセプトの確立、3) マーケティング・ミックスの確立、の3点を挙げている[54]。

図4-2 顧客関係ライフサイクルにおける3つのステージ

	初期ステージ	購買プロセス	消費プロセス
マーケティングの目的	企業が提供するサービスへの関心の喚起	関心を最初の購買に変換	再販売、クロスセル（重ね売り）および継続的な顧客関係の構築
顧客ニーズの分析手法	伝統的市場分析	顧客のニーズや問題の詳細な分析	クロスセルの機会の分析 継続的品質管理

出所：Grönroos（1979, pp.48-49；1980, p.37；1982, p.153）を訳出、加工。

　まず、1）企業と顧客の相互作用[55]について、サービスにおいては、サービスを生産・消費する段階において、サービスの生産・提供者と顧客との相互作用の度合いが高い。前述のようにこれは、企業にとって、サービスの各提供段階における利便性や快適性が顧客への価値に大きな影響を与えることを意味する。そのため、顧客との相互作用のあり方は極めて重要であるが、このような相互作用は、（機械ではなく）人間間の行為であり、品質維持の困難さで述べたように、人間が関与する業務において、人間の態度、動作、言葉などを均質化することは困難である。

　Grönroos（1979；1980；1982）は、サービス提供者と顧客との相互作用に着目し、製品のマーケティングにおけるプロダクトライフサイクルモデルに倣う形で、顧客との相互作用が発展するプロセスを3つのステージに分けて把握する、顧客関係ライフサイクルモデルを提示している（図4-2）。ここでは、顧客ライフサイクルにおいて行われる買手と売手の相互作用のマネジメントは、サービス組織にとって最も重要なマーケティング機能であると位

---

[54] Booms and Bitner（1981）は、サービスの品質管理にも触れているが、前述の岸本（2003）の論点と完全に重複するため、ここでは省略している。
[55] サービス提供企業と顧客との直接的な相互作用を、サービス・エンカウンター（service encounter）と呼ぶ。サービス・エンカウンターについては、本章第2節の発展期において論述する。

置付けられている。

　次に、2) マーケティング・コンセプトの確立については、サービス提供企業によるマーケティング・コンセプトの重要性に対する認識度は、製造業に比較して低い。サービス・マーケティング機能は、企業内の生産機能や人事管理機能などを統合した形で展開されなければならないが、企業の他の部門は、マーケティング機能の役割と領域を十分に認識していないことが多く、サービス・マーケティング機能が効果的に遂行されない場合も多い。また、マーケターにとっては、過去のデータが蓄積されていないことや外部のデータベースが確立されていないことは、マーケティング業務を行う上で大きな障害となる。

　次に、3) マーケティング・ミックスの確立については、従来のマーケティング・ミックスである 4P（product, price, place, promotion）は、製品のマーケティングにおけるものであり、サービス・マーケティングに対してそのまま適用できるものではない。そこで、サービス・マーケティングにおける拡大されたマーケティング・ミックスとして、サービス・マーケティング・ミックスという概念が提示される。この概念は、①サービス（product）、②価格（price）、③場所（place）、④販売促進（promotion）、⑤取引参加者（participants）、⑥有形的構成物（physical evidence）、⑦生産・提供過程（process）という7つの要素を含んでいる。

　①サービスについては、無形性や生産と消費の同時性などの特徴を持つサービスの構成要素（どのような内容のサービスにするのか）を決定することは容易ではない。これは、サービス構成要素の決定には、ブランド、品質、その他の特性といった、製品の構成要素として通常考慮される要素に加えて、サービスの生産・提供関連者、有形的構成物（建物などの物理的な環境や、飲食店の皿などの附属的有形物）、生産過程などの構成要素も考慮する必要があるからである。顧客は、これらのサービス構成要素からサービスを判断する。これらのサービス構成要素は、サービスを規定する基本となるのである。

　②価格については、サービスの価格はサービスの需要量だけに影響されるのではなく、顧客がサービスの内容を判断する際の基準の1つでもある。

顧客は、無形財であるサービスを判断する際に、サービスの価格に依存する度合いが高いのである。したがって、サービス提供企業は、価格操作（price manipulation）の効果が顧客のサービスの品質と価値についての評価に影響することを認識した上で、顧客がサービスに求めるベネフィットと顧客がベネフィットを知覚する方法を十分に把握する必要がある。

③場所については、顧客は企業と直接に接触してサービスを購買・消費するため、サービスの生産・提供の場所と顧客の消費の場所は同一となり、このような場所の選定と顧客にとっての場所の利便性は、サービス・マーケティング上の重要な要素である。

④販売促進については、無形財であり、個別の顧客のベネフィットが確定しにくいサービスにおいては、マスを対象とする広告やPRなどの販売促進活動よりも、販売員による活動の方がより効果的である。また、このような販売員自身による活動は、サービスの生産・提供に関わる建物、設備、用具などの有形的構成物を販売促進手段として活用し、顧客に直接アピールする形で行われるべきである。

⑤取引参加者とは、サービスの生産・提供者と顧客を意味する。サービスの生産・提供者は、顧客と直接に、もしくは間接に接触するサービス提供企業の従業員（例えば、レストランのウェーターとシェフ）によって構成される。顧客は個人顧客と集団顧客の場合があるが、集団顧客の場合、集団内の個々の顧客の間に相互影響が生じる。例えば、団体での観光旅行の場合、1人の観光客がサービスをどのように知覚するのかは、他の観光客の知覚にも大きく影響するのである。

⑥有形的構成物とは、建物、室内装飾、音などの物理的な環境や、飲食店の皿や航空券の搭乗券などの附属的有形物を意味する。顧客にとって、これらの有形的構成物はサービスそのものでもあり、企業のサービス提供を支える重要な構成要素でもある。

⑦生産・提供過程は、サービスの生産・提供システムの設計、サービスにおける担当者と顧客との情報伝達およびサービスの生産・提供の自動化に関連する重要な構成要素である。

・小括

　ここまで、サービス・マーケティングの黎明期における研究を概観してきた。この黎明期におけるサービス・マーケティングの研究者にとっては、有形財であるモノと無形財であるサービスの違いを際立たせることによって、サービス・マーケティング研究の必要性を強調することがまずは重要であったが、この目標はおおむね達成されているように思われる。例えば、1977年にはヨーロッパで第 1 回のサービス・マーケティングの国際ワークショップが開催され、1979 年には AMA（American Marketing Association）のカンファレンスが、サービス・マーケティングの独自性を訴えるものとして開催されている。また、1981 年には米国において第 1 回のサービス・マーケティングの国際ワークショップが開催されている。

　この黎明期における主な研究成果は、有形財であるモノ（製品）と無形財であるサービスの相違が十分に議論されたことと、黎明期以降のサービス・マーケティング研究への示唆を提示していることである（遅暁 1999）。有形財であるモノと無形財であるサービスの相違については、後年の研究者も改めて整理してはいるものの、そのベースとなる考え方は、この黎明期のものと大きな違いはない。この黎明期における有形財であるモノと無形財であるサービスとの相違点を踏まえる形で、その後のサービス・マーケティング論は発展を遂げており、その意味でも、この黎明期における主な研究成果は、サービス・マーケティング研究の重要な礎となっている。

　また、黎明期において、サービス・マーケティング特有の課題として、すでに企業と顧客の相互作用（サービス・エンカウンター）やサービスの顧客満足についての論点が提示されている。これらの論点については次の発展期においてさらなる検討が進められるのであるが、黎明期においてすでに論点提示が行われていることは注目に値する。

2　発展期

　1980年代初頭から1980年代半ばまでの期間は、サービス・マーケティング研究の発展期と位置付けられる。この時期にはモノ対サービスの議論は下火になり、Fisk et al. (1993) は、サービス業における規制緩和に端を発するサービス提供企業間の競争の激化とAMAにおける活発な議論が、この時期におけるサービス・マーケティング研究の著しい発展に寄与したとしている[56]。

　発展期における研究は、黎明期における研究が行った論点提示や問題提起を踏まえて、サービス・マーケティング研究の本質に関わる課題について研究を掘り下げている。Lovelock (1983) は、サービスの本質について分析した過去の研究結果を踏まえた上で、サービスの分類について、1) サービスの本質、2) 顧客との関係性、3) サービスのカスタマイズ化の余地、4) 需要と供給の状況、5) サービスの提供方法、の5つの軸を提案している。

　Lovelock (1983) は、5つの軸の中で、サービスの本質については、サービスは、行為 (deed)、行動 (act)、パフォーマンス (performance) である (Berry 1980) との認識を踏まえた上で、サービスの対象が顧客自身か顧客の所有物であるかという軸と、サービス対象に有形的な変化が認められるか否かという軸によってサービスを4つのタイプに分類している（表4-2）。

　Zeithaml, Parasuraman and Berry (1985) は、多くの先行研究の結果を踏まえ、サービスの特徴である無形性 (intangibility)、生産と消費の同時性 (inseparability)、品質維持の困難さを示す異質性 (heterogeneity)、在庫がないゆえの流通の困難さを示す一過性 (perishability)、の4点について、それぞれの特徴において発生するマーケティング上の問題を解決する戦略を提示

---

[56] 規制緩和が行われた業界として、航空、金融、医療、通信の4つの業界が挙げられている。また、AMAにおける活発な議論の証左として、サービス・マーケティング・カンファレンスが、1981年、1982年、1983年、1985年に開催され、1985年には、サービス・マーケティングに特化した初めてのAMAコンソーシアムが、Texas A&M大学で開催されたことが挙げられている。

表4-2 サービスの本質に着目したサービス分類[57]

		サービスの対象	
		顧客	顧客の所有物
サービスの有形性	有形的	施設型 医療、鉄道、航空、ホテル、美容・理容、レストラン	所有物対象型 宅配、郵便、清掃、修理、クリーニング、動物病院
	無形的	情報提供型 教育、放送、映画、演劇、情報データベース	無形資産対象型 銀行、証券、保険、会計、法務

出所：Lovelock（1983, p.12）を訳出、加工。型の設定は、岸本（2003, p.29）を参照。

している（表4-3）。

また、Zeithaml et al.（1985）は、サービス・マーケティング戦略に携わるマネジャーに対する定量調査も併せて実施し、上記のサービスの4つの特徴に対する認識度合いや問題を解決するためのマーケティング戦略の実施度合いが、サービス提供企業の業種によって大きく異なることを明らかにしている。

Lovelock（1983）やZeithaml et al.（1985）に加えて、発展期には、サービス・マーケティング研究の本質に関わる課題について、サービス品質、サービス・エンカウンター、サービス・マーケティング・システムなどの研究が行われている。ここでは、各課題の代表的研究について論述する。

---

[57] このLovelock（1983）は、Journal of MarketingのAlpha Kappa Psi賞を受賞しており（Fisk et al. 1993, p.72）、1）のサービスの本質以外の軸については、以下の通りである。2）顧客との関係性については、サービスの提供が継続的（continuous）なものか、単発的（discrete）なものかという軸と、顧客との関係がメンバーシップ的なものか、全く公式な関係は存在しないのかという軸によって、3）サービスのカスタマイズ化の余地については、顧客と直接接するスタッフによる、顧客の個別ニーズへの対応が高いか低いかという軸と、サービスそのものがカスタマイズ化の余地が大きいか小さいかの軸によって、4）需要と供給の状況については、ピーク需要がキャパシティの範囲で収まるのか否かの軸と、需要変動が大きいか小さいかの軸によって、5）サービスの提供方法については、サービスが提供される場所が複数か単独かの軸と、顧客がサービス提供企業を訪問するのか、サービス提供企業が顧客を訪問するのか、サービスは郵送やネットを通して行われるのか、の軸によって、サービスを4つもしくは6つのタイプに分類している。

表 4-3　問題解決のためのマーケティング戦略

サービスの特徴	問題解決のためのマーケティング戦略	マーケティング戦略の参考とした先行研究
無形性 (intangibility)	1. 有形的な手掛かりを強調する 2. サービスの非人間的部分ではなく人間的な部分をより強調する 3. 口コミを活用する 4. 強い企業イメージを確立する 5. 価格設定にコスト会計を活用する 6. 購入後の顧客とコミュニケーションをとる	1. Berry（1980）, Booms and Bitner（1982）, George and Berry（1981）, Shostack（1977） 2. Donnelly（1980）, Johnson（1969） 3. Davis, Guiltinan and Jones（1979）, George and Berry（1981） 4. Judd（1968）, Knisely（1979）, Thomas（1978）, Uhl and Upah（1980） 5. Beard and Hoyle（1976）, Dearden（1978） 6. Bessom and Jackson（1975）, Fisk（1981）, Zeithaml（1981）
生産と消費の同時性 (inseparability)	1. 顧客とコンタクトするスタッフの人選と訓練を重視する 2. 顧客の期待度を管理する 3. 複数の場所でサービスを提供する	1. Berry（1981）, Davidson（1978）, George（1977）, Grönroos（1978） 2. Lovelock（1981） 3. Carman and Langeard（1980）, Langeard, Bateson, Lovelock and Eiglier（1981）, Upah（1980）
異質性 (heterogeneity)	1. サービスを俗人的な職人技ではなく工業化する 2. 顧客ごとにサービス内容をカスタマイズする	1. Levitt（1972；1976） 2. Bell（1981）, Berry（1980）, Johnson（1981）, Regan（1963）, Sasser and Arbeit（1978）
一過性 (perishability)	1. 変動する需要に対応する戦略体制を確立する 2. 需給バランス調整のシミュレーションを行う	1. Lovelock（1981） 2. Sasser（1976）

出所：Zeithaml et al.（1985, p. 35）を訳出、加工。

2-1. Parasuraman, Zeithaml and Berry（1985）によるサービス品質モデル

　Parasuraman et al.（1985）は、サービス品質の定義、構成要素および測定方法は、サービス・マーケティングにおいて未だ確立されていないとし、サービス品質を正しく理解するためには、1）顧客にとっては、製品の品質

図 4-3 Parasuraman et al.（1985）によるサービス品質モデル

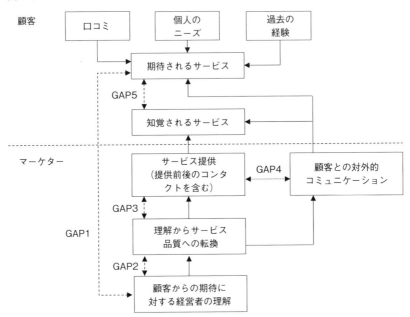

出所：Parasuraman et al.（1985, p.44）を訳出、加工。

よりもサービスの品質を評価する方が困難度が高く、従来から使われている製品の品質の概念をサービス品質に適応することはできない、2）顧客のサービス品質の知覚は、顧客のサービスに対する期待と実際に提供されたサービスの経験との比較の結果である、3）品質の評価対象は、サービスの結果だけではなく、サービスの提供過程も含むべきであるという3つの基本認識が必要であるとしている。このような基本認識に基づき、Parasuraman et al.（1985）は、サービス品質については、サービス提供企業と顧客との間にはいくつかのギャップ（GAP）があるとする、サービス品質モデルを提唱している（図4-3）。

GAP1は、顧客が期待するサービスと、顧客の期待に対する経営者の理解との間にあるギャップである。多くの場合、サービス提供企業の経営者が事前に顧客が期待するサービスを把握することは困難である。すなわち、顧客

のニーズを満たすために必要となるサービスの特徴や、サービスの提供レベルが理解できないのである。例えば、金融機関の経営者は預金者のプライバシーと秘密の保護を比較的軽視する傾向があるが、預金者にとっては個人のプライバシーや秘密は極めて重要な事項である。このような顧客と経営者のギャップが、顧客のサービス品質に対する評価に影響を与えるのである。

　GAP2 は、経営者の理解と、サービス品質の中身との間にあるギャップである。多くのサービス提供企業には、いくつかの経営上の制約があり、顧客が期待するレベルのサービス品質を達成することは容易ではない。ピーク需要に対応する際などにおける経営資源の制約が問題になる場合もあれば、そもそもの経営者のサービス品質に対するコミットメントが十分ではない場合もある。ピーク需要に対応する際の経営資源不足の例として、エアコンや芝刈り機の修理サービスの例が挙げられる。これらのサービスは、夏場にピーク需要を迎えるが、このタイミングは、訓練された修理工が夏季休暇を取るタイミングでもあるのである。

　GAP3 は、サービス品質とサービス提供行為の間のギャップである。たとえサービス提供企業が、顧客が期待するサービスの提供について適切なガイドラインを設定していたとしても、必ずしもそれが良い品質のサービス提供につながるとは限らない。サービス提供現場において直接顧客と接触するサービス提供担当者の行為が、顧客のサービス品質に対する評価に大きく影響するからである。しかし、現場でサービスを提供する担当者の行為を標準化することは、極めて困難であり、サービス品質とサービス提供行為の間のギャップは、顧客のサービス品質に対する評価に影響を与える。

　GAP4 は、サービス提供と対外的コミュニケーションの間のギャップである。サービス提供企業がマスコミを通して行う広告やその他のコミュニケーションは、顧客のサービスに対する期待に影響を及ぼす。企業は、このようなコミュニケーションを行う際は、実際には提供できないサービスを約束するべきではない。顧客の期待に応じることができない場合、顧客のサービス品質に対する評価は悪化する。また、このような評価の悪化は、企業が顧客に伝えるべき重要事項、例えば顧客はなかなか認知できないが企業がサービス品質維持のために行っている特別の努力などを伝えない場合にも起こり得

る。

　GAP5は、顧客が期待するサービスと、顧客が知覚するサービスの間のギャップである。顧客の期待に沿う、もしくは、顧客の期待を超えるサービスを提供することが重要であることは言を俟たない。修理工が顧客から修理を依頼された際に、修理を行うだけではなく、顧客に対して修理が必要になった理由や、再度修理が必要になった時の自力での修理方法まで説明するような場合は、この修理工のサービスは、顧客の期待を超えるものとなるのである。

　また、Parasuraman et al.（1985）は、サービス品質を評価する基準として、以下の10の要素を、将来の統合の可能性にも言及しつつ、提唱している。

1．信頼性（reliability）：サービスの均質性と信頼性
2．反応性（responsiveness）：顧客への迅速な対応
3．能力（competence）：サービス遂行のための知識と技術
4．アクセス（access）：サービスが提供される場所への利便性
5．礼儀（courtesy）：サービス提供者の礼儀、尊敬、配慮、親しみやすさ
6．コミュニケーション（communication）：顧客が理解しやすいコミュニケーション
7．信用（credibility）：顧客第一で対応することへの信用
8．安全性（security）：リスクがなく、安全なサービス
9．顧客理解（understanding customer）：顧客ニーズを理解する努力
10．有形物（tangibles）：建物や設備などのサービスに関連する有形物

　このParasuraman et al.（1985）によるサービス品質モデルは、サービス品質を把握する際の理論的枠組みを提供するものであり、マーケターは、サービス品質について顧客との間にいくつかのギャップがあることを理解し、このようなギャップの存在を踏まえた上で、サービス品質における問題点と解決策の策定に努める必要がある。このサービス品質モデルは、Brown and Swartz（1989）やCronin and Taylor（1992）などの他の研究者

による発展的研究を刺激するものであり、結果として、サービス品質の問題は、現在のサービス・マーケティングにおける主要課題の1つとなっている。

また、このモデルは、Parasuraman et al.（1985）と同じメンバーで後年発表している Parasuraman, Berry and Zeithaml（1991）がサービス品質の測定尺度として提唱した、いわゆる SERVQUAL モデルへと進化を遂げている[58]。

2-2. Czepiel, Solomon, Surprenant and Gutman（1985）によるサービス・エンカウンターモデル

サービス・エンカウンター（service encounter）とは、サービス提供企業と顧客との直接的な相互作用を意味する。前述のように、サービスは、生産と消費が同時に発生する、すなわち、サービスの受け手である顧客自身がサービスの実現過程に関与するという特徴を持つ。Czepiel et al.（1985）は、このようなサービスにとって、サービス・エンカウンターは極めて重要な構成要素であり、サービス・エンカウンターを社会心理学的観点から人間と人間の間の相互作用として捉えると（Solomon, Surprenant, Czepiel & Gutman 1985）、サービス・エンカウンターは、以下の性質を持つとしている。

・サービス・エンカウンターは、偶然に発生せず、必ず目的を持つ
・サービス・エンカウンターでは、サービス提供企業への対価が発生する
・サービス・エンカウンターでの両者は、以前からの知り合いではない
・サービス・エンカウンターの内容は、業務に関するものに限定される
・サービス・エンカウンターでは、業務遂行に関わる情報がやり取りされる
・サービス・エンカウンターでは、両者の役割が明確に定まっている

---

[58] SERVQUAL モデルについては、第7章において論述する。

図 4-4 Czepiel et al.（1985）によるサービス・エンカウンターの概念モデル

```
                    ┌─────────┐
                    │ 生産条件 │
                    └─────────┘
          ┌──────────┐          ┌──────────────┐
          │顧客の期待│          │サービス      │
          │          │          │提供者の期待  │
          └──────────┘          └──────────────┘
               │                       │
          ┌──────────┐  ┌──────┐  ┌──────────────┐
          │顧客の行動│──│相互作用│──│サービス提   │
          │          │  │      │  │供者の行動   │
          └──────────┘  └──────┘  └──────────────┘
          ┌──────────┐      │    ┌──────────────┐
          │知覚される│  ┌────────┐│サービス      │
          │サービスの│  │アウトプット│提供者の特徴│
          │特徴      │  └────────┘└──────────────┘
          └──────────┘      │
                   ┌────────┼────────┐
              ┌──────┐ ┌──────────┐ ┌──────┐
              │顧客  │ │サービス提│ │サービス│
              │      │ │供企業    │ │提供者│
              └──────┘ └──────────┘ └──────┘
```

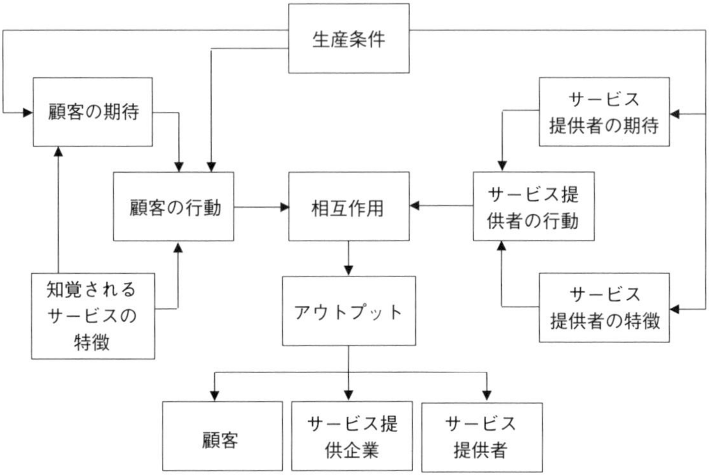

出所：Czepiel et al.（1985, p.12）を訳出、加工。

・サービス・エンカウンターでは、時に社会的地位の逆転が起きる（社会的地位の高いものが、低いものにサービスを提供することがある[59]）

このような認識に基づき、Czepiel et al.（1985）は、サービス提供者と顧客の間の相互作用は、顧客満足を左右する重要な要素であるとするサービス・エンカウンターの概念モデルを提唱している（図4-4）。この概念モデルは、その後のさらなる研究の起点となっており、サービス・エンカウンターが研究テーマとして確立されることに大きく貢献している。

この概念モデルにおいて、生産条件（production realities）とはサービスを構成する基本要件であり、1）時間（time：これは、サービス・エンカウンターの頻度と継続時間を意味し、頻度の高低と継続時間の長短によって、サービス・エンカウンターにおける相互行為の内容が異なる）、2）技術（technology：これ

---

[59] Czepiel et al.（1985, p.7）は、一般的には社会的地位が高いとされる弁護士が、法的サービスを社会的地位の低い人に対して提供する場合を、1つの例として挙げている。

は、サービスの生産と提供に関わる技術、設備、機械などを意味し、技術やサービスの提供方法が、サービス提供者の人的スキルに基づくものなのか、それとも、機械化されているものかによってサービス・エンカウンターの内容が異なる）、3）場所（location：これは、サービスが提供される場所を意味し、サービス提供企業で行われるサービス・エンカウンターと、顧客の場所で行われるサービス・エンカウンターは異なる）、4）内容（content：これは、サービス生産機能の物理的、認知的、感情的要素を意味し、Lovelock（1983）がサービスの対象を顧客と顧客の所有物に分けて捉え、サービスそのものを、有形的な要素を持つもの、すなわち、医療のように何らかの物理的変化が起きるものと、無形的なものに分けて捉えた考え方に沿うものである）、5）複雑さ（complexity：これは、サービス提供時に必要な行動の数と精神的エネルギーの大きさによって規定される。複雑さは、サービス・エンカウンターにおける相互作用の阻害要因となることが多い）、6）形式化（formalization：これは、顧客のニーズや状況に対応するために、サービスの構成内容を変化させる程度を意味する。標準化、規則化、コード化が大きくなればなるほど、形式化はより大きくなる）、7）消費単位（consumption unit：これは、ある時点においてサービスを消費する人数を意味する。技術的要因と経済的要因によって消費単位は左右され、放送技術は、俳優の演技を一人ではなく無数の観客に届けることを可能にし、特別の富裕層でもなければ俳優の演技鑑賞を一人で独占することはできない）、などの7つの要素を含む。

　顧客側から見ると、サービスは、実際の機能と、サービスが遂行・提供される過程という2つの要素に分けられる。サービス品質は、この2つの要素を包含する概念であり、サービスにおける顧客満足は、この2つの要素の関数として規定される。例えば、レストランのサービスについて、料理は美味しい（実際の機能）が、サービスは良くない（サービスが遂行・提供される過程）という顧客の評価があり得るのである。また、顧客満足は、再購買行動に対して基本的には正の相関を持つが、便利な場所という要素が、顧客満足の結果よりも顧客の再購買行動により大きく影響するという可能性は否定できない。

　サービス提供側から見ると、サービス・エンカウンターにおける重要な要素は、サービスの提供・販売である。サービス提供者がサービス・エンカウ

ンターに従事するのは、個人的興味からではなく、業務として要請されているからである。サービス提供者は、顧客が良いサービスを受けられることを純粋に望んでおり、サービス提供企業の組織的制約、ポリシー、関心の欠如は、サービス提供者が良いサービスを提供する能力を阻害する危険がある。

全体として見ると、3つの点が指摘される。まず、サービスの実際の機能品質（functional-service quality）が、常に最も重要であるということである。サービス・エンカウンターにおいて、顧客がいくら満足しても、有効ではないサービスそのものを代替することにはならない。次に、サービス・エンカウンターにおける顧客満足が、埋め合わせることのできるサービスの機能品質は、限定的であるということである。最後に、サービスの機能品質に関する顧客満足は、サービス・エンカウンターにおける顧客満足に影響を受けるが、サービス・エンカウンターにおける顧客満足は、サービスの機能品質に関する顧客満足の影響は受けないということである。顧客は、サービスの機能品質とサービス・エンカウンターにおける経験について、別々に判断を下していることが多いのである。

2-3．Lovelock（1984）によるサービス・マーケティング・システム

Lovelock（1984, p. 339）は、サービスの特徴である生産と消費の同時性を踏まえ、「サービスを購入する顧客は、（生産工程を訪れないとそもそもサービスを受けられないため）サービスの生産工程に遭遇するが、製品の購買者は、製品の製造工程を見ることはない」としている。このような認識に基づき、Lovelock（1984）は、サービス提供は、サービス・オペレーション・システム（service operation system）、サービス提供システム（service delivery system）、サービス・マーケティング・システム（service marketing system）という3つのシステムから構成される1つのシステムであるとする考え方を提唱している（図4-5）。

ここでのサービス・オペレーション・システムにおいて、顧客はサービス提供企業の内部システムを見ることができない。顧客が見ることができる部

図 4-5 Lovelock（1984）によるサービス・マーケティング・システム

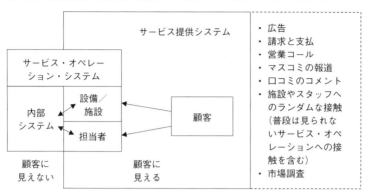

出所：Lovelock（1984, pp.340, 341）を訳出、加工。

分は、サービスの生産に必要な設備・施設と人員である。この顧客にとって見ることができる部分の大きさは、近年サービス提供企業がオペレーションの効率性を追求し、また顧客が非対面でのサービス提供を好む傾向もあって、縮小化の方向にある。このような傾向は、顧客にとってより高い利便性をもたらす可能性がある（銀行における非対面サービスである ATM は、対面サービスを提供する支店よりも便利な場所に位置し、時間帯を問わず常時稼働している）が、サービス提供企業は、顧客への啓蒙や顧客の懸念に対して、より注意を払う必要があり、時には顧客が対面サービスから非対面サービスへ移行するためのインセンティブを支払うこともあり得る。

サービス提供システムは、顧客と、顧客が接触するサービス・オペレーション・システムの構成要素（すなわち、設備・施設と人員）との相互作用を示すシステムである。ここでは、顧客は積極的にサービスの生産に参加する。また、図 4-5 においてサービス提供システムの右側に位置する、広告、請求・支払い、営業コールなどの 7 つの要素も、サービス提供企業に対する顧客の見解に影響を及ぼす。

これらの 7 つの要素とサービス提供システムをまとめるものが、サービス・マーケティング・システムである。サービス・マーケティング・システ

ムは、1) サービス人員（顧客と対面もしくは非対面で接触する営業担当者、電話オペレーターなど）、2) サービス施設・設備（建物、車輛、その他の設備など）、3) 非対面のコミュニケーション手段（書状、カタログ、広告、マスコミの報道など）、4) その他の関連人員（サービス・エンカウンターで遭遇した他の顧客、口コミの主など）の4つの構成要素から成る。これらの構成要素の分析は、サービス提供企業のサービス・マーケティング・システムの本質を明らかにすることにつながり、これらの構成要素は、顧客によるサービス提供企業の選択や、サービスに対する知覚、サービスの購買意思決定に影響を与えるのである。

　このように、Lovelock（1984）[60]は、サービス提供企業の内向きの視点ではなく、外部顧客の視点からサービス・マーケティング・システムを捉えることの重要性を強調している。また、マーケティング・マネジャーは、（サービス提供企業自身が自社のサービスをどう評価するかではなく）顧客がサービス提供企業をどう知覚する（perceive）かが、顧客のサービス選択行動を決定することを認識しなければならないとしている。

・小括

　ここまで、サービス・マーケティングの発展期における研究を概観してきた。この発展期におけるサービス・マーケティングの研究の特徴としては、黎明期に有形財である製品と無形財であるサービスの相違が十分に議論されたことを踏まえ、理論的・体系的な研究が数多くなされたことと、サービス・マーケティング研究における新たな体系の創出に関わる研究が数多くなされ、サービス・マーケティングの基本課題に関わる研究がほぼ出揃ったことである（遅曉 1999）。例えば、サービスの本質を踏まえた上でマーケティ

---

[60] Lovelock（1984）は、サービス・マーケティングについて書かれた最初の教科書であり、企業の具体的事例、論文、テキストが1冊の著書に集約されたことで、大学の教員が、この比較的新しい分野について講義する際の重要な資源（resource）となっている（Fisk et al. 1993）。

ング戦略への示唆を抽出する研究や、サービス品質について、モデル分析を活用してサービス品質を把握する際の理論的枠組みを提供する研究が活発に行われている。また、サービス・マーケティングの基本課題に関する研究として、サービス品質と顧客満足、サービス・エンカウンター、サービス・マーケティング戦略の在り方などについての研究が行われ、多くの研究者を刺激した結果、これらの研究分野は、現在のサービス・マーケティング研究においても重要な研究対象となっている。

3 展開期

　1980年半ば以降の期間は、サービス・マーケティング研究の展開期と位置付けられる。この展開期に入ってからの最大の特徴は、サービス・マーケティング研究の物理的な数が爆発的に増えたことである。

　サービス・マーケティング（service marketing）というキーワードを使って、論文検索の主要データベースであるEBSCOデータベースで検索してみたところ、1986年から1990年の5年間で、サービス・マーケティング研究の数は、前の5年間の約3倍である294に達している。その後も、サービス・マーケティング研究の数は増加を続けているが、前の5年間の約3倍に達しているのは、この期間のみである（図4-6）[61]。

　研究内容を見てみると、サービス・マーケティング研究の展開期においては、黎明期で盛んに見られたモノ対サービスの議論はほぼ行われなくなり、サービス・ビジネスにおける具体的なマーケティング上の課題が研究対象として加えられるようになった（Fisk et al. 1993）。

　具体的には、サービス経験の異質性（heterogeneity）を踏まえてのサービス品質の管理、顧客からは見えないプロセスの構築と管理、鉄道や航空など企業側の設備によって供給量が規定されるサービスにおける需要と供給の制

---

[61] EBSCOのBusiness Source PremierとAcademic Search Premierというデータベースにおいて、Scholarly（Peer Reviewed）Journalsという条件で、service marketingというキーワードを使って検索した。

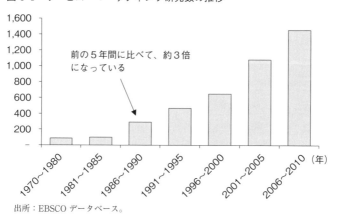

図 4-6　サービス・マーケティング研究数の推移

出所：EBSCO データベース。

御、マーケティング部門とオペレーション部門の結合から発生する組織的問題の解決のような、かなり実務レベル寄りの問題が研究対象に含められるようになり、その際の議論に当たっては、研究は、各部門の機能の伝統的境界線を超越する形で進められた。

　Fisk et al. (1993) は、サービス・マーケティング研究全体を見渡し、1986 年から 1992 年までの主な研究テーマとして、サービス品質、サービス・エンカウンター、顧客維持／リレーションシップ・マーケティング、インターナル・マーケティングを挙げ、この期間の主な研究をリストアップしている（表 4-4）。

　1993 年以降も、サービス・マーケティング研究の数は増え続けている。Furrer and Sollberger (2007) は、1993 年から 2003 年までの研究対象領域ごとの研究数を計測している（表 4-5）。

　このように、サービス・マーケティング研究の本格的誕生から約 20 年の時を経て、研究対象は数多くの領域に分散し、内容的に些末な問題ではないものの、実務的な問題解決に焦点が当たる状況が生まれていた。そして、新世紀のミレニアムを迎えて、主なマーケティング研究者が、サービス・マーケティング研究の将来について模索し、自問自答を始めるようになったので

表 4-4　1986 年から 1992 年までの主な研究

年	JM	JCR	JMR	JR
1986	—	—	Ghosh & Craig	Berry
1987	Guiltinan Shostack Surprenant & Solomon	—	Crosby & Stephens	—
1988	Zeithaml, Berry & Parasuraman	—	—	Fox & Day Krapfel Parasuraman, Zeithaml & Berry
1989	Brown & Swartz	—	—	Weitzel, Swartzkopf & Peach
1990	Bitner Bitner, Booms & Tetreault Crosby, Evans & Cowles	—	—	Carman Kelley, Donnelly & Skinner
1991	Bolton & Drew Murray	Bolton & Drew Hui & Bateson Soberson-Ferrer & Dardis	—	Parasuraman, Berry & Zeithaml
1992	Bitner Cronin & Taylor Oliva, Oliver & MacMillan	Bateson & Hui	—	Abernethy & Butler Baker, Levy & Grewal Ward, Bitner & Barnes

出所：Fisk et al.（1993, pp. 78-79；一部著者名の順序に誤りがある場合は、訂正を施している；JM＝Journal of Marketing, JCR＝Journal of Consumer Research, JMR＝Journal of Marketing Research, JR＝Journal of Retailing)

ある。Fisk, Grove and John（2000）は、10 人の著名なマーケティング研究者（L. L. Berry, M. J. Bitner, D. E. Bowan, S. W. Brown, C. Grönroos, E. Gummesson, C. Lovelock, A. Parasuraman, B. Schneider, V. A. Zeithaml）に対して「今後のサービス・マーケティングは、どのような方向に進むべきか？」という問いかけを行った。その結果は、1) サービス・マーケティングの変革におけるテクノロジーの役割、2) サービスやサービス・マーケティングへの期待値に対する文化的相違、3) 製造業におけるサービスの重要性、4) サービス・マーケティングの企業経営に対するインパクトの数値化、5) サービスの価格戦略という 5 つの方向性に集約されていた（Furrer 2003）。

表4-5 1993年から2003年までの研究対象領域ごとの研究数

研究対象領域	1993~1998年 件数	%	1999~2003年 件数	%	合計 件数	%
アフターサービス	22	6	30	6	52	6
企業間サービス(BtoB)	26	7	32	6	58	6
顧客行動	79	20	148	27	227	24
サービス・エンカウンター	30	8	59	11	89	9
電子サービス	12	3	83	15	95	10
サービスの類型	39	10	38	7	77	8
イノベーション	13	3	22	4	35	4
国際的サービス	23	6	57	10	80	9
方法論	33	8	43	8	76	8
オペレーション	54	14	54	10	108	12
パフォーマンス	73	18	99	18	172	18
価格/価値	28	7	41	8	59	7
サービス品質	130	33	129	24	259	28
過失と挽回(リカバリー)	18	5	43	8	61	7
リレーションシップ・マーケティング	35	9	85	16	120	13
顧客満足	83	21	145	27	228	24
戦略	63	16	84	15	147	16
有形的サービス	14	4	20	4	34	4
コミュニケーション/プロモーション/広告	40	10	52	10	92	10
サービス提供内容	18	5	21	4	39	4
倫理	2	1	11	2	13	1
従業員	56	14	64	12	120	13
競合	20	5	19	3	39	4
非営利サービス	17	4	23	4	40	4
流通/配送	30	8	26	5	56	6
使用/購入	22	6	57	10	79	8
環境	7	2	19	3	26	3
合計	395		544		939	

出所:Furrer and Sollberger(2007, p.105)を訳出、加工(複数の研究領域に跨る研究があり、割合の%の合計は、100%にはならない)。

　さらに、Lovelock and Gummesson(2004)は、サービス・マーケティング研究の限界を認める形で、製品対サービスの対立軸(goods versus services paradigm)に代わる、新たなパラダイム・シフトの必要性を呼びかけた。彼らは、今後のサービス・マーケティング研究の方向性として、1)製品対サービスの論争に勝利宣言し、製品とサービスの境界線を放棄する、2)特定のサービスに焦点をあてる、3)新たな統合パラダイムを探求する、の3つの方向性を提示した。そして、まさにこの3つ目の方向性に呼応するか

のように、価値共創（Value Co-creation）という基本概念に立脚し、サービス・マーケティング研究の系譜上、顧客との関係性を新たな角度から志向する（南 2008）、サービス・ドミナント・ロジック（service dominant logic）の最初の論文が、S.L. Vargo と R.F. Lusch によって、2004 年に発表されたのである[62]。

---

[62] サービス・ドミナント・ロジックについては、第5章にて論述する。

第 5 章

価値共創論の系譜

1 価値共創の概念とサービス・ドミナント・ロジック

　価値共創（Value Co-creation）の概念は、企業が顧客へ提供する価値を、企業によって一方的に生産され販売されるものとして捉えるのではなく、企業が顧客と共同で創造するものとして捉えるという考え方であり、Vargo and Lusch（2004）が初めて提唱したサービス・ドミナント・ロジック（Service Dominant Logic）における基本概念である[63]。

　S-D（Service Dominant）ロジックは、グッズ・ドミナント・ロジック（Goods Dominant Logic）との対比において語られている。G-D（Goods Dominant）ロジックは、製品（goods）を中心とした伝統的な有形財マーケティングを象徴するものとして捉えられており、G-DロジックとS-Dロジックの世界観の違いは、表5-1のように、サービス、価値概念、顧客の3点についての考え方に集約することができる（藤川・阿久津・小野 2012）[64]。

---

[63] S-D（Service Dominant）ロジック全体についてのわが国の研究としては、井上・村松（2010）、河内（2013）、村松（2015）などが挙げられる。

[64] S-Dロジックに関する2008年以降の論文では、使用価値（value-in-use）という用語について、文脈価値（value-in-context）という用語がより適切であるとされている。しかし、文脈価値と使用価値の違いが不明確な部分があり（藤岡 2013）、ここでは直截的わかりやすさを優先して、使用価値という用語を使用している。

表 5-1　G-D ロジックと S-D ロジックの対比

	G-D ロジック	S-D ロジック
サービスについての考え方	世の中は、「モノ」と「モノ以外の何か（＝サービス）」が存在する	世の中の経済活動は、すべてサービス（「モノを伴うサービス」と「モノを伴わないサービス」に分かれる）
価値概念についての考え方	企業の顧客間の一方的・分業的な「価値生産」と「価値消費」を前提とする	企業と顧客が双方向的・協働的な「価値共創」を前提とする
	G-D ロジックにおける価値は、「交換価値（財が貨幣と交換される際の価値：value in exchange）」である	S-D ロジックにおける価値は、「使用価値（使用を通じての価値：value in use）」である
顧客についての考え方	顧客は、企業が生産する価値を単に消費する消費者	顧客は、消費者であると同時に、企業と協働して価値を共創する主体

出所：藤川・阿久津・小野（2012）より筆者作成。

1-1.　サービス・ドミナント（S-D）・ロジック誕生の経緯

　Vargo and Lusch（2004, p. 3）は、S-D ロジックが影響を受けた主な論文を、サービス・マーケティング、リレーションシップ・マーケティング、市場志向、品質管理などの分野ごとに列挙している（表 5-2）。

　S-D ロジックの概念は、その内容からも推察されるように、1）サービス・マーケティングと、2）リレーションシップ・マーケティングから大きな影響を受けている。Vargo and Lusch（2004, p. 3）は、1）のサービス・マーケティングに関しては、モノに関するマーケティング研究が主流とされる中で伝統的な 4P には立脚せず、マーケティング上の問題を解決する新たな戦略を提示した Zeithaml, Parasuraman and Berry（1985）や、サービス品質のマーケティング戦略への示唆について考察した Grönroos（1984）などの研究を挙げている。

　2）のリレーションシップ・マーケティングに関しては、Vargo and Lusch（2004, p. 3）は、新規顧客獲得ではなく既存顧客へのアプローチの重要性を強調した Berry（1983）や、マーケティングにおける双方向コミュニケーション・モデルを構築した Duncan and Moriarty（1998）、売手と買手の二者間関係だけではなく、その関係を取り巻くネットワークのマネジメントに注目した Gummesson（1994）、顧客は単にサービスの受動的受け手ではなく、積極的な価値の共同創造者であると位置付けた Gummesson

表 5-2　S-D ロジックに影響を与えた先行研究[65]

分野	先行研究
古典派・新古典派経済学	Marshall（1890）; Say（1821）; Shaw（1912）
初期のマーケティング研究（early marketing）	製品類型 Copeland（1923）; 組織 Nystrom（1915）, Weld（1916）; 機能 Cherington（1920）, Weld（1917）
マーケティング・マネジメント（marketing management）	顧客中心 Drucker（1954）, McKitterick（1957）; 市場価値 Levitt（1960）; マーケティング機能 Kotler（1967）, McCarthy（1960）
市場志向（market orientation）	Kohli and Jaworski（1990）; Narver and Slater（1990）
サービス・マーケティング	Grönroos（1984）; Zeithaml, Parasuraman and Berry（1985）
リレーションシップ・マーケティング	Berry（1983）; Duncan and Moriarty（1998）; Gummesson（1994; 2002a）; Sheth and Parvatiyar（2000a）
品質管理（quality management）	Hauser and Clausing（1988）; Parasuraman, Zeithaml and Berry（1988）
顧客価値、サプライチェーン・マネジメント	Normann and Ramirez（1993）; Srivastava, Shervani and Fahey（1999）
資源管理論（resource management）	Constantin and Lusch（1994）; Day（1994）; Dickson（1992）; Hunt（2000）; Hunt and Morgan（1995）
ネットワーク理論（network theory）	Achrol（1991）; Achrol and Kotler（1999）; Webster（1992）

出所：Vargo and Lusch（2004, p.3）を訳出、加工。

（2002a）、そして、顧客が購買選択肢を絞込み、関係性的行動を行う動機に着目した Sheth and Parvatiyar（2000a）などの研究を挙げている。

　Vargo, Lusch and Morgan（2006）は、S-D ロジックが考察されるに至る思考プロセスを詳しく論述している。その内容は、1）G-D ロジックからの脱却を果たしたサービス・マーケティングの貢献、2）製品とサービスを融合する新たなパラダイム・シフトの必要性を主張したマーケティング研究、3）1）と 2）の主張の共通性、の 3 点に集約される。

---

[65] Vargo and Lusch（2008b）においては、Penrose（1959）、Barney（1991）、Wernerfelt（1984）などの内部資源活用論も、影響を与えた先行研究として記されている。先行研究の括弧内の年号は、Vargo and Lusch（2004）における文献発行年である。Grönroos（1984）は、同論文の参考文献リストに記載されていない。そこで、本書の参考文献リストには、Vargo, Lusch and Morgan（2006）において参照されている Grönroos（1984）を記載している。

1）G-D ロジックからの脱却を果たしたサービス・マーケティングの貢献

　サービスの特徴として、4 つの性質（無形性、生産と消費の同時性、異質性、一過性）を捉える考え方には、G-D ロジックの影響がうかがえる。サービス・マーケティング研究では、これらの 4 つの性質は製品に比べてサービスの不利な点であると認識され、マーケターはこれらの性質を踏まえた上でマーケティング業務に臨むべきだとされている（Zeithaml, Parasuraman & Berry 1985）。

　しかし、サービスと製品（goods）を互いに相反するものとして捉えることに懐疑的な研究者も存在する。Gummesson（1993）は、製品の特徴（すなわち、有形性、生産と消費の分離など）をベースにサービスの特徴を考えることは、逆にサービス独自の特徴を見失うことにつながると主張している。Beaven and Scotti（1990）も、製品とサービスの特徴を論じることは、意図して生産されたもの（output：製品）と結果としての体験（outcome：サービス）を混同することであると指摘している[66]。

　Shostack（1977）は、伝統的なマーケティング・ミックスである 4P や、マーケティングに関する主な用語は、すべて物理的なモノのマーケティングから生まれているとし、サービスは、プロダクト・マーケティングの世界観から離脱すべき（breaking free from product marketing）であると主張している。

　製品対サービスの終わりのない論争の後、サービス・マーケティングは、より実質的な問題に焦点を移している。米国では Zeithaml et al.（1985）がサービス品質についての理論モデルを提供し、Solomon et al.（1985）がサービス・エンカウンターを理解するための要素を明らかにしている。Berry

---

[66] この製品（モノ）と体験の違いについて、身に着けて撮影するアクション・カメラという新分野を開拓した、ゴープロ（GoPro）の CEO である Nicholas D. Woodman が、「我々は、製造業というよりコンテンツ産業に身を置いていると考えている。ハードウェアは大事だが、あくまでコンテンツを生み出す過程の入口にすぎない。ゴープロの顧客は、カメラという『モノ』ではなく、この製品を使うことで素晴らしい作品が作れるという『体験』に対してお金を払っている。」と、同様の見解を述べているのが興味深い（Woodman 2015, p.4）。

(1983) は、リレーションシップ・マーケティングという概念を初めて提唱している。欧州では Grönroos (1984) がサービス品質について再考し、Grönroos (2000b) は、サービス・マネジメントにおける相互作用の論理を展開している。

　これらの研究の重要性を真に理解するためには、もともとの研究意図や研究発表後の影響などが十分に検討されなければならない。サービス品質、リレーションシップ・マーケティング、サービス・マネジメントなどの概念は、サービスとサービス・マーケティングをより深く理解するために行われた研究であり、G-D ロジックの不備を補うためにも必要とされた研究であった。サービス品質の研究は、マーケティング研究の焦点を、製品の技術的仕様から顧客の知覚評価に変えることに成功した。リレーションシップ・マーケティングは、良い交換とは個別の取引内容ではなく、継続する関係性の構築によって判断されると定義付けた。サービス・マネジメントは、大量生産、生産の標準化、規模の経済などを重視する「科学的経営」ではなく、Grönroos (1994b) が提唱する「チームワーク、機能を超えたコラボレーション、組織を超えたパートナーシップ」が、真のサービス企業（service firms）には重要なのだと結論付けた。

　これらの研究は、製品とサービスを区別する要因として機能するのではなく、製品とサービスを融合する方向でまとめられており、結果として、必ずしもサービスを専門としないすべてのマーケターに幅広く受け入れられるものとなっている。

　Fisk et al. (1993) と Berry and Parasuraman (1993) は、Shostack (1977) が呼び掛けた「プロダクト・マーケティングからの離脱」は達成されていると特に言及している。サービス・マーケティングの研究者の貢献によって、マーケティングは、G-D ロジックの世界観から脱却を始めていたのである。

　このように、Vargo et al. (2006) は、サービス・マーケティング研究の発展の経緯を振り返ることで、サービス・マーケティング研究は、すでにG-D ロジックの世界観から脱却を始めていたことを強調している。そして、この G-D ロジックの世界観からの脱却が、サービス・マーケティング研究

のS-Dロジックへの主要な貢献 (major contribution) としているのである。

2) 製品とサービスを融合する新たなパラダイム・シフトの必要性を主張したマーケティング研究

　サービス・マーケティング研究がG-Dロジックの世界観から脱却を始めていたこと以外にも、マーケティング研究におけるいくつかの変化が観察される。Pine (1993) は、大量生産ではなく、マス・カスタマイゼーション（最新技術を活用した柔軟な製造システムにより、顧客ニーズに合わせた製品を個別に製造するという考え方）が重要だとし、Prahalad and Ramaswamy (2000) は、企業と顧客が共同で価値を創造することの必要性を訴えている。また、Pine and Gilmore (1999) は、有形財のマーケティングの場合でも、製品から離れて「経験」を重視することの重要性を強調している。Prahalad and Hamel (1990) は、企業のコア・コンピタンスの充実がもたらす競争優位は、顧客の知覚価値向上に大きく貢献すると主張している。

　また、Hunt (2002) は、ミクロ経済学がマーケティング研究のベースモデルとして活用されることの問題点を具体的に指摘した上で、より市場ベースの一般競争理論として、企業が保有する資源が持続的な競争優位につながるとする、資源優位の考え方を提唱している。Zuboff and Maxmin (2002) は、大資本が牽引した前世紀の古い企業論理から決別し、価値は専門能力を持つ個人に由来し、マーケティングの役割は最新のネット技術などを活用してこのような個人の結びつきをサポートすることであるという新しい形の資本主義（「分散型資本主義」）を提案している。Sheth and Parvatiyar (2000b, p.126) は、マーケティング研究は、「価値交換から価値創造の関係構築 (from value exchanges to value-creation relationships) にその焦点を移している」という認識を述べている。

　関係性についての新たなアプローチも生まれている。リレーションシップ・マーケティングにおけるIMP (Industrial Marketing and Purchasing) グループは、市場を従来のマーケティングで想定されているような、需要の集合や客体化された標的として捉えるのではなく、企業自らもその内に組み込まれた関係性の集合から成るネットワーク構造として捉えるネットワーク・

アプローチを展開している。このようなネットワーク・アプローチは、大量生産したモノをいかに売り捌くかという伝統的な物流管理モデルとは大きく乖離するものである。

関連するマーケティング研究分野においても、同時並行的にさまざまな変化が起きている。Penrose（1959）のような内部資源優位の考え方が広まっていた時期もあったが、Nelson and Winter（1982）のような経済学者は、オーソドックスな経済理論ではなく、組織能力に基づく企業行動に着目する進化経済学（evolutional economics）のモデルを提案している。また、Teece and Pisano（1994）は、競争優位は企業のプロセスに内在し、企業の歴史に左右される高度な企業行動に根差した動的能力から生まれると主張している。

20世紀末になり、Webster（1992）は、ミクロ経済学をベースとするマーケティング・マネジメントの考え方は再考されなければならないとし、Day and Montgomery（1999）も、伝統的な4Pは単なる便利なフレームワークとして認識されるべきだとしている。Sheth and Parvatiyar（2000b, p.140）は、「個人や企業などの行為者に観察される関係性の継続的な性質を説明できる新たなマーケティングのパラダイムが必要である」と述べている。

このように、伝統的なマーケティングの考え方からは距離を置く考え方が生まれ、また、新たなマーケティングのパラダイムを求める声が出てきたことは、マーケティング理論の断片化が進んでいるか、もしくは、交換に関するより相互作用的な新しい理論の必要性が高まっていることを意味する。後者の立場が、より実情を反映していると思われる。

Alderson（1957, p.69）は、「顧客にとっての有用性を形成するプロセス全体についてのマーケティング研究における解釈」を求め、Shostack（1977）は、プロダクト・マーケティングからの離脱を求めている。同様の文脈で、Gummesson（1993）は、顧客は製品やサービスを購入するのではなく、顧客にとっての価値を生むために提供されるものを購入するのであり、製品とサービスの伝統的区分は、最早時代遅れであると主張している。また、サービスの提供方法や生産者の視点から、サービスの使用や顧客の視点への転換の必要性を強調している。また、Rust（1998）とGrönroos（2000a）は、製

品とサービスのマーケティングの融合が必要だとしている。

　このようにVargo et al.（2006）は、関連するマーケティング研究を幅広く振り返ることで、交換に関する、より相互作用的な新しい理論の必要性が高まっていることを訴えている。彼らは、Gummesson（1993）、Rust（1998）、Grönroos（2000a）の意見への賛同を示し、このような研究が行われるようになった背景として、製品を中心とする経済学の価値交換の概念（value-in-exchange）から使用価値の概念（value-in-use）へと研究者の認識がシフトしてきていることを挙げている。また、これらの研究が、総体としてサービスが中心的役割を担う交換の論理に収斂していくとの認識を示すことで、サービス概念を中心に据える形での新たなパラダイム・シフトの必然性を担保しているのである。

3）1）と2）の主張の共通性
　Vargo et al.（2006）は、1）のサービス・マーケティングの貢献、2）の新たなパラダイム・シフトの必要性を主張したマーケティング研究、の2点における先行研究に共通する特徴として、以下の9点を挙げている。

1. 交換の対象となるものは、モノ（goods）としてよりも、投入された専門資源（applied specialized resources）として特徴付けられる。
2. 最も重要な資源は、知識やスキルのように目に見えない場合が多い。
3. 価値の創造は、工場で起こるのではなく、関係者が資源を共有する過程において行われる。
4. マーケティングの対象は、生産されたものの集合体（units of output）ではなく、関係者が資源を共有する過程である。
5. 顧客は、静的な資源ではなく、コラボレーションを行う動的活動的な資源である。
6. 競争優位は、市場にサービスをより良く提供することから生まれる。
7. 価値は、共同で創造されるものであり、最終的には顧客が判断するものである。
8. 市場は、価値の創造（value creation）と価値の持続（value sustainabil-

ity）の機会を提供するものであり、価値の受渡し（delivery）の場ではない。
9．モノ（goods）は、価値の受渡しと資源の投入のための道具として認識されるべきである。

Vargo et al.（2006）は、このような共通性から S-D ロジックが生まれたとし、S-D ロジックは、近年のマーケティング研究者が提唱する交換概念を具現化するものだと述べている。また、S-D ロジックは、つまるところ、Alderson（1957, p.69）が約半世紀前に求めた「顧客にとっての有用性を形成するプロセス全体についてのマーケティング研究における解釈」に相当するとし、S-D ロジックを、先行研究を広く融合し、交換概念の社会的役割を理解するためのマーケティング上の基盤を提供するものだと位置付けている。

1-2．サービス・ドミナント（S-D）・ロジックの基本的特徴

S-D ロジックの基本的特徴としては、1）サービス概念の提案、2）交換価値から使用価値への転換、3）製品ではなく、資源（リソース）への着目、4）基本的前提の設定、5）オープンな議論の提起、の5点が挙げられる。

1）サービス概念の提案については、そもそも、サービス概念は S-D ロジックの根幹であり、Vargo and Lusch（2004）は、サービスは、モノ中心のマーケティングにおける伝統的な捉え方である「残りもの（residual）」ではなく、モノを強化するために付与されたものでもなく、ヘルスケア、政府、教育などのいわゆるサービス経済を意味するものでもないとしている。そして、サービスとは、「知識やスキルなどの専門的能力（specialized competences）が、行為（deeds）、プロセス（processes）、パフォーマンス（performances）を通して、他者のために投入されること」と定義している（Vargo & Lusch 2004, p.2)[67]。このようなサービスの定義は、有形財である製品および無形財であるサービスの根底に共通して内在している知識やスキルなどにこそ注目すべきであり、長年のマーケティング上のテーマである、製品と

サービスの区別が無意味であるという認識に立脚するものである（井上 2010a）。

　2）交換価値から使用価値への転換について、S-D ロジックにおける価値共創の議論において注目されるべき点は、使用価値（value-in-use）と交換価値（value-in-exchange）を明確に区別して論じていることである（南 2010）。従来のマーケティング理論では、交換（exchange）がマーケティングの役割を理解する際の鍵となる概念として提示され（Bagozzi 1974 ; 1975）、財が貨幣と交換される際の価値（交換価値：value-in-exchange）が、マーケティングにおける価値であり、この交換がマーケティング・プロセスの中心として位置付けられていた。すなわち、S-D ロジックの見地に立てば、G-D ロジックでは価値が製品の中に埋め込まれており、このモノを交換する際の価値が交換価値となるのである。

　これに対し、S-D ロジックにおける価値共創の概念においては、価値の大きさは交換時において確定するものではないとされ、交換後の使用段階において企業と顧客が共同で創り出していくという「使用を通じての価値：使用価値（value-in-use）」が新たな価値概念として提示されている。この使用段階における企業と顧客の相互作用への着目は、IMP グループの Häkansson（1982）による相互作用モデルや、リレーションシップ・マーケティングにおいて相互作用を強調する Gummesson（1997）や Grönroos（2000b）の影響を明らかに受けたものであり、顧客がその生活の中で使用経験を積み、自ら価値を創造していくことができるように、企業が「提供物（offerings）」を提供することを意味している。

　3）製品ではなく資源（リソース）への着目については、Vargo and Lusch（2004）は、一般にはあまり馴染みのないオペランド資源（operand resource）とオペラント資源（operant resource）という概念を用いることで、S-D ロジックの特徴を浮かび上がらせようとしている（井上 2010a）。これらの概念

67　この定義には、「サービスにおいて、顧客が対価を払う対象は、ヒトまたはモノが行う行為（deeds）、プロセス（processes）、パフォーマンス（performances）である」とする Zeithaml and Bitner（2003, p. 3）の影響が見られる。

表 5-3　オペランド資源とオペラント資源の比較

	オペランド資源	オペラント資源
定義	効果を生み出すために操作が行われる対象となる資源	効果を生み出すという目的のために、他の資源を操作するための資源
性格	有形・静的・物質的	無形・動的・精神的
性質	物理的：土地、労働者、資本、機械、原材料	技能のようなプロセスの型、技術を通した価値の提供
使途	機能はプロセスによって影響され、資源として働く	マネジメントがプロセスを戦略的に誘導するために機能する

出所：Constantin and Lusch（1994, p. 145）を訳出、加工。

　は、Constantin and Lusch（1994）の研究を継承し、S-D ロジックの中に取り込んだものである（河内 2013）。彼らは、資源はオペランド資源とオペラント資源の 2 種類に分類できるとし、オペランド資源を「効果を生み出すために操作が行われる対象となる資源」と定義している。すなわち、オペランド資源は、基本的には有形・静的（そのもの自体が自ら動くことはないという意味で静的）・有限な資源であり、人々、資金、機械、そして原材料のような物的資源と説明されている。

　このようなオペランド資源に対し、オペラント資源とは「効果を生み出すという目的のために、他の資源を操作するための資源」と定義される。すなわち、オペラント資源とは、無形・動的・無限な資源であり、具体的には、知識、スキル、技術のような文化的な資源、概念、情報などを意味する（表 5-3 にオペランド資源とオペラント資源の比較を記載）。オペラント資源は、オペランド資源を活性化する能力を有する。言い換えれば、機械（オペランド資源）だけが存在していても、それを操作するのに必要な知識（オペラント資源）がなければ、機械（オペランド資源）は何の意味も持たない存在である。また、同じオペランド資源（機械）に対して、より優れたオペラント資源（操作知識）が操作すれば、より大きな成果につながることから、S-D ロジックでは、知識、スキルなどのオペラント資源の重要性が強調されている。

　オペランド資源とオペラント資源という概念の最大の功績は、資源に作用するものも資源と捉えたことにある（今村 2010）。この概念を S-D ロジック

にあてはめ、企業と顧客の間の交換を考えてみると、企業にとって顧客はオペラント資源と位置付けられる（Vargo & Lusch 2004, p. 7）。それは、企業が最適な価値の提示を行うためには、その価値の源泉は、オペラント資源（顧客側に蓄積された知識や技能）になってくるからである。

4）基本的前提の設定について、Vargo and Lusch（2008a）は、S-Dロジックは、一般理論（a general theory）を生み出すための、一般化可能な思考形態（a generalizable mind-set）だとし、彼らは、自分たちの考えを広く適切に理解してもらうために、S-Dロジックの基盤となる考え方を10の「基本的前提（FP：Fundamental Premise）」として提示している。また、Vargo and Lusch（2006）は、S-Dロジックを仕掛品（work-in-progress）と呼び、あくまで過渡期的な試案であるとし、Vargo and Lusch（2008a）は、S-Dロジックをオープンな発展を遂げるもの（an open-source evolution）として位置付け、多くの研究者が議論に参画することによって、S-Dロジックの内容がさらに発展していく可能性を示唆している。

このようなS-Dロジックの過渡期的性格から、10の「基本的前提（FP：Fundamental Premise）」も変化してきており、ここでは、その変遷も含めて、その内容をレビューする（表5-4）。

・FP1：サービスが交換の根本的基盤である。

S-Dロジックは、そもそもVargo and Lusch（2004）においてはService-centered Dominant Logicとも呼ばれていたことからもわかるように、S-Dロジックの基本的特徴で述べたサービス概念を交換の中心に据えた考え方である。そこで、FP1は、交換の基盤はサービスであり、そのサービスの本質は、オペラント資源である知識とスキルであるという点を明確にしている。Vargo and Lusch（2008a）において施された修正は、Vargo and Lusch（2004）のFP1における用語が、G-Dロジックを髣髴させるという懸念への対応であり、内容的な差異は意図されていない。

・FP2：間接的な交換は交換の根本的基盤を見えなくする。

FP2は、サービスは、モノ、金銭、組織の複合体として提供されるため、交換の基盤がサービスであることは、常に明白であるとは限らないという意味である。Vargo and Lusch（2008a）において施された修正は、FP1におけ

表 5-4 S-D ロジックにおける基本的前提の変遷

	Vargo and Lusch（2004）	Vargo and Lusch（2006）	Vargo and Lusch（2008a）
FP1	専門的スキルと知識の応用が交換（exchange）の根本単位（unit）である	同左	サービスが交換の根本的基盤（basis）である
FP2	間接的な交換は交換の根本単位を見えなくする	同左	間接的な交換は交換の根本的基盤を見えなくする
FP3	モノはサービス供給のための流通メカニズムである	同左	同左
FP4	知識は競争優位の根本的源泉である	同左	オペラント資源は競争優位の根本的源泉である
FP5	すべての経済はサービシーズ（services）経済である	同左	すべての経済はサービス（service）経済である
FP6	顧客は常に価値の共同生産者である	顧客は常に価値の共創者である	同左
FP7	企業は価値提案しかできない	同左	企業は価値そのものを提供することはできず、価値提案しかできない
FP8	サービス中心の考え方は顧客志向的であり関係的である	同左	サービス中心の考え方は元来本質的に顧客志向的であり関係的である
FP9	—	組織は細かく専門化されたコンピタンスを市場で求められる複雑なサービシーズに統合したり変換したりするために存在している	すべての社会的行為者と経済的行為者が資源統合者である
FP10	—	—	価値は受益者によって常に独自にかつ現象学的に判断される

出所：Vargo and Lusch（2004, pp. 6-12）、Vargo and Lusch（2006, pp. 52-53）、Vargo and Lusch（2008a, p. 7）を参照に著者作成。

る用語修正に対応するためのものであり、内容変更は意図されていない。
・FP3：モノはサービス供給のための流通メカニズムである。

　モノ（goods：耐久消費財と非耐久消費財）は、価値の受渡しと資源の投入のための道具、すなわち、サービス供給のための流通メカニズムである。
・FP4：オペラント資源は競争優位の根本的源泉である。

　これは、文字通り、知識やスキルといったオペラント資源が競争優位を生み出すことを意味している。Vargo and Lusch（2008a）において施された修正は、オペラント資源という用語が浸透してきたことに対応したものであり、内容変更は意図されていない。

・FP5：すべての経済はサービス経済である。

　S-Dロジックにおける交換の本質は、サービスであり、スキルや知識の交換にあることから、有形財の交換の場合も、無形財の交換の場合も、あらゆる経済的交換の本質は、サービスの交換に還元されることになる（井上2010b）。Vargo and Lusch（2008a）において、複数形のservicesから単数形のserviceに変更されているが、これは、FP5の意味がヘルスケア、政府、教育などのいわゆるサービス経済を指すものと誤解されたため、用語上の変更を行ったものであり、内容変更は意図されていない。

・FP6：顧客は常に価値の共創者である。

　FP6は、価値は顧客と共同で相互作用的に創造されるものであり、最終的には顧客が判断するものであるという考え方を反映している。Vargo and Lusch（2008a）において施された修正についての明確な記述は見られないが、Vargo and Lusch（2004）のFP6における用語（co-producer）が、G-Dロジックを彷彿させるという懸念への対応であり、内容的な差異は意図されていないと思われる。

・FP7：企業は価値そのものを提供することはできず、価値提案しかできない。

　企業は、価値創造のために適用される資源を提供し、相互作用的に顧客と共同で価値創造を行い、価値提案を受け入れてもらうように働きかけることはできるが、単独で価値を生み出したり、受け渡したりすることはできない。Vargo and Lusch（2008a）において、価値そのものを提供することはできないという文言が追加されているが、これは、企業が価値創造プロセスの一部分のみを担い、最終的な価値創造には関与しないという誤解を避けるための修正である。

・FP8：サービス中心の考え方は元来本質的に顧客志向的であり関係的である。

　価値は、顧客が最終的に判断するベネフィットによって規定されるものであり、顧客と共同で創造されるものである。すなわち、企業と顧客が相互作用的価値創造に従事している以上、企業と顧客の密接な関係は前提条件となっている。このようなS-Dロジックの考え方は、元来本質的に顧客志向

的であり関係的であると言えるのである。Vargo and Lusch（2008a）においては、元来本質的に（inherently）という言葉が追加されているが、これは、FP8 の意味合いをより解りやすくするために加えられた修正と思われる。

・FP9：すべての社会的行為者と経済的行為者が資源統合者である。

　すべての行為者（actors：企業や顧客）は、自身の持つ資源を、他者の持つ資源と組み合わせ、交換することによって価値創造を行っている（井上 2010b）。Vargo and Lusch（2008a）における変更は、行為者間の複数のネットワークを結びつける形で価値創造が行われることをより強調する意味合いがある。

・FP10：価値は受益者によって常に独自にかつ現象学的に判断される。

　Vargo and Lusch（2008a）は、現象学的（phenomenological）という言葉は、経験（experience）と同じ意味であるとしている。FP10 は、価値は、最終的には顧客が判断するものであるという考え方を反映しており、顧客の判断は（当然のことではあるが）恣意的であり、顧客のそれまでの経験が反映されることが示されている。

　ここまで、S-D ロジックにおける基本的前提の変遷を見てきたが、Lusch and Vargo（2014）においては、新たに公理（axioms）という言葉が使われ、FP1、FP6、FP9、FP10 の 4 つの基本的前提は、公理として S-D ロジック全体のプラットフォームとして位置付けられている。そして、その他の 6 つの基本的前提は、これらの 4 つの公理から派生するとされている（図 5-1）。

　5）オープンな議論の提起について、まず、世界の研究者による S-D ロジックへの注目の高さを指摘する必要がある。S-D ロジック（Service Dominant Logic）というキーワードを使って、論文検索の主要データベースである EBSCO データベースで検索したところ、2010 年から 2014 年間までの 5 年間において、S-D ロジックに関連する研究の数は、前の 5 年間の 2 倍以上である 221 に達している。この 221 という数字は、1980 年代に入って本格的な注目を浴び始めたサービス・マーケティング研究全体の 1986 年からの 5 年間の研究数である 294 に比肩しうるものであり[68]、世界の研究者による S-D ロジックへの注目の高さを示すものである。表5-5 は、S-D ロジッ

図 5-1 S-D ロジックにおける公理と基本的前提

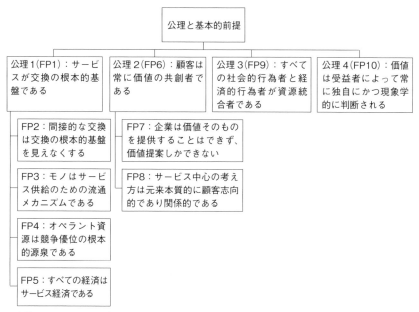

出所：Lusch and Vargo (2014, p.54) を訳出、加工。

クをテーマとして取り上げた主な学会と学術雑誌の特集号のリストである。
　S-D ロジックがここまで注目を集めている理由については、現在の経済発展動向においてサービスへの関心度が高い点と、提唱者である S.L. Vargo と R.F. Lusch による開かれた議論展開の仕方という点が指摘される（南 2010）。サービスへの関心度という点からすれば、S-D ロジック自体はいわゆるサービス経済を議論するものではないが、価値の創造を議論する中で、

---

[68] S-D ロジックにとっての 2010 年から 2014 年と、サービス・マーケティング研究全体の 1986 年からの 5 年間は、本格的な立ち上がりからの年数という意味では、おおむね同じ時期に該当する。これらの研究数は、EBSCO の Business Source Premier と Academic Search Premier というデータベースにおいて、Scholarly (Peer Reviewed) Journals という条件で、Service Dominant Logic というキーワードを使って検索した結果である。

表5-5　S-Dロジック（SDL）をテーマとした学会と学術雑誌の特集号のリスト

SDLをテーマとして取り上げた主な学会	主な学術雑誌の特集号
Otago Forum on Service-Dominant Logic, New Zealand, 2005	Invited Commentaries on Evolving to a New Dominant Logic for Marketing, *Journal of Marketing*, 2004
MMA Annual Conference, Chicago, 2006	
AMA Winter 2007 Educators' Conference, San Diego, 2007	*Marketing Theory*, Vol. 6, No. 3, 2006
AMA Summer 2007 Educators' Conference, Washington D. C., 2007	*Australasian Marketing Journal*, Vol. 15. No. 1, 2007
Relationship Marketing Summit, Argentina, 2007	*Journal of the Academy of Marketing Science*, Vol. 36, No. 1, 2008
Forum on Market and Marketing : Extending Service-Dominant Logic, Australia, 2008	*IBM System Journal : Service Science, Management, and Engineering*, Vol. 47, No. 1, 2008
Otago Forum 2, New Zealand, 2008	
Naples Forum on Service : Service-Dominant Logic, Service Science, and Network Theory, Italy, 2009	*Industrial Marketing Management*, Vol. 37, No. 3, 2008
Ministry of the Knowledge Economy Conference on Service Innovation through R&D, Seoul, 2009	*Journal of Business & Industrial Marketing*, Vol. 24, No. 5/6, 2009
Forum on Markets and Marketing, U. K., 2010	*Journal of the Academy of Marketing Science*, Vol. 38, No. 1, 2010
Westminster Workshop on Service-Dominant Logic, U. K., 2011	*Journal of Services Marketing*, Vol. 24, No. 7, 2010
Otago Forum 3, New Zealand, 2011	*Australasian Marketing Journal*, Vol. 18. No. 4, 2010
AMA Winter 2012 Educators' Conference, Florida, 2012	*European Journal of Marketing*, Vol. 45, No. 1/2, 2011
国際市場・制度的論理フォーラム（FIMIL）、東京、2012	*Marketing Theory*, Vol. 11, No. 3, 2011
日本商業学会第62回全国研究大会、北海道、2012	*European Journal of Marketing*, Vol. 45, No. 7/8, 2011
Naples Forum on Service, Italy, 2013	*European Business Review*, Vol. 25, No. 1, 2013

出所：価値共創型マーケティング研究会における「サービス・ドミナント・ロジックを取り巻く新たな動向」にて2013年11月10日に配布された資料を参考に筆者作成。

　サービスという資源や知識に立脚する概念を導入し、現代社会における現象を理解し解明しようとする姿勢が受け入れられていると思われる。

　また、議論展開の仕方について言えば、Vargo and Lusch（2008a）は、前述のように、S-Dロジックをオープンな発展を遂げるもの（an open-source evolution）として位置付け、基本的前提であるFPなどについてマーケティング研究者との開かれた議論を提起し、共同参加型の理論発展の仕組みを構築している。そして、このような開かれた議論における「同僚からの洞察に

満ちたコメントが、S-Dロジックの内容を、より洗練し、より強化している」と感謝の言葉も述べている（Vargo & Lusch 2008a, p. 1）[69]。このようなS. L. VargoとR. F. Luschのスタンスが、S-Dロジックに関する議論が世界中で活発に行われていることにつながっていると思われる。

わが国においても、表5-5にあるように、2012年5月に開かれた日本商業学会第62回全国研究大会では、統一論題として「流通・マーケティングにおける価値共創」が設定され、日本マーケティング学会では、マーケティング・リサーチプロジェクトとして「価値共創型マーケティング研究会」が2013年5月より頻繁に開催されている。

2 価値共創論の今後の広がりと課題

S-Dロジックは、既存のマーケティング理論に対して代替的な理論を新たに構築して提唱することよりも、現実の経済社会の変化を捉え、理論の前提となる考え方を提唱することにより、実際に世界で発生している進化した現実を説明するロジックを探求している（南 2010）。S-Dロジックの大前提は、マーケティングにおける交換対象概念の転換にある。すなわち、従来のマーケティングにおける交換はモノの経済交換を中心に捉えられていたことに対して、新たなマーケティングにおける交換の対象はサービスであり、そして、そのサービスとは、ヘルスケア、政府、教育などのいわゆるサービス経済を意味するものではなく、ましてやモノを強化するために付与されたものでもなく、「知識やスキルなどの専門的能力（specialized competences）が、行為（deeds）、プロセス（processes）、パフォーマンス（performances）を通して、他者のために投入されること」を意味するのである（Vargo & Lusch 2004, p. 2）。

---

[69] Hunt（2004, p. 22）は、「S-Dロジックは、読み流すのではなく、注意深い評価が必要であり、マーケティング研究者は、S-Dロジックに関する意見表明をすべきである」と主張し、Vargo and Lusch（2006）も、S-Dロジックがさらに洗練されるとして、この主張に同意している。

このようなS-Dロジックについては、Ballantyne and Varey（2008）のように、長年にわたり発表されてきたさまざまな既存概念を、より包括的なマーケティング論理として統合したところにその成果があるとS-Dロジックを肯定的に評価する研究者が存在する一方で、Achrol and Kotler（2006）のように、理論的枠組みが欠如しているとしてS-Dロジックを否定的に捉える論評も多く見られる。

　S-Dロジックや価値共創論の今後の広がりの方向性としては、関連するマーケティング研究領域に対してS-Dロジックを説明論理として展開するなど、さまざまな方向性が考えられる（南 2010）が、そもそもS-Dロジックが一般化可能な思考形態（a generalizable mind-set）として出発していることも踏まえると、S-Dロジックの各基本的前提（FP : Fundamental Premise）についての経験的、実証的な研究を着実に1つ1つ積み重ねることが、当面は遠回りになるかもしれないが、最終的にはS-Dロジックの理論的枠組みの強化につながるのではないかと思われる。

　本書でレビューした研究の中では、リレーションシップ・マーケティング研究やサービス・マーケティング研究と、S-DロジックのFPや考え方を関連づける研究が、今後の価値共創論の広がりとして期待できると思われる。特に、以下に述べる通り、リレーションシップ・マーケティング研究に関しては、1）IMP第2期のネットワーク・モデルとFP4・FP9、2）北欧学派であるGrönroos（2000b）によるダイアログ・プロセスとFP6、3）同じく北欧学派であるGummesson（1987）によるFTM・PTMとS-Dロジックが唱えるマーケティングの役割、また、サービス・マーケティング研究に関しては、4）Czepiel et al.（1985）によるサービス・エンカウンター・モデルとFP6、などを対象とする研究が、今後の広がりとして考えられる。

1）IMP第2期のネットワーク・モデルとFP4・FP9

　S-Dロジックにおいては、資源（resource）をオペラント資源とオペランド資源に分けて把握した上で、特に、知識やスキルといったオペラント資源を重視し、オペラント資源が競争優位を生み出す根本的源泉である（FP4）と主張している。他方、IMP第2期のネットワーク・モデルにおいては、

関係性の実質を規定する要素として、活動、資源、行為者の3つの要素が挙げられている（Häkansson & Snehota 1995；Anderson Häkansson & Johanson 1994）。特に、資源（resource）については、関係性が発達するにつれて、関係性を構成する両者が保持するさまざまな資源に対して、両者共にアクセスできるようになり、資源の結合（resource ties）が形成されるとしている。このようなネットワーク・モデルにおける論点に鑑みると、a) S-Dロジックにおけるオペラント資源・オペランド資源は、どのように「結合」され、それが、価値共創の成果にどのように影響を及ぼすのか、また、b) そのような価値共創における資源の結合は、ネットワーク・モデルで定義するところの活動の連結（activity links）や行為者間の絆（activity bonds）の形成にどのような形で関わり、関係性における、資源の結合、活動の連結、行為者間の絆の3つの要素の相対的比重には、価値共創の実施は、どのようなインパクトを持つのか、そして、c) すべての社会的行為者と経済的行為者が資源統合者であるというFP9は、ここでの議論においても確認されるのかなどの研究課題が、今後の価値共創論の広がりとして考えられる。

2）北欧学派であるGrönroos（2000b）によるダイアログ・プロセスとFP6

　Grönroos（2000b）は、関係性における「ダイアログ・プロセス（dialogue process）」という考え方を唱え、顧客とのコミュニケーションに関するすべての努力は、すべからく関係性の維持・強化につながるべきであるという認識に基づき、顧客との営業会議、顧客へ発送するダイレクトメール、インフォメーションの冊子などは、個別に処理されるべきではなく、計画された全体プロセスとの整合性が保たれる形で実行されるべきであると主張している。

　このダイアログ・プロセスの考え方に、顧客は常に価値の共創者であるというFP6は、どのように関連付けられるのであろうかという研究課題が提示される。具体的には、ダイアログ・プロセスの対象となるのは、営業活動、マスコミュニケーション活動、営業以外の顧客との直接的な接触活動、広報活動などであり、それぞれの活動において「常に価値の共創」が行われるのか、その価値共創の度合いは、活動のタイプによりどのように異なるの

か、それを左右する要因は何かなどの論点が、ダイアログ・プロセスとFP6との関連において考えられるのである。

3) 北欧学派である Gummesson（1987）による FTM・PTM と S-D ロジックが唱えるマーケティングの役割

　Vargo and Lusch（2004）は、企業のマーケティングの役割とは、マーケティングが部門の壁を超えた形でビジネス・プロセスの設計と構築を主導し、企業戦略の中核を担うことであると述べている。具体的には、企業がなすべきこととは、①情報と取引プロセスにおける透明性と対称性を獲得しようと努力する、②顧客の長期的な発展に貢献する顧客関係を構築する、③従業員と顧客の両方を貴重なオペラント資源と認識し、両者の発展を目的とする投資を行う、の3点であるとしている（Vargo & Lusch 2008b）。

　他方、マーケティングの役割については、北欧学派が、企業における部門間の相互依存性を注視する立場から、マーケティング部門が他の部門と協調して業務遂行にあたる必要性を説いている。彼らは、マーケティング機能は、マーケティング部門においてマーケティングを専門的に担当するマーケター（FTM：Full-Time Marketer）のみによって遂行されるものではなく、製品開発、生産、購買、顧客サービス、総務などにおけるスタッフも、パートタイム・マーケター（PTM：Part-Time Marketer）としてマーケティング機能を担うとし、FTMとPTMの両方が、マーケティングが全社的な機能として遂行されるために重要な役割を果たすとしている（Gummesson 1987）。

　このようなS-Dロジックが主張するマーケティング機能と、北欧学派のFTM・PTMを巡る議論に鑑みると、Vargo and Lusch（2008b）が主張する企業がなすべきことの3点において、FTMとPTMは、具体的にどのような役割を担うべきなのか、また、どのようなオペラント資源が、「顧客の長期的な発展に貢献する顧客関係を構築する」上で、より重要となるのかなどの論点が、今後のS-Dロジックの広がりとして考えられる。

4) Czepiel et al.（1985）によるサービス・エンカウンター・モデルとFP6

　サービス・エンカウンター（service encounter）とは、サービス提供企業

図 5-2　Payne et al.（2008）による顧客とサービス提供企業のプロセス、エンカウンターの手段

出所：Payne et al.（2008, p.92）を訳出、加工。

と顧客との直接的な相互作用を意味する。Czepiel et al.（1985）が提唱するサービス・エンカウンター・モデルにおいて、生産条件とはサービスを構成する基本要件であり、①時間、②技術、③場所、④内容、⑤複雑さ、⑥形式化、⑦消費単位、などの7つの要素を含んでいる。では、顧客は常に価値の共創者であるというFP6は、このサービス・エンカウンター・モデルとどのように関連付けられるのであろうか。例えば、これらの生産条件は、顧客との間で行われる価値共創の大きさにどのような影響を及ぼすのであろうか。また、Czepiel et al.（1985）によるモデルにおいては、顧客の行動とサービス提供者の行動が結びついて相互作用が発生し、そのアウトプットが顧客やサービス提供企業にフィードバックされる形となっている。具体的に、どのような顧客の行動とサービス提供者の行動が、価値の共創につながるのかなどの研究課題が、今後のS-Dロジックの広がりとして考えられる。

　Payne, Storbacka and Frow（2008）は、すでにこの問題に取り組んでおり、図5-2においては、旅行の計画、意思決定、準備、実施、旅行後の

フォローアップなどの各段階における顧客とサービス提供企業（旅行会社）の詳細な行動が、エンカウンターの手段と共に示されている。ただ、ここでも、具体的にどのような顧客の行動とサービス提供者の行動が価値の共創につながるのかは、明確な形では示されておらず、このことは次に述べる価値共創論の課題ともなっている。

・価値共創論の課題

　価値共創の今後の広がりについて考察を試みたが、S-Dロジックや価値共創の考え方に対する課題も存在する。ここでは、本書の目的（「サービス提供企業のマーケティング戦略への示唆を抽出する」）に鑑み、実務家への示唆という観点から、価値共創論の課題を提示する。

　価値共創論の課題は、価値共創の概念とマーケティング研究の接続に関する検討が十分ではなく、実証的研究が不足していることである。Grönroos and Ravald（2011）は、S-Dロジックの最大の問題点は、実務的な示唆に乏しい点であると指摘している。Kryvinska, Olexova, Dohmen and Strauss（2013）は、S-Dロジックの発表以来、研究蓄積が進みつつあるものの、価値共創に関する実証的研究はまだまだ不足しているという認識を述べている。また、下川（2008）は、S-Dロジックを実務に取り入れるための道筋は未だ整理されておらず、この部分でのさらなる研究が必要であると指摘している。これらの指摘は、S-Dロジックが抽象的過ぎるために、価値共創を実現することと実際のマーケティング活動との間にどのような関係があるのかについて理解することが困難であり、価値共創を促進する具体的なマーケティング活動をイメージすることが難しいことに起因している（大藪 2010）。

　S-Dロジックの抽象性については、Vargo and Lusch（2008a）が、S-Dロジックは一般理論（a general theory）を生み出すための一般化可能な思考形態（a generalizable mind-set）だと位置付けていることからもわかるように、ある意味避けられないことではある。しかし、本書における「サービス提供企業のマーケティング戦略への示唆を抽出する」という目的と、価値共

創の概念を実行に移すべき立場にある実務家マーケターの立場に鑑みると、価値共創の対象、価値共創の実施のタイミング、価値共創実践の効果の測定などの点が、価値共創論の課題から導き出される今後の研究課題として挙げられる。これらの研究課題については、次章第1節において詳述する。

第 6 章

分析の枠組と仮説

1 研究課題

　ここまで本書のテーマと関連する先行研究の系譜をたどってきた。まず、初期のBtoBマーケティング論は、製品類型論に端を発し、組織購買行動論、そして、相互作用モデルへと発展を遂げた。組織購買行動論は、買手である購買企業に着目することで、購買状況と問題の性格という軸によって、買手企業の購買意思決定パターンを捉え、問題の性格、購買センター構成員の個人的特性、購買企業の組織的特性など、買手である購買企業側の諸条件が購買行動を規定するとする、BtoBマーケティング研究において広く受容されている考え方である。

　しかし、組織購買行動論は、買手企業の購買組織や購買意思決定のプロセスに焦点をあてるあまり、各製品の購買機会ごとに購買企業の意思決定がなされると考えており、結果として売手企業との相互作用を分析の対象としていないという問題点があった（余田 1997）。そこで、売手企業と買手企業間の相互作用に焦点をあてることで、買手企業側の諸条件ではなく、相互作用プロセス、相互作用プロセス参加者、環境、雰囲気などの要因が、買手企業と売手企業の長期的関係性や購買戦略に影響し、買手企業のニーズに関して一定の前提を置いた上で、売手企業の戦略や能力が売手企業のマーケティング戦略を規定すると主張する、相互作用モデルが提唱されるに至った（余田

2000；福田 2002）。

　この相互作用モデルは、買手企業の購買意思決定プロセスを考慮の対象としていないという問題点はあったものの、企業間取引を単発の取引として位置付けるのではなく、売手企業と買手企業の間の長期的、継続的関係性に着目したという意味においてマーケティング研究への貢献は大きく、サービス・マーケティング分野における顧客との密接な関係を重視する動きとも合流し、サービスや製品を提供する企業とその顧客との関係性を重視するリレーションシップ・マーケティングの理論的源流の１つとなった（余田 2000）。

　リレーションシップ・マーケティング研究においては、主要なアプローチが、北米グループ、AAグループ、そして、ノルディック・グループによる３つに分けて捉えられる（Christopher et al. 2002）。ここでは、各アプローチが生成・展開してきた環境要因の違いが大きく影響し、リレーションシップ・マーケティングという呼称のもとに、各アプローチが独立して発展を遂げるという状況となった。

・北米グループによるアプローチは、離散的取引と関係的交換との識別をその出発点とし、関係性の長期継続の先行要因、交換における社会的要素、関係的交換の発展プロセスなどに着目する研究へと発展を遂げており、一貫して売手―買手間の関係性に注目しているところに特徴がある。
・AAグループのアプローチは、リレーションシップ・マーケティングの対象範囲を幅広く捉え、トランザクション・マーケティングからリレーションシップ・マーケティングへの移行を主張しており、内部市場への着目にその特徴がある。
・ノルディック・グループのIMPグループによるアプローチは、ネットワーク・モデルとネットワーク・アプローチを提唱しており、企業を取り巻くあらゆる市場のビジネス・ネットワークを包含した知識体系を構築しようとしたことに加えて、組織内における各種の機能とビジネス・ネットワークとのインターフェースを強調するところにその特徴がある

（小野 2000）。また、ノルディック・グループの北欧学派によるアプローチは、交換の対象となる財の種類が有形財か無形財かに左右されない、新たなマーケティング理論の構築をその目的としており（Grönroos 1978；1989；1990；1991；1994a；2000b；Gummesson 1987；1991；1997）、プロセスの重視、内部組織の重視、ネットワーク・マネジメントの重視、の3点にその特徴がある。

このように各アプローチが独自の発展を遂げた結果、リレーションシップ・マーケティング論が一概に何を主張しているのかという評価を下すことは困難とまで言われる事態となった（Gummesson 1997；小野 2000；南 2005）。このような、ある意味混沌とした状況の中で、企業が顧客と共同で行う価値創造に焦点をあて、リレーションシップ・マーケティングをサポートし、学会および実務家双方を導くような、より包括的で実際的なマーケティング理論である（Gummesson 2002b）とされたS-Dロジックが登場した。

次に、サービス・マーケティング研究は、黎明期、発展期、展開期の3つの段階に分けて捉えることができる。黎明期においては、サービス・マーケティング研究の必要性を訴えるために、経済構造のサービス化の進展と、企業のサービス・マーケティングに対する認識の欠如が指摘されつつ、無形性、生産と消費の同時性、異質性、一過性などのサービスの特性が強調され、サービスと製品の違いを比較する研究に力点が置かれた。

発展期においては、黎明期における研究が行った論点提示や問題提起を踏まえ、サービス・マーケティング研究の本質に関わる課題について研究が進められ、サービス品質モデル、サービス・エンカウンター・モデル、サービス・マーケティング・システムなど、現在のサービス・マーケティング研究にもつながる研究が行われた。

展開期においては、サービス・マーケティング研究の数が爆発的に増え、研究対象は数多くの領域に分散し、内容的に些末な問題ではないものの、実務的な問題解決に焦点があたる状況が生まれていた。研究者は、サービス・マーケティング研究の限界を認める形で、製品対サービスの対立軸に代わる、新たなパラダイム・シフトの必要性を呼びかけるまでになった（Lovelock & Gummesson 2004)。このタイミングを計るかのように、価値共創という基本概念に立脚し、サービス・マーケティング研究の系譜上、顧客との関係性を新たな角度から志向する、S-Dロジックの最初の論文が、2004年に発表された。

S-Dロジックは、G-Dロジックからの脱却を果たしたサービス・マーケティングの貢献や、製品とサービスを融合する新たなパラダイム・シフトの必要性を主張したマーケティング研究などをベースに誕生した（Vargo et al. 2006）。S-Dロジックは、新たなサービス概念を提案し、交換価値から使用価値への転換などを主張するものであり、実際に世界で発生している進化した現実を説明するロジック（南 2010）として世界中の研究者の注目を集めた。しかし、S-Dロジックが抽象的過ぎるために、価値共創を実現することと実際のマーケティング活動との間にどのような関係があるのかについて理解することが困難であり、価値共創を促進する具体的なマーケティング活動をイメージすることが難しい（大藪 2010）ことが指摘されており、実務的な示唆に富む研究が不足している（Grönroos & Ravald 2011）とされている。

このようなS-Dロジックや価値共創概念の問題点を踏まえた上で、本書における「サービス提供企業のマーケティング戦略への示唆を抽出する」という目的と、価値共創の概念を実行に移すべき立場にある実務家マーケターの立場に鑑みると、1）価値共創の対象、2）価値共創実施のタイミング、3）価値共創実践の効果測定という3つの研究課題が指摘される。

1）価値共創の対象

価値共創をどのような製品・サービスを対象に実践することが、企業にとって最も効果的なのかは、限りある経営資源の中でマーケティング活動を行う必要がある企業にとっては、重要な問題である。それが製品であれ、サービスであれ、企業は、多種多様な製品群・サービス群を販売対象物（offerings）として保持している。その中で、すべての製品、またはサービスについて、全く同じスタンス・労力をもって価値共創を実践することは現実的ではない。企業にとっての、価値共創実施対象製品、またはサービスの優先順位付けにおける一定の指針が求められるのである。

このような指針を、本書の対象としている企業金融サービスにおいて考える上では、まずは価値共創の可能性の大きいサービスを見極めなければならない。この際には、サービス・マーケティングにおいて議論されてきた、無形性（intangibility）、生産と消費の同時性（inseparability）、品質維持の困難さを示す異質性（heterogeneity）、在庫がないゆえの流通の困難さを示す一過性（perishability）などのサービスの特徴が論点となる。無形性については、Zeithaml and Bitner（2003）は、サービスへの評価の困難度合いによって、探索財（顧客は、購入前に品質の程度を判断することができる）、経験財（顧客は、一度購入し経験することによって品質の程度を判断することができる）、信用財（顧客にとって品質の程度を判断することは、購入・消費後でも非常に困難であり、企業が提供する価値を信用しないと購買の意思決定ができない）の3つに分類しており、このような分類に基づいて価値共創の可能性を分析することが考えられる。

　また、価値共創の測定には、価値共創の概念の操作化、すなわち、測定可能な変数への転換を行わなければならない。この価値共創の概念の操作化については、第7章にて詳述する。

2）価値共創の実施のタイミング

　1）によって、価値共創の対象がある程度定まったとしても、実務的にはどのタイミングで価値共創を実施することが最も効果的なのかという問題が残る。Grönroos（1979；1980；1982）は、顧客関係のライフサイクルを、初期ステージ、購買プロセス、消費プロセスの3つのステージに分けて捉えている。また、Dwyer et al.（1987）は、気付き、探求、拡大、コミットメント、消滅という5つのフェーズから成る、関係的交換の発展プロセスの記述モデルを構築している。そこで、価値共創は、顧客関係のライフサイクル上、もしくは、関係的交換の発展プロセス上、どのようなステージ、またはプロセスで実施されることが最も望ましいのかという課題が考えられる。価値共創のプロセス全体を把握した上で、価値共創実施のタイミングを見極めることは、限られたリソースの投入時期を判断する材料として、マネジメントにとっては極めて重要な要素である。

3）価値共創実践の効果の測定

1）と2）によって、価値共創の対象と価値共創の実施のタイミングについてある程度目途が立ったとしても、企業にとっての効果測定の観点から、価値共創の実践がどのようなマーケティング上の効果を生み出しているのかを測定することは、経営上の要請である。

特に、本書の対象となっている企業間取引関係においては、比較的少数の顧客と長期間にわたって関係性が継続される場合が多く、これは、それぞれの顧客を維持することの重要性を意味している。すなわち、既存顧客の維持に寄与するマーケティング上の概念が、価値共創実践の効果を測定する際の指標になり得るのである。この意味で、顧客がサプライヤー企業を変更する際のコストであるスイッチング・コストが、価値共創実践効果の測定における指標として考えられる。

スイッチング・コストを、前述の探索財、経験財、信用財の分類から考えてみると、サービス・マーケティングの系譜で述べたように、信用財の性質を持つサービスのマーケティングにおいて未経験の新規顧客を獲得する際には、価値を経験させたり、信用させるための活動に多大なコストがかかることが指摘される。これは、既存顧客維持の重要性は、信用財の性質を持つサービスにおいてより高まることを意味しており、すなわち、スイッチング・コストの重要性も、信用財の性質を持つサービスにおいてより高まるのである。

Möller and Halinen（2000）は、企業間リレーションシップにおいては、潜在的関係者は少数であり、売手と買手のリソースが結びつくことで相互依存関係が成立するため、関係者の変更は困難なことが多い、すなわち、スイッチング・コストが大きいと主張している。本書においては、価値共創実践効果の測定における指標としてスイッチング・コストを捉える。すなわち、価値共創の実施がスイッチング・コストの増大につながるかどうかが、本書の研究課題の1つとなる。

また、価値共創実践効果の測定におけるもう1つの指標として、顧客内シェアが挙げられる。企業間取引においては、顧客は比較的少数のサプライヤーから購入を繰り返すことが多く、サプライヤー企業に対して顧客が再購

買意向を持っていたとしても、一定期間後には取扱いシェア（サプライヤー企業から見れば顧客内シェア）が低下することがあり得る。したがって、BtoBマーケティングの分野では、顧客の再購買意向ではなく、顧客内シェアの向上がマーケティング活動の目的として位置付けられるべきであり、顧客内シェアは、価値共創実践効果の測定における、もう1つの指標として適性を有していると考えられるのである。

本書における研究課題を改めて提示する。
- 価値共創の対象：自社が提供するサービスの中で、どのようなサービスがより価値共創の可能性が高いのか。企業として多様なサービスを提供する中で、限られた経営資源を有効に活用するためには、どのようなサービスに力点をおいて価値共創を進めるべきか。
- 価値共創のタイミング：価値共創をどのタイミングで行うことが最も効果的か。Grönroos（1982）やDwyer et al.（1987）が示すように、顧客関係が何らかのステージに分かれるのであれば、価値共創を実施するにあたってのステージやタイミングは、価値共創のプロセス上どのように考えるべきか。
- スイッチング・コストへのインパクト：価値共創は、Möller and Halinen（2000）が論点としているスイッチング・コストと、どう関係するのか。価値共創は、顧客のスイッチング・コストを増加させるのか。
- 顧客内シェアへのインパクト：企業間取引では、顧客内シェアの向上が重要である。価値共創の実行は、顧客内シェアの向上につながるのか。顧客内シェアの向上を目指す際に、価値共創以外にマネジメントすべき課題は何か。

2 分析の枠組

このような問題意識に基づく研究課題を背景に、本書において鍵となる概念である、信用財度合い、価値共創、スイッチング・コスト、顧客内シェアなどを結びつける分析の枠組を図6-1に提示する。

図6-1 分析の枠組

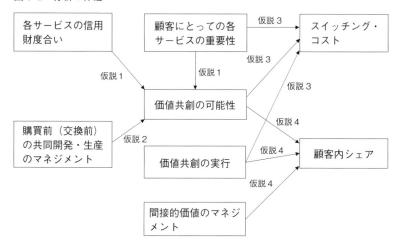

　本書は、企業間サービス取引、特に企業金融サービスに着目している。上記の枠組に基づいて分析を進めるにあたり、多種多様な企業金融サービスにおける網羅性の確保に留意して、以下の8つの企業金融サービスを分析の対象とする[70]。

・国内送金
・円預金
・インターネット・バンキング
・貿易金融（Letter of Credit の発行など）
・グローバルなキャッシュ・マネジメント・サービス（GCMS）
・投資銀行サービス（M&Aや提携など）
・短期融資（運転資金融資など）
・長期融資（設備資金融資など）

---

[70] この8つの企業金融サービスの選定にあたっては、大手銀行の複数の管理職と、一般企業の財務担当管理職数名へのヒアリングを実施した。

3 仮説

本書における仮説を、その理論的背景と共に以下に提示する。

3-1. 仮説1（価値共創の対象）：信用財度合いの大きさとサービスの重要性は、価値共創に正のインパクトを持つ（図6-2に概念図）。

理論的背景：

　企業間取引は多種多様であり、銀行が提供する企業金融サービスにおいても、各サービスによって信用財度合いは大きく異なる。そこで、国内送金などの比較的単純で定形化されている（より経験財の資質が大きい）サービスでは、価値共創の余地は限定的であるが、複雑な（より信用財の資質が大きい）サービスでは、価値共創の可能性も大きくなるという仮説が提示される。また、実務的に見ても、顧客にとってのサービスの重要性が高いほど、価値共創の可能性が大きくなる、すなわち、価値共創に対する信用財度合いの効果

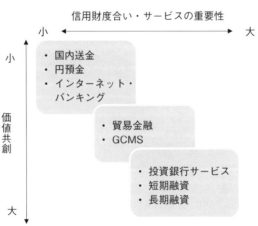

図6-2　仮説1の概念図

表 6-1　企業金融サービスの信用財の大きさと顧客の参加（価値共創の可能性）

金融サービス	信用財の大きさ	顧客の参加
国内送金、円預金、インターネット・バンキング	定形化されているサービスであり、企業顧客にとっては、信用財としての性格は小さいと思われる。	企業顧客にとっては、高い頻度で利用するサービスではあるが、頻度が高いにゆえに、定形化されているサービスである。顧客の参加の余地は小さいと思われる。
貿易金融、GCMS	企業顧客に提供されるサービスのフォーマットは定形化されてはいるものの、その時々の貿易条件（貿易金融）や企業の資金繰り状態（GCMS）によって、サービス内容は変容することもある。中程度の信用財としての性格を持つと思われる。	輸出輸入の状況や、資金繰り状態の背景となっている事象を共有することで、銀行が提供するサービス内容が、より充実したものになる可能性がある。中程度の顧客参加の余地を持つと思われる。
投資銀行サービス、短期融資、長期融資	信用財としての性格を大きく持つと思われる。特に、投資銀行サービスにおける企業買収においては、どのようなレベルのサービスが提供されるのかを、企業顧客が事前に判断するのは困難であり、融資の場合も大口融資ほど融資の可否を事前に判断することは困難である。	顧客の参加の余地は大きい。融資におけるコベナンツ・バンキングや投資銀行サービスにおける企業買収が例として挙げられる。

が、サービスの重要性によって増幅されることが想定され、前述の信用財度合いの観点と共に、仮説 1 が設定される。

　本書において分析の対象となっている 8 つの企業金融サービスについて、信用財の大きさと顧客の参加（価値共創の可能性）を考察する（表6-1）。

　顧客の参加の余地、すなわち、価値共創の可能性が大きいサービスの例として、融資におけるコベナンツ・バンキングや、投資銀行サービスにおける企業買収などが、例として挙げられる。コベナンツ・バンキングは、貸出契約書の中にコベナンツ（遵守条項、財務制限条項）と呼ばれるさまざまな指標を設定し、それに抵触したとき、企業が何らかのペナルティを課されるという貸出方法である。このコベナンツを設定する際に、当該企業の発展にとってより有効なコベナンツを銀行と企業が共同で設定する、あるいは、当該企業の発展の阻害要因となりかねないコベナンツは可能な限り排除するなどの共同作業の仕組みを銀行と顧客企業が構築することで、価値共創の成果が期待されるのである。

　投資銀行サービスにおける企業買収においては、顧客企業のそもそもの企

業戦略を、銀行と顧客企業が同じレベルで理解し、企業買収によって戦略上何を達成したいのか、するべきなのかを共同で明らかにすることが重要である。このような共同作業を経た後、買収先の選定などの次のステップに進むことで価値共創の成果を具現化していくことが考えられる。

　信用財度合いの大きさやサービスの重要性は、基本的には顧客企業の認識によるものであり、サービス提供企業（この場合は銀行）がコントロールできるものではない。しかし、サービス提供企業は、各サービスの顧客にとっての重要性や価値共創の可能性を適切に理解した上で、価値共創の可能性が高いサービスに焦点をあてた形で、価値共創の仕組みを構築することが、マーケティング戦略上求められるのである。

3-2. 仮説2（価値共創のタイミング）：価値交換前の価値の共同開発は、より大きな価値共創につながる。

理論的背景：

　価値共創の具体的プロセスには、さらなる研究の余地が大きい。特に、マーケティングにおける鍵概念である価値交換の前後における価値共創の在り方については、検証の必要性があると思われる。藤岡（2013）は、S-Dロジックの課題として考察範囲の不明確さを挙げ、S-Dロジックでは交換後に関心が集中しており、交換前も考察すべきであると主張している。また、戸谷（2013）も、S-Dロジックはサービス・エンカウンターでの生産・消費の瞬間を重視するあまり、事前準備段階への言及は少ないと指摘している。

　Lusch and Vargo（2006）は、S-Dロジックにおける価値の共創（value co-creation）は2つの構成要素からなるとしている。それは、価値共創（value co-creation）と共同開発（co-development）である[71]。1つ目の価値共

71　Lusch and Vargo（2006）は、実際には、共同生産（co-production）という言葉を使用している。ただ、サービスは生産と同時に消費されてしまう（Lovelock & Wirtz 2007）ため、サービス業を対象としている本書では、共同開発（co-development）という言葉を使用している。

創に関しては、価値は、顧客によって「消費プロセス」において創造され、判断されるとし、2つ目の共同開発については、共同開発は、主な提供物を企業と顧客が共同で考案したり、共同でデザインしたり、共同で生産することであるとしている。このような議論はあるものの、S-Dロジックにおいては、価値共創のあるべきタイミング、特に、価値共創全体のプロセスにおける準備段階の位置付けなどについては明示的な論理展開が見られない。

　S-Dロジックに関しては多くの先行研究がなされているが、価値共創のプロセス全体を俯瞰する中での価値共創のあるべきタイミングについては、あまり明確にされていない。Frow, Payne and Storbacka（2011）は、価値共創における共同活動を、デザイン、生産、販売促進、価格設定、流通などの企業のバリューチェーンごとに規定する概念的フレームワークを提示しているが、これも、価値共創の全体プロセスを俯瞰し、価値共創のあるべきタイミングを示すものではない。

　このような状況の中でGrönroos（2005）は、携帯電話サービスを例に用いて、価値共創のフェーズを準備段階と使用価値（value-in-use）の使用・消費段階に分けて、それぞれのステージにおけるあるべきマーケティング活動について論じている。また、藤川・阿久津・小野（2012）は、価値共創のプロセスをより明示的に把握する概念モデルを示している（図6-3）。

図6-3　仮説2の概念モデル

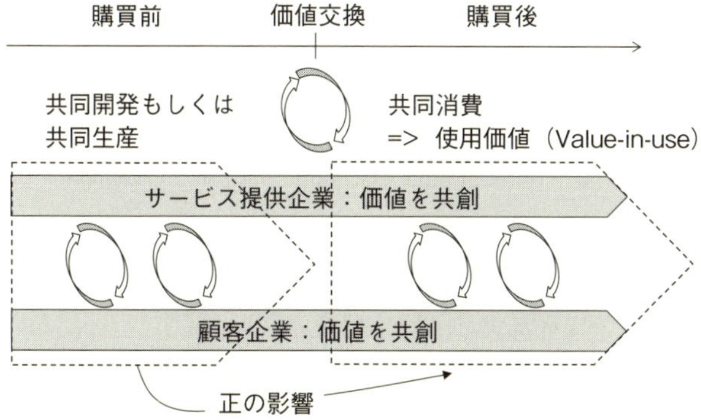

出所：藤川・阿久津・小野（2012, p.39）を加工。特に正の影響とその矢印は筆者加筆。

この概念モデルに示唆を受ける形で、価値共創のあるべきタイミングを考えてみると、価値交換前の準備段階における価値の共同開発は、より大きな価値共創につながるという仮説2が設定される。
　価値交換前のプロセスとしての価値の共同開発が持つ、価値共創全体への正のインパクトは、実務的見地から考えてみても支持される。長期的視野に立って判断されることが多い企業間関係においては、サービスが再購買される確率はかなり高い。このような認識に基づいて、次回以降の価値交換に備えて、サービス提供企業とその顧客企業が、価値交換前の準備段階における価値の共同開発を行うことは理に適っている。
　例えば、この仮説を、前述の融資におけるコベナンツ・バンキングや、投資銀行サービスにおける企業買収に当てはめてみる。コベナンツ（遵守条項、財務制限条項）には多くの指標があり、銀行が、顧客企業の状況（財務面、競合面、戦略面など）を理解し、また、銀行側の事情（例えば、各コベナンツ指標の銀行内での重要性）などを顧客企業が理解して、コベナンツについて「事前に」共通理解を構築しておくことが考えられる。この場合、銀行が設定するコベナンツが、顧客企業の実情により沿ったものになることによって、顧客企業にとっては、その成長を妨げるような無用の財務的制限が減少する効果が期待される。同時に、銀行にとっても、顧客企業が融資条件に抵触するリスクを軽減することができるのである。
　投資銀行サービスにおける企業買収においても、価値交換前の準備段階における価値の共同開発を、銀行とその顧客企業が共同で行うことは理に適っている。顧客企業の企業戦略を、銀行と顧客企業が同じレベルで準備段階において「事前に」理解し、企業買収によって達成されるべき戦略目標を「事前に」共有しておくことの重要性は、改めて指摘するまでもないと思われる。
　また、価値共創における準備段階での共同開発というマーケティング・プロセスは、「誘導される偶発」という概念と強く結びつくと思われる。「誘導される偶発」という概念は、もともと絵画の世界の1つの極意として、マナブ間部によって紹介された言葉である（矢作・青井・嶋口・和田1996）。マナブ間部は、メキシコを訪問した際の、現地のシケイロスという画家とのや

りとりを紹介する中で、「誘導される偶発」という概念を「何かを創りだそうという明確な意志を持って絵の具をカンバスにぶちまけるのだが、そこに意図せざる色の混ざり具合や思いがけない形が現れたりする」と説明している（マナブ間部 1993）。このような形で生まれた偶発を無視して当初の計画（デッサン）どおりに厳格に進めるより、その偶発を大切にして自らの意図と調整しながらそれを積極的に取り入れていく方が完成度が高くなる（嶋口1997）のである。

　この「誘導される偶発」という概念を、価値共創に当てはめて考えてみると、企業と顧客の間には情報の非対称性が必ず存在し、この情報の非対称性が、価値共創のプロセスの中で「誘導される偶発」につながる可能性が想定される。企業金融サービスでみれば、銀行と顧客企業を取り巻く外部環境（外国為替や金利などの金融市場の変動、顧客企業にとって重要な原材料の市場価格の変動、顧客企業の競合企業の動きなど）の変化が、価値共創のプロセスの中で、「誘導される偶発」のインパクトをより強めることも考えられるのである。

3-3. 仮説3（スイッチング・コストへのインパクト）：価値共創の実行とサービスの重要性は、スイッチング・コストに正のインパクトを持つ。

理論的背景：

　Burnham, Frels and Mahajan（2003）は、スイッチング・コストを、時間と労力の消費を主とする「手続的コスト」、経済的損失を数値的に把握する「金銭的コスト」、関係性の停止に伴う心理的、感情的不快感である「関係的コスト」の3つのタイプに分類している（図6-4）。

　Barroso and Picon（2012）は、Burnham et al.（2003）の定義に沿う形で、関係性の特徴（関係性の長さと関係性の広さ）と顧客の特徴（意思決定への関与度とスイッチすることへの関心度）が認知されたスイッチング・コストに与える影響を分析し、関係性の長さと関係性の広さ、そして、意思決定への関与度が顧客のスイッチング・コストに正のインパクトを持つという実証研究

図 6-4　スイッチング・コストの類型モデル

手続的スイッチングコスト	金銭的スイッチングコスト	関係的スイッチングコスト
・経済的リスクコスト ・評価コスト ・セットアップコスト ・学習コスト 	・利益（ベネフィット） 　損失（ロス）コスト ・金銭ロスコスト	・関係性ロスコスト ・ブランドリレーション 　シップコスト 

出所：Burnham et al. (2003, p.112) を訳出、加工。

の結果を報告している（図 6-5）。

　また、Möller and Halinen (2000) は、BtoC リレーションシップにおいて潜在的関係者は多数であり、製品や情報が代替可能なため相互依存性は低く関係者の変更は比較的容易である、すなわち、スイッチング・コストが小さいとし、一方、BtoB リレーションシップにおいては潜在的関係者は少数であり、売手と買手のリソースが結びつくことで相互依存関係が成立し、関係者の変更は困難なことが多い、すなわち、スイッチング・コストが大きいと主張している。

　これらの BtoC リレーションシップと BtoB リレーションシップの相違について、個人顧客は時にサプライヤー企業に共感を覚えたり (Bhattacharya & Sen 2003)、感情的に特定のサプライヤー企業からの購入にコミットすることもある (Palmatier, Dant, Grewal & Evans 2006) が、一般的には個人顧客のスイッチング・コストは小さいことが多いとされている。一方、法人顧客は合理的な購買基準に従うことが多く、結果として、特定のサプライヤー企業への感情的なコミットメントは持たない (Verbeke, Dietz & Verwaal 2011)。また、法人顧客は、長期に継続する関係性に対して投資を行う傾向があり、このような企業行動は、より大きなスイッチング・コストにつながるのである (Pick & Eisend 2014)。

　実務家的見地からサービス提供企業による価値共創行動とスイッチング・コストを考えると、すべてのサービス提供企業が価値共創のプロセスをその顧客と行っているわけではないことが指摘される。これは、企業側が価値共

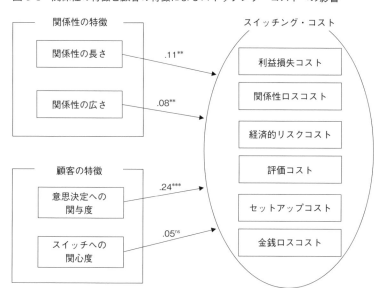

図 6-5 関係性の特徴と顧客の特徴によるスイッチング・コストへの影響

出所：Barroso and Picon（2012, pp.533, 536）を訳出、加工。

創における企業努力を行った場合、顧客から見た場合のスイッチング・コストが大きくなることを意味する。また、このようなスイッチング・コストは、当該サービスが顧客にとって重要なサービスほど大きくなる、すなわち、スイッチング・コストに対する価値共創実行の効果が、サービスの重要性によって増幅されることが想定され、前述の価値共創の実行の観点と共に、仮説3が設定される。

この仮説を企業金融サービスに当てはめて考えると、価値共創が大きい割に重要度が低いサービス（群）は、スイッチング・コストが低いゆえに、銀行が他行顧客を攻める際の橋頭保として適している（図6-6）。

例えば、二番手（準メインバンクとも呼ばれる）の銀行が、このようなサービスにおいて低いスイッチング・コストを活用して取引を獲得し、価値共創の実績を積むことができれば、この価値共創の能力をアピールすることで、

第6章 分析の枠組と仮説 | 157

図 6-6　他社顧客を狙う際にターゲットとすべきサービス（群）

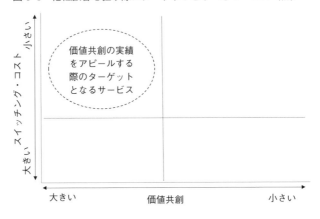

その顧客にとってより重要であり、価値共創の可能性が高い（仮説1に従えば、信用財度合いも大きい）その他のサービス（例えば、長期融資などが想定される）における価値共創の期待感を醸成し、一番手の銀行（メインバンクと呼ばれる）からの取引シェア獲得につながる可能性があると思われる。

逆に言うと、既存顧客維持のためには、このような価値創造が大きい商品・サービスにおける価値共創の努力は、顧客防衛上非常に重要といえる。

3-4. 仮説4（顧客内シェアへのインパクト）：価値共創の実行と可能性は、（直接的価値ではなく）間接的価値と併せて、顧客内シェアに正のインパクトを持つ。

理論的背景：

　優れた顧客価値を提供することは、企業の長期的な生き残りと組織としての成功の鍵となる要素であり（Slater 1997；Woodruff 1997）、特に企業間取引においては、顧客価値はマーケティング・プロセスの根幹を成すものである（Anderson & Narus 2004）。このような顧客価値の重要性にもかかわらず、企業間関係における顧客価値の研究は初期的ステージにあり（Flint, Woodruff

& Gardial 2002)、それらの先行研究の多くは、企業が提供する製品そのものの品質や企業と顧客との短期的な取引の内容に焦点をあてたものであり、顧客価値における企業と顧客との長期的関係性の要素は、あまり考慮されていない状況である（Zeithaml 1988；Lichtenstein, Netemeyer & Burton 1990；Grewal, Monroe & Krishnan 1998）。

　近年になり、研究者は顧客価値を関係性の観点から捉えるようになり、このことは、「最近のマーケティング研究の大きな功績である」（Payne & Holt 1999, p. 47）とされている。Ulaga and Eggert（2005）は、関係性がもたらす顧客価値（relationship value）の始祖的研究として、Anderson, Jain and Chintagunta（1993）、Wilson and Jantrania（1995）、Ravald and Grönroos（1996）の3つを挙げている[72]。まず、Anderson et al.（1993）は、企業間の関係性がもたらす顧客価値は、経済的、技術的、アフターサービス、そして社会的なベネフィットを含むものと位置付けている。これは、顧客価値を関係性の観点、具体的には、アフターサービスおよび社会的なベネフィットという観点から取り入れた初期的研究の1つである（Ulaga & Eggert 2005）。

　Wilson and Jantrania（1995）は、関係性がもたらす顧客価値を経済、戦略、行動の3次元から捉える概念モデルを提唱している。彼らは、このような概念モデルを実証的に検証することは非常に困難であることを予想し、関係性がもたらす顧客価値は、「問題をはらむ（problematic）が、無視することのできない概念」である（Wilson & Jantrania 1995, p. 63）として、企業間取引における顧客価値を関係性の観点から捉えることの重要性について言及している。

　Ravald and Grönroos（1996）は、長期的な関係性がもたらす顧客価値には、ベネフィットをもたらす側面と犠牲（sacrifice）になる側面があることを指摘している。Grönroos（1997）は、複数のベネフィットと犠牲を明示しており[73]、Grönroos（1997）の研究結果は、長期的な関係性がもたらす顧客価値には顧客にとって正の影響だけではなく、負の影響もあり得ることを示

---

[72] 近年のBtoBマーケティングにおける顧客価値に関する研究を網羅した研究として、坂間（2013）が挙げられる。

した点においてマーケティング研究へ貢献している（Tzokas & Saren 1999, p. 54）と評価されている。

このような潮流を受け、近年マーケティング研究者は、関係性における顧客価値をダイナミックに捉えるようになっている（Ulaga & Eggert 2003）。例えば、Hogan（2001）は、期待関係性顧客価値（ERV : Expected Relationship Value）という、将来の不確実性を盛り込んだ、関係性顧客価値の新たな測定概念を提唱している。彼は、1）関係性顧客価値とは、顧客とサプライヤー企業の双方が関係性から得られる価値であり、2）関係性顧客価値は、将来にわたる関係性から得られる正味価値として計算されるため、ベネフィットを得るために必要となる関係維持コストも含まれ、3）関係性顧客価値の計算にあたっては、キャッシュフローによる現在価値計算ではなく、品質改善、技術移管、業務効率改善などのベネフィットを含めた「ベネフィット・フロー」（Hogan 2001, p. 341）の計算によるとしている[74]。

Axelsson and Wynstra（2002）は、企業間関係のあり方を、取引的アプローチ（transactional approach）と関係性的アプローチ（relational approach）に大別し、それぞれの特徴を表6-2のようにまとめ、取引的アプローチは短期的な最低価格の実現には強みを持つものの、関係性的アプローチは総合的に見た低コストの実現と新たな価値の創造に強みがあるとし、関係性的アプローチの優位性を示唆している。

また、Gao et al.（2005）も、同様の文脈で、企業間取引における顧客価値は、1）サプライヤー企業と顧客企業の長期的な関係性から生まれる関係性

---

[73] ベネフィットとしては、コア製品と多様な追加サービスを挙げ、犠牲としては、直接的コスト（長期的関係を維持するための、コンピューター・システムの構築や人的資源確保のコスト）、間接的コスト（品質問題が発生した際の対応コスト）、そして心理的なコスト（将来の問題発生の可能性を懸念する心理面でのコスト）を挙げており、このようなコスト全体をまとめて、関係維持コスト（relationship costs）と呼んでいる。

[74] Hogan（2001）による期待関係性顧客価値の4つの計算ステージは、以下の通りである。

表 6-2　取引的アプローチと関係性的アプローチ

取引的アプローチ	関係性的アプローチ
多くの選択肢	1つもしくは2〜3程度の選択肢
すべての取引は新しいものであり、誰も過去の取引からは何も享受しない	1つ1つの取引は、全体の関係性の一部であり、関係性は、全体ネットワークの一部
潜在的競争状況を絶えず探索	潜在的協力体制を絶えず探索
短期的性格を持ち、親密性を回避	長期的性格を持ち、タフな要求と共同開発を伴う
最も効率の良い供給業者を随時新たに選択することによる更新と効率を目指す	協力と「チーム効果」よる更新と効率を目指し、経営資源と知識を統合する
「商品」を売買する	「能力」を売買する
-> 全体として、価格感応度が高く、詳細に記述された仕様を満たす最低価格の実現に強みを持つ	-> 全体として、コストと価値に留意し、総合的に見た低コストの実現と新たな価値の創造に強みを持つ

出所：Axelsson and Wynstra（2002, p. 214）より訳出、加工。

的価値（relational antecedents of value）と2）1つ1つの取引における取引的価値（transactional view of value）という2つの要素を持つとし、前者の関係性的価値の企業間取引における重要性を強調している。

関係性的価値と取引的価値への注目と同様の意味合いで、Walter, Ritter and Gemünden（2001）は、顧客間関係における価値を、利益や売上などの製品・サービスから直接得ることのできる直接的価値と関係性から得られる間接的価値の2つに大別し、この直接的価値と間接的価値を活用して、図6-7のようなマトリックスの形で顧客間関係を類型化している。

ここで注目すべきは、Walter et al.（2001）が、間接的価値が大きく直接的価値が小さいネットワーク型関係（「各種の情報が共有されているが、情報の共有段階にとどまっており、最終的な価値に結び付いていない状態」と定義されている）は、関係性における価値創造において大きなインパクトをもたらすとして、間接的価値が小さく直接的価値が大きい売込み型関係（「企業と顧客間の経済的利益に焦点が当たっている状態」と定義されている）よりも、より肯定的に捉えている部分である。この研究は、そもそもサービス提供企業側の視点でなされているにもかかわらず、直接的価値が高く、間接的価値が低い状態（すなわち、サービス提供側企業にとっては、取引関係における経済的利益に焦点が当たっているという意味では好ましい状態）を、高効果関係とは一線

図 6-7 直接的価値と間接的価値による顧客関係の類型化

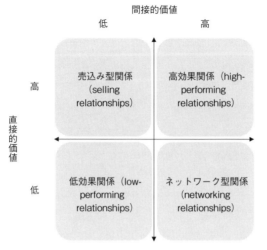

出所：Walter, Ritter and Gemünden（2001, p.373）より訳出、加工。

を引いた形で認識しているのである。

　BtoB の企業間取引では、BtoC における顧客関係とは異なり、長期的視野に立って、サービス提供企業と顧客企業がその関係性を捉えることが多い。Payne（1995）は、企業間関係に着目するマーケティングにおいて、短期取引的視点（short-term transactional emphasis）と対比する形で、長期的関係性（long-term relationships）の重要性を強調しており、高嶋（1993）は、企業間の長期的関係のメリットとして、1）顧客企業との直接的な情報交換に基づく商品開発によって、顧客需要を満たすこと、販売リスクを低下させること、そして迅速な商品開発を行うことが可能となる、2）長期的な情報交換による信頼関係が長期的な需要見込みにつながり、商品開発や合理化のための投資を促進させる、3）開発や販売における調整や交渉において、目先の利益を追求した近視眼的な駆け引きが減少し、長期的視野に立つことで、調整や交渉が効率的に行われる、の 3 点を挙げている。

　長期的関係を前提とすると、売手と買手は、長期的に影響が大きいと思わ

れる要素をより重視して行動する。Ford et al.（1998）は、長期的関係の下では、売手と買手は、それまでの取引の経験や実績を考慮するとともに、将来の取引への期待を考慮して、現在の取引についての意志決定を行うとしている。このような場合、過去の取引実績が良好であるとか、将来の継続的な取引が期待できるという理由によって、現在の取引がたとえ不利なものであっても、長期的な判断で取引を行う（高嶋 1994）のである。

　このような考え方に立つと、企業間取引における顧客価値は、1）直接的価値（現在の製品・サービスの価格や内容）と、2）間接的価値（将来にわたっての製品・サービスの価格や内容に影響を及ぼすと見られる要素）の2つに分けて考えることができる。そして、本書において、マーケティング活動の目的として位置付ける顧客内シェアに対して、間接的価値は直接的価値よりも大きな正のインパクトを持つという仮説が提示される。企業顧客は、1つ1つの取引における取引的価値（transactional view of value）よりも、長期的な関係性から生まれる関係性的価値（relational antecedents of value）により重きを置くからである。

　また、このような間接的価値の持つ顧客内シェアに対しての正のインパクトは、価値共創の実行度合いが高くなるほど大きくなる、すなわち、顧客内シェアに対する間接的価値の効果が、価値共創の実行によって増幅されることが想定される。このような交互作用も含め、価値共創の実行と可能性は、間接的価値（直接的価値ではなく）と併せて顧客内シェアに正のインパクトを持つという仮説4が提示される。

3-5. 仮説の総覧

本書における仮説1から仮説4を以下にまとめて示す。

- 仮説1（価値共創の対象）：信用財度合いの大きさとサービスの重要性は、価値共創に正のインパクトを持つ。
- 仮説2（価値共創のタイミング）：価値交換前の価値の共同開発は、より大きな価値共創につながる。

- 仮説3（スイッチング・コストへのインパクト）：価値共創の実行とサービスの重要性は、スイッチング・コストに正のインパクトを持つ。
- 仮説4（顧客内シェアへのインパクト）：価値共創の実行と可能性は、（直接的価値ではなく）間接的価値と併せて顧客内シェアに正のインパクトを持つ。

第 7 章

実証研究

1 概念の操作化

1-1. 社会科学における概念の操作化

　本書においては、アンケート調査を活用して仮説の検証分析を行う。社会科学における方法論の根本的課題の1つは、言葉の意味をいかにして測定可能な変数に変換するかである（野中 1974b）。Lazarsfeld and Rosenberg（1967）は、社会科学におけるリサーチ方法論は、変数の形成、変数間関係の分析、変数間関係の時間的変化、の3つの要素で構成されるとし、変数の形成が、概念の操作化、すなわち、測定可能な変数への変換に該当するとしている。

　また、Lazarsfeld and Rosenberg（1967）は、概念の操作化のプロセスとして、1）概念の次元（dimension）の探索、2）次元の指標（indicator）の選択、3）指標の尺度[75]、の3つのプロセスを挙げている。1）における次元（dimension）とは、漠然としたイメージ（vague image）が、綿密な考察によってより具体化されたものであり、包括的概念から導き出されることもあ

---

[75] Lazarsfeld and Rosenberg（1967）は、実際には指数（index）という言葉を使っているが、ここでは統計分析の際により一般的に使われる、尺度という表現とした。

れば、経験的に観察される事象から導き出されることもある。2) における指標 (indicator) とは、次元を測定するための物差しであり、質問票調査における個々の質問項目に相当する。3) における尺度とは、指標の目盛であり、名目尺度、順序尺度、区間尺度、比率尺度の4種類がある[76]。

本書における質問調査票においては、Likert (1932) が提唱した区間尺度 (7ポイント) を活用している。ここでは、前述した分析の枠組で述べた各概念（価値共創、スイッチング・コスト、直接的価値、間接的価値）の操作化を行う。

1-2. 価値共創の概念の操作化

価値共創の概念はさまざまな角度から分析されているが、この概念の操作化は、研究・実務上の検討課題である（井上 2013）とされており、さらなる研究の余地が大きい。S-D ロジックの提唱者の1人である S. L. Vargo は、S-D ロジックは一般的な意味での理論 (a normative theory) ではなく、実証的研究には慎重なアプローチが求められるとし、S-D ロジックを適用した際の統計的相関は小さいかもしれない、と研究者に注意を喚起している (Vargo 2007)。

このような状況の中で、近年、価値共創概念の操作化に関していくつかの提案がなされている。戸谷 (2013) は、Normann (1991, p. 81) が顧客の参加形態を身体的 (physical)、知的 (intellectual)、感情的 (emotional) の3つに分類したのを踏まえ、あくまで概念モデルであると前置きしながらも、価値共創の価値を、金銭的、知識的、感情的の3つの価値に分類している（図7-

---

[76] 一般に、名目尺度 (nominal scale) とは、対象を識別するためだけに数値が使われる尺度であり、1 = 男、2 = 女などの例が挙げられる。順序尺度とは、順序（あるいは大小）の関係の意味はあるが、等間隔ではない尺度であり、マラソンレースの順位などの例が挙げられる。区間尺度とは、順序性があり、数値間が等間隔の尺度である。比率尺度とは、区間尺度と同様に数値間が等間隔であり、絶対的原点を持つ尺度である。比率尺度の例としては、身長や体重のデータが挙げられ、自然科学の分野で扱われるのは比率尺度である。一般に、区間尺度と比率尺度は、回帰分析などの統計的解析が可能とされており、本書における尺度の有効性は、担保されている。

図 7-1 価値共創における 3 つの価値

出所：戸谷（2013, p.39）；点線は筆者加筆。

1)[77]。

　戸谷（2013, pp.40-41）は、金銭的価値（monetary value）を「金銭に容易に換算可能な価値であり、企業・従業員・顧客それぞれに測定されるもの」と定義し、金銭的価値には、収益増加と費用削減の2つの側面があるとした。知識的価値（knowledge value）は「共創当事者に蓄積する知識としての価値であり、共創価値増加に資するもの」と定義し、知識的価値には、手続知識（ものごとのやり方に関する知識）、宣言的知識（事実に関する知識）、取引知識、非取引知識の4つの側面があるとした。感情的価値（emotional value）については「顧客と企業の継続的な関係からは信頼などの感情が発生する」とし、感情的価値には、長期的感情と短期的感情の2つの側面があるとした[78]。

　ここでは、戸谷（2013）が提唱した3つの価値に沿う形で、企業間金融サービスにおける価値共創概念の操作化を行った（図7-2）。

---

[77]　戸谷（2013）は、この3つの価値を論じる中で、共創価値を、短期効果と長期効果に分けて考え、金融サービスにおける短期効果の例として運転資金融資（1年以内の短期融資の形態が多い）を、長期効果の例として設備資金融資（1年以上の長期融資の形態が多い）を挙げている。確かに、経済的効果が顧客企業側で認識される時間軸は、運転資金融資では短期であり、設備資金融資では長期であるものの、企業間のリレーションシップ行動という側面から見れば、いずれの場合も組織間の価値共創の行動そのものは、「現在」である。本書では、現在の企業間行動による価値共創の大きさに焦点をあてており、その意味で、本書における分析においては、戸谷（2013）が指摘した時間的側面には着目しない。

図 7-2　価値共創概念の操作化

- 金銭的価値：価値共創における銀行と顧客企業にとってのメリットには、何らかの数字として評価し得るもの（顧客企業にとっては、金利や手数料の低減など）が含まれる。

- 知識的価値：価値共創における銀行と顧客企業にとってのメリットには、取引条件（融資における遵守条項など）の適切な設定、取引に関する情報提供など、数字だけでは評価しきれないものが含まれる。

- 感情的価値：価値共創における銀行と顧客企業にとってのメリットには、信頼関係の構築など、心理面でのメリットが含まれる。

78　Yi and Gong（2013）は、価値共創におけるサービス提供企業と顧客との共創行動の在り方を、顧客参加行動（customer participation behaviour）と顧客自発行動（customer citizenship behaviour）の2つに分類している。顧客参加行動は、効果的な価値共創に求められる本来的（in-role）顧客行動と定義し、顧客参加行動には、情報探索（information seeking）、情報共有（information sharing）、責任行動（responsible behaviour）、関係的行動（interaction）の4つの側面があるとした。顧客自発行動は、価値共創に多大な影響を与える自発的（extra-role）行動と定義し、情報フィードバック（feedback）、推薦（advocacy）、助力（helping）、忍耐（tolerance）の4つの側面があるとした（下図参照）。

価値共創における顧客行動の類型

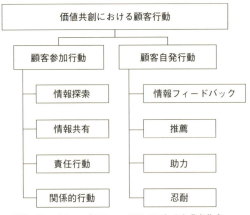

出所：Yi and Gong（2013, pp.1280-1281）より著者作成。

1-3. スイッチング・コストの操作化

前述のように、Burnham et al.（2003）は、スイッチング・コストを、手続的コスト、金銭的コスト、関係的コストの3つに分類しており、この分類に沿う形で、同研究において使用された調査票の設問も参考にしながら、企業間金融サービスにおける概念の操作化を行う。

手続的コストは、経済的リスクコスト、評価コスト、学習コスト、およびセットアップコストにさらに細分化される。経済的リスクコストは、顧客企業が新たな銀行を採用する際に、この銀行について十分な情報を持っていないことによって何らかのネガティブな結果が発生するコスト、と定義される。

評価コストは、顧客企業が銀行を変更する決定を下す際に、新たな銀行についての情報収集や分析に必要となる時間と労力のコスト、と定義される。

学習コストは、顧客企業が新たな銀行からのサービスを有効に活用、使用するために必要な新しい技術あるいはノウハウを得るための時間と労力のコスト、と定義される[79]。

セットアップコストは、主に新規の契約や新サービスをセットアップする際の時間と努力のコスト、と定義される。

金銭的コストは、ベネフィット（利益）・ロス（損失）コストと金融ロスコストにさらに細分化される。ベネフィット・ロスコストは、「現在のサービス提供者を維持した場合に、それまでに蓄積したポイントや長期契約者割引などを保持することができるなどの経済的利益や、サービス提供者を変更した場合にそのような蓄積ポイントや割引を失うという経済的損失」と定義される。金融ロスコストは、「サービス提供者を変更した場合に、新たなサービス提供者に対して支払わなければならない手数料や手付金などの金銭的損

---

[79] 学習コストをより実務面から考えてみると、各銀行の企業金融におけるサービスは、かなり類型化されてきてはいるものの、細部においては、銀行ごとのサービスを有効に使用するための顧客企業側の努力は無視できないものがある。例えば、グローバルなキャッシュマネジメントにおける銀行から各企業への報告レポートの詳細構造は、銀行ごとに異なるのが一般的である。

図 7-3　スイッチング・コストの概念の操作化

経済的リスクコスト	他の銀行によるこのサービスは、現在このサービスで最も利用している銀行のサービスと同じように機能するかどうか懸念がある。
評価コスト	現在このサービスで最も利用している銀行以外の他の銀行のサービス内容を、充分に評価するために必要な情報を収集するには、時間と労力がかかる。
学習コスト	このサービスを、現在このサービスで最も利用している銀行から、他の銀行に変更した場合、その銀行のサービス内容に慣れるのに手間がかかる。
セットアップコスト	このサービスにおいて、現在このサービスで最も利用している銀行を他の銀行に変更する場合、サービス開始までに、いくつかの手間のかかる準備プロセスを経る必要がある。

失コスト」と定義される。しかし、Burnham et al.（2003）は、元来は一般消費者がBtoC取引において認識するスイッチング・コストを念頭に置いてモデルを構築していることから、ベネフィット・ロスコストと金融ロスコストの概念は、企業間取引においては必ずしも該当する概念ではなく、今回の研究の対象とはしない。

　関係的コストは、関係性ロスコストとブランドリレーションシップコストにさらに細分化される。関係性ロスコストは、「サービス提供者を変更した場合に、これまで自分を担当してくれた担当者との関係が絶たれることに伴う感情的損失コスト」と定義され、ブランドリレーションシップコストは、「サービス提供者を変更した場合に、これまでのサービス提供者の持つブランドや組織そのものへの愛着からくる心理的、感情的損失コスト」と定義される。これらの関係的コストは、Burnham et al.（2003）による研究では主要論点として挙げられているものの、本書における仮説とは直接結びつかないため、本書におけるスイッチング・コスト概念の操作化の対象とはしない。

　このようなスイッチング・コストの定義に基づき、図7-3のように概念の操作化を行った。

図7-4 SERVQUALモデルにおける5つの次元

信頼性（reliability）	・約束されたサービスは、正確に遂行される
共感性（empathy）	・顧客に対する気遣いや顧客に合わせた配慮がある
保証性（assurance）	・サービス提供企業の知識・丁寧さ、顧客への信用・信頼がある
反応性（responsiveness）	・迅速なサービスが進んで提供される
有形性（tangibles）	・物理的な施設や設備が整っている

出所：Parasuraman, Berry and Zeithaml (1991).

1-4. 直接的価値と間接的価値の操作化

　前述のように、直接的価値は現在の製品・サービスの価格や内容と定義されている。ここでは、この定義に基づいて「このサービスにおいて、このサービスで最も利用している銀行が提示する価格（金利や手数料など）は、競合他社と比較して競争力のあるものである」という形で、直接的価値の概念の操作化を行った。

　間接的価値は、将来にわたっての製品・サービスの価格や内容に影響を及ぼすと見られる要素と定義されている。ここでは、間接的価値の操作化モデルとして、Parasuraman, Berry and Zeithaml (1991) がサービス品質の測定尺度として提唱・修正している、いわゆるSERVQUALモデルを活用する。このSERVQUALモデルは、サービス品質を、信頼性（reliability）、共感性（empathy）、保証性（assurance）、反応性（responsiveness）、有形性（tangibles）という5つの次元に分類している（図7-4）。

　マーケティング研究において、顧客関係の質を評価する際に最も用いられることが多い概念は、信頼（trust）とコミットメント（commitment）の概念

図7-5　間接的価値の概念の操作化

- **信頼性**: このサービスにおいて、このサービスで最も利用している銀行からの情報を信頼している。
- **共感性**: このサービスにおいて、このサービスで最も利用している銀行は、このサービスに関連する当社の業務内容について深く理解している。
- **反応性**: このサービスにおいて、このサービスで最も利用している銀行は、当社からの質問や問い合わせに対して素早く対応してくれる。
- **有形性**: このサービスにおいて、このサービスで最も利用している銀行のサービスは、優れたコンピューター・システムによってサポートされている。

である（Hutchinson, Wellington, Saad & Cox 2011）とされており、この2つの概念と、SERVQUAL モデルの5つの次元のうちの信頼性（reliability）、共感性（empathy）、保証性（assurance）の3つは、内容として相似する部分が大きい。このことは、SERVQUAL モデルを間接的価値の定義として活用することの正当性を裏付けている[80]。

SERVQUAL モデルの5つの次元は、企業によって提供されるサービス品質の測定尺度として開発されたため、本書においては、それぞれの次元の枠組は尊重しつつ、銀行と顧客企業間の長期的関係性を定義するものとして修正することによって、間接的価値の操作化を行った（図7-5）[81]。

---

[80] SERVQUAL モデルの5つの次元の中では、信頼性（reliability）が最も重要なものとされている（Parasuraman, Zeithaml & Berry 1988 ; Parasuraman & Grewal 2000）が、本書においては、次元間の相対的重要性の重みづけは行っていない。

[81] 保証性概念は、事前の銀行関係者や企業へのヒアリングにおいて、企業間金融サービスにおける有意性に関して疑問が呈されたため、操作化の対象とはしなかった。

2 調査

2-1. 調査の概要

　全国の企業の財務担当管理職を対象とする、スクリーニングを伴うインターネット・アンケート調査を、2014年5月9日から12日の間に実施し、209の有効回答を受領した[82]。

　アンケート調査における調査票作成にあたっては、前述のような形でそれぞれの概念（価値共創、スイッチング・コスト、直接的価値・間接的価値）を操作化した後、回答者への質問に変換している。例えば、価値共創概念の場合は、まずは、価値共創があてはまるサービスを、「このサービスを受ける銀行が、サービス内容を一方的に決定して顧客に提供するよりは、銀行と顧客が共同でサービス内容について協議した上で決定し、実施した方が双方にメリットが大きくなるサービスである」と定義した上で、例えば、価値共創の3つの価値の1つである金銭的価値については、「価値共創のメリットには、何らかの数字として評価し得るもの（金利や手数料の低減など）が含まれる」という質問を設定している。

　価値共創の概念だけではなく、スイッチング・コストや間接的価値などの概念についても、同様の形で、それぞれの概念の操作化を踏まえた上で、調査票における具体的質問に変換している。信用財度合いや顧客内シェアについての質問内容も含める形で設定した各概念についての具体的質問内容を表7-1に示す[83]。

　質問調査票は、複数の財務担当管理職と銀行管理職との事前レビューを基に最終策定され、全部で20の質問から構成されている。各質問に対して、「全くそのとおり」から「全くあてはまらない」までの7つのスケールで回答欄を設定している[84]。

---

[82] ほぼすべての質問に対して同じ回答であった2つの回答は、有効回答からは除外した。
[83] 本調査における質問調査票は、添付資料として末尾に添付している。

表 7-1 各概念についての具体的質問内容

概念	質問内容
信用財度合い	このサービスを、このサービスで最も利用している銀行に依頼する際に、どのようなサービスが最終的に提供されるのかは、実際にサービスを依頼してみないとわからない。
価値共創_定義	このサービスは、このサービスを提供する銀行が、サービス内容（価格やその他の条件を含む）を一方的に決定して顧客に提供するよりは、銀行と顧客が共同でサービス内容について協議した上で決定し、実施した方が双方にメリットが大きくなるサービスである。
価値共創_交換前	前問における双方へのメリットは、銀行と顧客が、サービス提供開始後に内容について協議するよりも、サービス提供前の準備段階で協議して決定した方が、大きくなる。
価値共創_金銭的価値	前述の双方へのメリットには、何らかの数字として評価し得るもの（顧客企業にとっては、金利や手数料の低減など）が含まれる。
価値共創_知識的価値	前述の双方へのメリットには、取引条件（融資における遵守条項等）の適切な設定、顧客企業の企業戦略に対する共通理解、取引手続に関する共通理解、取引に関する情報共有など、数字だけでは評価しきれないものが含まれる。
価値共創_感情的価値	前述の双方へのメリットには、銀行と顧客間の信頼関係の構築など、心理面でのメリットが含まれる。
価値共創_実施度合い	このサービスにおいての内容は、銀行との共同作業（銀行と顧客が銀行の提供するサービスの内容について、共同で協議した上で決定し、実施すること）を、このサービスで最も利用している銀行と、実際に行っている。
スイッチング・コスト_経済的リスクコスト	他の銀行によるこのサービスは、このサービスで最も利用している銀行のサービスと同じように機能するかどうか懸念がある。
スイッチング・コスト_評価コスト	このサービスで最も利用している銀行以外の、他の銀行のサービス内容を、充分に評価するために必要な情報を収集し、比較するには、時間と労力がかかる。
スイッチング・コスト_学習コスト	このサービスで最も利用している銀行を、他の銀行に変更した場合、その銀行のサービス内容に慣れるのに時間がかかる。
スイッチング・コスト_セットアップコスト	このサービスにおいて、現在このサービスで最も利用している銀行を、他の銀行に変更する場合、サービス開始までに、手間のかかる準備プロセスを経る必要がある。
直接的価値	このサービスで最も利用している銀行が提示する、このサービスにおける価格（金利や手数料など）は、競合他行と比較して競争力のあるものである。
間接的価値_総合	このサービスで最も利用している銀行が提供する、このサービスにおける価格以外のサービス内容（スピード、使い易さ、情報量、担当行員の貢献など、価格以外の点の総合評価）は、競合他行と比較して競争力のあるものである。

---

[84] 日本におけるアンケート調査においては、「どちらでもない」という回答が選択される場合が多いとされている。本書の調査票における回答欄においては、どちらでもない、という選択肢への偏った回答を防ぐ目的で、1：全くそのとおり、7：全くあてはまらない、の間に、1←——→7 という図形を表示することで視覚的にわかりやすい形で回答欄を構成し、回答者が回答する際に、よりスケール感に基づいた回答を行うことができるようにした。

間接的価値_信頼性	このサービスにおいて、このサービスで最も利用している銀行からの情報を信頼している。
間接的価値_共感性	このサービスで最も利用している銀行は、このサービスに関連する当社の業務内容について深く理解している。
間接的価値_反応性	このサービスにおいて、このサービスで最も利用している銀行は、当社からの質問や問い合わせに対して素早く対応してくれる。
間接的価値_有形性	このサービスで最も利用している銀行のサービスは、優れたコンピューター・システムによってサポートされている（報告などがわかりやすい、タイムリーである、など）。
顧客内シェア向上	このサービスにおいては、このサービスで最も利用している銀行に対し、可能であれば、今まで以上に取扱いシェアを増やしたいと思う。

表 7-2 回答企業のプロファイル

地域	%	業種と従業員規模	%
北海道	2	【製造業】100 人から 200 人未満	7
東北	3	【製造業】200 人から 300 人未満	5
関東	50	【製造業】300 人から 500 人未満	7
中部	16	【製造業】500 人から 1,000 人未満	10
近畿	15	【製造業】1,000 人から 3,000 人未満	9
中国	3	【製造業】3,000 人から 5,000 人未満	2
四国	2	【製造業】5,000 人以上	9
九州・沖縄	8	【非製造業】300 人から 500 人未満	13
合計＊	100	【非製造業】500 人から 1,000 人未満	9
		【非製造業】1,000 人から 3,000 人未満	12
		【非製造業】3,000 人から 5,000 人未満	5
		【非製造業】5,000 人以上	13
		合計＊	100

＊四捨五入の影響で合計が 100％にならない場合がある。

次に、回答企業のプロファイルを、表 7-2 に示す。

回答者は、一般企業において、銀行とのリレーションシップを管掌する財務担当部署（財務部や経理部）における管理職である。今回のアンケート調査においては、質問が銀行によって提供される企業金融サービスに関するものであることから、銀行勤務者は対象から除外し、マーケット・リサーチ会社勤務者も除外した。

アンケート結果の分析には、SPSS Statistics 22.0 と SPSS Amos 22.0 を活用した。

表 7-3　信頼性係数（Cronbach の α 係数）

サービス	α 係数
信用財度合い	.858
サービスの重要性	.751
スイッチングコスト_経済的リスクコスト	.896
スイッチングコスト_評価コスト	.897
スイッチングコスト_学習コスト	.887
スイッチングコスト_セットアップコスト	.876
直接的価値	.884
間接的価値_信頼性	.901
間接的価値_共感性	.895
間接的価値_反応性	.887
間接的価値_有形性	.898
価値共創_交換前	.884
価値共創_金銭的価値	.902
価値共創_知識的価値	.885
価値共創_感情的価値	.905
価値共創_実施度合い	.865
顧客内シェア向上	.926

2-2. 測定尺度の信頼性

　仮説の検証に先立って、測定尺度の信頼性に関する分析を行った。信頼性分析には、Cronbach（1951）による α 係数を活用した。調査票における各質問項目の α 係数を表 7-3 に示す。

　Cronbach の α 係数は、一般に 0.7 以上であれば信頼性が高い尺度とみなされ、0.8 以上であれば信頼性に全く問題なしとされるので、本調査における測定尺度の信頼性は確認された。

2-3. 多重共線性（multicollinearity）と標準化係数（ベータ：Beta：β）

　本書では、SPSS Statistics 22.0 を活用した重回帰分析を行っている。一般に、多重共線性とは、重回帰分析における独立変数間に強い相関関係がある

ことを言う。本書におけるすべての重回帰分析においては、多重共線性の指標である VIF（Variance Inflation Factor）は、多重共線性の問題が生じていない水準とされる 5 以下（内田 2013）となっており[85]、多重共線性の問題は回避されている。

参考までに、本書における主たる観測変数における相関分析の結果を、表 7-4 において示す。

表 7-4　観測変数間の相関分析

		サービスの重要性	信用財度合い	価値共創	スイッチング・コスト	間接的価値	価値共創の実行	顧客内シェア
サービスの重要性	Pearsonの相関係数	1	−.050*	.355**	.154**	.515**	.359**	.301**
	有意確率（両側）		.042	.000	.000	.000	.000	.000
信用財度合い	Pearsonの相関係数	−.050*	1	.148**	.416**	.004	.112**	.172**
	有意確率（両側）	.042		.000	.000	.865	.000	.000
価値共創	Pearsonの相関係数	.355**	.148**	1	.338**	.684**	.692**	.564**
	有意確率（両側）	.000	.000		.000	.000	.000	.000
スイッチング・コスト	Pearsonの相関係数	.154**	.416**	.338**	1	.290**	.287**	.236**
	有意確率（両側）	.000	.000	.000		.000	.000	.000
間接的価値	Pearsonの相関係数	.515**	.004	.684**	.290**	1	.615**	.533**
	有意確率（両側）	.000	.865	.000	.000		.000	.000
価値共創の実行	Pearsonの相関係数	.359**	.112**	.692**	.287**	.615**	1	.547**
	有意確率（両側）	.000	.000	.000	.000	.000		.000
顧客内シェア	Pearsonの相関係数	.301**	.172**	.564**	.236**	.533**	.547**	1
	有意確率（両側）	.000	.000	.000	.000	.000	.000	

*．相関係数は 5% 水準で有意（両側）
**．相関係数は 1% 水準で有意（両側）

---

[85] Menard（2001）や Curto and Pinto（2011）は、VIF のカットオフポイントとしては、10 を提唱している。

これは、今回の分析対象としている8つのサービスすべてについての相関を見ることはあまりに複雑となるので、主な観測変数について、8つのサービスを統合する形で相関分析を行ったものである。本書において、マーケティング活動の目的として位置付けている顧客内シェアへの相関を見てみると、サービスの重要性、価値共創、間接的価値、価値共創の実行などの変数との相関が比較的高いことが読み取れる。

　また、本書における重回帰分析では、一般的な通例に習い、標準化された回帰係数をベータと表現している。このベータは、各変数を標準化した上で重回帰分析を行うことによって得られる標準化係数（標準化偏回帰係数とも呼ばれる）である。標準化係数を活用する理由は、Eisingerich and Bell (2007) が主張するように、各独立変数のインパクトを直接比較することで、重回帰分析からの示唆の抽出がより効果的になるからである。

3 　仮説の検証と分析

　仮説1から仮説4を検証するにあたり、統計的解析を行う。分析手法としては、主に重回帰分析と共分散構造分析のパス解析を活用する。

　本書における重回帰分析を行うにあたり、欠落変数バイアス[86]の問題を回避するため、回答企業の企業規模や業種を、コントロール変数として追加した分析を行った。具体的には、業種については製造業を1とするダミー変数（非製造業＝0）を設定し、企業規模については、従業員1,000人以上を1とするダミー変数（従業員数1,000人未満＝0）を設定した。企業規模や業種以外には被説明変数や説明変数に大きな影響を与える変数は想定されないことから、少なくとも重大な欠落変数バイアスの問題は発生していないと判断

---

[86] 欠落変数バイアスとは、回帰分析において、被説明変数や説明変数と重要な関係を持つ要因が見落とされ、考慮されていない変数が被説明変数に大きな影響を与えているようなケースを意味する。欠落変数バイアスを完全にコントロールすることは非常に困難であるが、一般的には、他の変数を回帰分析に追加することで対応する。本書においては、業種や企業規模を新たにコントロール変数として設定することで、欠落変数バイアスの問題に対応した。

される。また、本書における仮説1から仮説4に関する重回帰分析においては、業種と企業規模についてのダミー変数をコントロール変数としたことを表示している。

また、重回帰分析においては、1つの独立変数から複数の従属変数への影響を見ることや、従属変数を今度は独立変数として別の従属変数を説明すること、そして、測定した変数の背後の共通因子を用いて別の変数を説明することなどの分析を行うことができない。そこで、重回帰分析に加えて、信用財度合い、価値共創、スイッチング・コスト、間接的価値、顧客内シェアなどの本書における主要概念を結びつける理論モデルについて、共分散構造分析のパス解析を行う。

3-1. 仮説1：信用財度合いの大きさとサービスの重要性は、価値共創に正のインパクトを持つ。

この仮説は、傾向としては支持された。

すべてのサービスを対象とした、価値共創を従属変数とする重回帰分析においては、独立変数である信用財度合いとサービスの重要性が、充分に高い t 値（それぞれ 7.589 と 15.922）を示したことで統計的有意性は確認され、回帰モデルの当てはまりの良さを示す決定係数である R^2 も、.163 とまずまずの水準であった[87]。しかしながら、価値共創に対する信用財度合いの効果がサービスの重要性によって増幅される可能性を検証するために設定した、信用財度合いとサービスの重要性から成る交差項[88]については、t 値は 1.594

---

[87] 本書においては、サンプルサイズを考慮し、決定係数には自由度調整済みの R^2 を用いている。

[88] 信用財度合いとサービスの重要性から成る交差項の設定に際しては、本書において分析対象となっているすべてのサービス（国内送金、円預金、インターネット・バンキング、貿易金融、グローバルなキャッシュ・マネジメント・サービス、投資銀行サービス、短期融資、長期融資）の信用財度合いとサービスの重要性を「中心化（三輪・林 2014）」した上で、変数である、中心化された信用財度合いとサービスの重要性を掛け合わせることにより、回帰モデルに交差項を含めている。

表 7-5　仮説 1 の重回帰分析

サービス	自由度調整済 R^2	ベータ:信用財度合い	ベータ:サービスの重要性	ベータ:信用財度合い×サービスの重要性(交差項)	ベータ:業種	ベータ:企業規模	t:信用財度合い	t:サービスの重要性	t:信用財度合い×サービスの重要性(交差項)	t:業種	t:企業規模
すべてのサービス	.163	.170	.359	.036	−.084	.045	7.589	15.922	1.594	−3.674	1.993
国内送金	.038	.214	.122	.108	.065	−.040	2.985	1.685	1.445	.924	−.573
円預金	.085	.145	.211	−.150	.081	−.037	2.099	3.161	−2.182	1.173	−.536
ネットバンキング	.059	.209	.170	.053	.083	.007	3.076	2.511	.778	1.197	.094
貿易金融	.152	.102	.399	.008	−.024	.036	1.566	5.729	.121	−.336	.516
GCMS	.123	.183	.294	−.022	−.088	.058	2.738	4.097	−.335	−1.236	.800
投資銀行サービス	.178	.185	.328	.051	−.162	.046	2.811	4.765	.784	−2.438	.648
短期融資	.157	.172	.355	.126	−.118	.050	2.688	5.491	1.956	−1.783	.753
長期融資	.126	.151	.316	.081	−.101	.050	2.320	4.810	1.226	−1.497	.740

予測値：(定数)、信用財度合い、サービスの重要性、信用財度合い×サービスの重要性（交差項）
従属変数：価値共創
コントロール変数：業種、企業規模

となり、2 を下回るレベルであり、統計的な有意性は否定される結果となった（表 7-5）。

　個別のサービスを見てみると、決定係数である R^2 は、国内送金、円預金、ネットバンキングの 3 つのサービスにおいて特に低く、これらのサービスではサービスの重要性が高い割には価値共創が大きくなかったことが推察される。これらのサービスにおいては、企業顧客が銀行と普段から密接に連携しており、サービスの内容が比較的シンプルなこともあって、価値共創の可能性が見出されなかったことがその理由として考察される。また、信用財度合いとサービスの重要性から成る交差項についても、サービスの違いにかかわらず、すべてのサービスの場合と同様に t 値の大半が 2 を下回っており、価値共創に対する信用財度合いの効果がサービスの重要性によって増幅される可能性は、個別サービスにおいては統計的に有意なレベルでは検証されなかった。しかし、上記 3 つ以外の 5 つのサービス（貿易金融、GCMS、投資銀行サービス、短期融資、長期融資）においては、決定係数である R^2 は、.12 から .18 の水準に収まっており、独立変数である信用財度合いとサービスの重要性の t 値も大半が 2 を上回る結果となっていることから、傾向としては、仮説 1 は支持されたと言える。

3-2. 仮説2：価値交換前の価値の共同開発は、より大きな価値共創につながる。

この仮説は、支持されなかった。

仮説2の検証として、第6章第3節における概念モデルに基づき、価値共創を明示的に価値交換前に行った場合と、価値共創のタイミングを明示的に示さなかった場合に価値共創の大きさに有意な差があるかどうかについて、以下のような形で分析を行った。

まず、価値共創を明示的に価値交換前に行った場合のサンプルと、価値共創のタイミングを明示的に示さなかった場合のサンプルは、その定義上、時間的順序によって区別されるような2つの測定値を持つサンプルであると解釈され、「対応のあるサンプル」と位置付けられる（小田 2013）。このような対応のある2群の検定においては、データを正規分布と見なすことができる場合は、パラメトリック的手法である「対応のあるサンプルのt検定（Paired t-test）」を活用し、正規分布と見なすことができない場合は、ノン・パラメトリック的手法である「ウィルコクサン符号付順位検定（Wilcoxon signed-rank test）」を活用することが一般的である（宮野 1999）。

正規性の検定にはさまざまな方法が提案されているが、ここでは、Kolmogorov-Smirnov（コルモゴロフ・スミルノフ）の正規性検定、Shapiro-Wilk（シャピロ・ウィルク）の正規性検定、そして、歪度（skewness）と尖度（kurtosis）に着目する正規性の検定という3つの方法によってデータの正規性に関する検証を行うこととした[89]。

そこで、本書での分析対象となっている8つのすべてのサービスについて、Kolmogorov-Smirnov と Shapiro-Wilk の正規性検定を行った。その結果、すべてのサービスについて、この場合の両検定における帰無仮説である「この変数は正規分布をしている」が、0.1%レベルの統計的有意性をもって

---

[89] データ数が2,000以下の場合は Shapiro-Wilk の正規性検定を活用し、2,001以上の場合は Kolmogorov-Smirnov の正規性検定を活用するとする指摘（市川 et al. 2011）もあるが、ここでは両検定とも行った。

表 7-6　歪度 (skewness) と尖度 (kurtosis) の分析

	歪度	尖度		歪度	尖度
価値共創_すべてのサービス	.345	-.235	価値共創_交換前_すべてのサービス	.321	-.106
価値共創_国内送金	.453	-.231	価値共創_交換前_国内送金	.333	-.245
価値共創_円預金	.310	-.332	価値共創_交換前_円預金	.173	-.330
価値共創_ネットバンキング	.342	-.196	価値共創_交換前_ネットバンキング	.215	-.207
価値共創_貿易金融	.263	-.326	価値共創_交換前_貿易金融	.307	-.139
価値共創_GCMS	.294	-.184	価値共創_交換前_GCMS	-.354	-.088
価値共創_投資銀行サービス	.301	-.487	価値共創_交換前_投資銀行サービス	.314	-.193
価値共創_短期融資	.322	-.030	価値共創_交換前_短期融資	.326	.016
価値共創_長期融資	.336	.003	価値共創_交換前_長期融資	.357	.084

棄却され、両検定におけるデータの正規性は否定されることとなった。

　しかしながら、Paired t-test には一定の頑健性があるとされており、サンプル数も 200 を超えていることから[90]、8 つのサービスすべてについて、価値共創を明示的に価値交換前に行った場合と、価値共創のタイミングを明示的に示さなかった場合の歪度 (skewness) と尖度 (kurtosis) の分析も併せて行い、以下の結果を得た (表 7-6)。

　表 7-6 では、すべてのサービスにおいて、歪度・尖度共に絶対値が 0.5 を下回っていることから[91]、正規分布と見なすことで重大な問題は発生しない

---

[90] サンプルサイズが十分大きければ、母集団が正規分布でなくても推定する差の分布は正規分布に近づくことを理由に、Paired t-test の頑健性を指摘するテキストが見られる (清水 2014)。測定数を増やしていくとその分布は正規分布に近づいていくという中心極限定理 (土田 1997) は広く知られているが、「実証研究上十分なサンプルサイズ」についての明確な指摘は少ない (Kunnan 1998)。Ding, Velicer and Harlow (1995) が、100 から 150 というサンプルサイズを提唱する一方で、清水 (2014) はサンプルサイズが 30 以上あれば十分大きいと考えてよいと指摘している。

[91] どの程度の歪度と尖度であれば、正規分布と見なしてよいのか (すなわち、パラメトリック検定を活用すべきなのか、それとも、ノン・パラメタリック検定を採用すべきなのか) という判断基準については、広く受け入れられている定説は存在しない。しかし、それぞれの絶対値が 2 以下になっていれば、おおむね正規分布と見なして良いという指摘 (George & Mallery 2010) や、絶対値が 0.5 以下であれば、正規分布と見なして良いとする指摘 (宮野 1999) がある。ここでは、より厳しい基準である、宮野 (1999) の考え方を採択している。

表 7-7　仮説 2 の Paired t-test 分析

サービス	平均値の差	標準偏差	t	有意確率（両側）
すべてのサービス	.056	1.368	1.662	.097
国内送金	−.014	1.508	−.138	.891
円預金	.182	1.450	1.813	.071
ネットバンキング	.057	1.496	.555	.580
貿易金融	.196	1.223	2.319	.021
GCMS	.048	1.259	.550	.583
投資銀行サービス	−.067	1.288	−.752	.453
短期融資	.019	1.355	.204	.838
長期融資	.024	1.339	.258	.796

と判断し、価値共創を明示的に価値交換前に行った場合と、価値共創のタイミングを明示的に示さなかった場合に価値共創の大きさに有意な差があるかどうかについて分析する手法として、すなわち、対応のある 2 群の検定手法として「対応のあるサンプルの t 検定（Paired t-test）」を採用した。

この Paired t-test によって、対応サンプルの平均値の差とその標準偏差を計算してみたところ、価値共創を明示的に価値交換前に行った場合と、価値共創のタイミングを明示的に示さなかった場合において、価値共創の測定値の大きさに統計的に有意な差は観察されなかった（表 7-7）。

個別のサービスを見てみると、唯一貿易金融の t 値が 2 を上回っており、5％ 水準で有意である結果が得られたが、それ以外のサービスにおいては全く有意な相違は見られなかった。特に、国内送金と投資銀行サービスにおいては、価値交換前に価値共創を行った方が、価値共創が小さいという結果となっている。これは、価値共創という概念がそもそも複雑であることに加えて、調査方法において対面でのインタビュー調査ではなく、非対面でのアンケート調査という方法を採用したことの限界とも思われる。唯一、貿易金融のみが 5％ 水準で有意であったことも、貿易金融は他のサービスとは異なり、輸出輸入という具体的企業活動と対になる形で密接に結びついた金融サービスであることから、価値交換前に価値共創を行うという概念が、他のサービスよりも理解されやすかったことが背景にあるものと推察される。価値共創概念の操作化は、先行研究においてもまだまだ研究事例が限られてお

表7-8 Wilcoxonの符号付順位検定

サービス	Z値	漸近有意確率（両側）
すべてのサービス	−1.443[a]	.149
国内送金	−.483[b]	.629
円預金	−1.502[a]	.133
ネットバンキング	−.213[a]	.831
貿易金融	−2.234[a]	.025
GCMS	−.853[a]	.394
投資銀行サービス	−.705[b]	.481
短期融資	−.323[a]	.747
長期融資	−.384[a]	.701

a. 正の順位に基づく
b. 負の順位に基づく

り、より精緻化された操作化を具現化する研究成果の蓄積が求められる。

また、ここでは「対応のあるサンプルのt検定（Paired t-test）」を採用しているが、前述のようにKolmogorov-SmirnovとShapiro-Wilkの正規性検定においてデータの正規性が否定されていることに鑑み、仮説2の検証においてはノンパラミック的検定である、Wilcoxonの符号付順位検定（石村・石村 2014）も併せて行い、「対応のあるサンプルのt検定（Paired t-test）」と同様の結果を得た（表7-8）。

具体的には、Paired t-testの場合と同様に、5%水準で有意なのは貿易金融のみであり、また、国内送金と投資銀行サービスにおいては、価値交換前に価値共創を行った方が、価値共創が小さいとなっている点も、Paired t-testと整合性がある結果となっている。表7-8における有意確率からは、ここでの帰無仮説である「対応する2つのグループは変化しない」（石村・石村 2014）は、貿易金融以外のすべてのサービスで採択されると解釈される。したがって、価値共創を明示的に価値交換前に行った場合と、価値共創のタイミングを明示的に示さなかった場合において、価値共創の測定値の大きさに統計的に有意な差は、ノンパラミック的検定であるWilcoxonの符号付順位検定によっても観察されないという結果となっている。

3-3. 仮説3：価値共創の実行とサービスの重要性は、スイッチング・コストに正のインパクトを持つ。

この仮説は、弱いながらも傾向としては支持された。

すべてのサービスを対象としたスイッチング・コストを従属変数とする重回帰分析においては、回帰モデルの当てはまりの良さを示す決定係数である R^2 は .126 にとどまったものの、独立変数である価値共創、価値共創の実行は十分に高い t 値（8.569 と 2.552）を示した（3つ目の独立変数であるサービスの重要性の t 値は、0.728）。ただ、スイッチング・コストに対する価値共創実行の効果がサービスの重要性によって増幅される可能性を検証するために設定した、価値共創の実行とサービスの重要性から成る交差項については、そもそものベータがマイナスの値になったことに加えて、t 値も－1.411 となっており、統計的有意性は否定された（表7-9）。

個別のサービスを見てみると、決定係数である R^2 は 0.1 レベルとなっている場合が多いが、中には 0.2 を超えているものもある（GCMS と投資銀行サービス）。しかしながら、確率的有意性を示す t 値は 2 以下にとどまっている場合もあり、強固な因果関係があるとは言えない。ただ、独立変数の1つである価値共創の t 値は概ね 2 のレベルかそれ以上となっており、弱いながらも価値共創によるスイッチング・コストへのインパクトを示唆する形にはなっている。

また、前述の、銀行が他行顧客を攻める際の橋頭保として適しているサービス（群）については、図7-6のような結果となった。

事前にヒアリングを行った銀行管理職によれば、価値共創が大きい割にスイッチング・コストが小さい（と思われた）貿易金融が、橋頭保となるサービスとして挙げられていたが、分析結果によると、円預金が、準メインバンクが価値共創の実績を積み、他のサービスでのメインバンクからの取引シェア獲得を目指すきっかけとなり得るサービスであると示された。これは、実務的に見ると、円預金といっても当座預金、普通預金、通知預金、定期預金などさまざまな種類があり、特に当座預金は、当座貸越[92]などの関連する与信サービスがあり、小切手や手形の決済にも関わることから、価値共創の可

表 7-9　仮説 3 の重回帰分析

サービス	自由度調整済 R²	ベータ: 価値共創の実行	ベータ: 価値共創の重要性	ベータ: 価値共創の実行×サービスの重要性 (交差項)	ベータ: 業種	ベータ: 企業規模	t: 価値共創	t: 価値共創の実行	t: 価値共創の重要性	t: 価値共創の実行×サービスの重要性 (交差項)	t: 業種	t: 企業規模
すべてのサービス	.126	.277	.083	.018	−.033	−.045	−.087	8.569	2.552	0.728	−1.411	−1.864	−3.600
国内送金	.105	.145	.212	−.109	−.004	.051	−.101	1.742	2.513	−1.645	−.065	.753	−1.460
円預金	.119	.146	.237	−.005	−.051	.039	−.095	1.745	2.900	−.071	−.754	.583	−1.392
ネットバンキング	.052	.180	.111	−.035	.026	−.009	−.096	1.965	1.234	−.481	.373	−.122	−1.365
貿易金融	.194	.272	.091	.137	−.130	−.068	−.034	3.156	.962	1.676	−1.852	−.988	−.500
GCMS	.228	.365	.020	.146	−.047	−.095	−.099	4.275	.215	1.891	−.671	−1.397	−1.445
投資銀行サービス	.208	.454	−.141	.158	.025	−.119	−.049	4.874	−1.454	2.056	.351	−1.801	−.690
短期融資	.086	.307	−.052	.072	.083	−.016	−.035	2.942	−.503	.993	1.183	−.230	−.501
長期融資	.081	.282	−.056	.103	.076	−.025	−.015	2.884	−.574	1.437	1.076	−.352	−.216

予測値：(定数)，価値共創，サービスの重要性，価値共創の実行×サービスの重要性 (交差項)
従属変数：スイッチング・コスト
コントロール変数：業種，企業規模

図 7-6　他社顧客を狙う際にターゲットとすべきサービス（群）

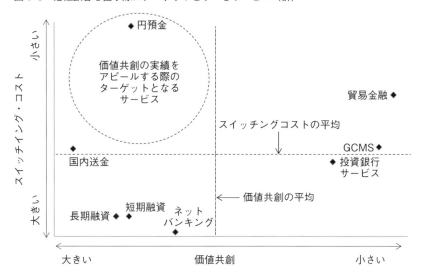

能性が大きいと判断された可能性がある。また、このような円預金サービスそのものはどの銀行でも扱うことができるため、スイッチング・コストは比較的小さいと判断されたものと思われる。

3-4. 仮説 4：価値共創の実行と可能性は、（直接的価値ではなく）間接的価値と併せて、顧客内シェアに正のインパクトを持つ。

この仮説は、支持された。

すべてのサービスを対象とした、顧客内シェアを従属変数とし、価値共創、価値共創の実行、間接的価値、直接的価値、価値共創と間接的価値の交

92　当座貸越とは、当座預金を持つ企業と銀行が契約をすることで、一定の限度内ならば当座預金残高を超えて、銀行が当座預金からの支払いを行う制度のことである。

差項の5つを独立変数とする重回帰分析においては、決定係数である R^2 は.390という高い水準を示し、間接的価値のベータは直接的価値のベータを大幅に上回る結果となった（表7-10）。

個別のサービスを見てみても、この傾向は、国内送金と円預金を除けば、ほぼ一貫しており（貿易金融、GCMS、投資銀行サービスに至っては、直接的価値は、マイナスのベータとなっている）、企業顧客は、製品・サービスの現在の価格や内容（すなわち、直接的価値）よりも、将来にわたっての製品・サービスの価格や内容に影響を及ぼすと見られる要素（すなわち、間接的価値）をより重視し、価値共創の実行を評価する形でサービス提供企業の取扱いシェア（この分析では顧客内シェア）を勘案していることが推察される。

特に、投資銀行サービスにおいては、比較的高いベータが、価値共創の実行と間接的価値の両方において示されている。これは、サービス提供企業である銀行は、投資銀行サービスにおいて価格競争に走るのではなく（すなわち直接的価値で顧客シェア向上を狙うのではなく）、信頼出来る情報を確実に提供し、顧客企業の事業を深く理解し、顧客からの問い合わせには迅速に対応する、などといった形で間接的価値に焦点をあてて価値共創を実行することで、より一層の顧客内シェアの向上を目指すべきであることを示唆している。

他の先行研究も同様の内容を示唆している。Ulaga and Eggert（2005；2006）は、間接的価値のような長期的視点で企業間取引を捉え、企業間の関係性がもたらす便益に注目し、企業間関係における価値創造による差別化の可能性を検証している。彼らは、企業間における関係性がもたらす便益は、関係性維持のために犠牲にされるものや関係性維持のためのコストよりも、より大きなものであることを発見している。

ただ、顧客内シェアに対する価値共創実行の効果が、間接的価値によって増幅される可能性を検証するために設定した、価値共創の実行と間接的価値から成る交差項については、すべてのサービスを対象とした重回帰分析においては、t値は2を上回ったものの、個別のサービスにおいては、円預金、GCMS、投資銀行サービスの3つのサービスを除き、5つのサービスではt値は2を下回っている。また、統計的有意性が確認された上記の3つの

表 7-10 仮説 4 の重回帰分析

サービス	自由度調整済 R^2	ベータ：価値共創の実行	ベータ：間接的価値	ベータ：直接的価値	ベータ：価値共創の実行×間接的価値（交差項）	ベータ：業種	ベータ：企業規模	t：価値共創	t：価値共創の実行	t：間接的価値	t：直接的価値	t：価値共創の実行×間接的価値（交差項）	t：業種	t：企業規模
すべてのサービス	.390	.247	.224	.198	.034	.062	-.005	-.033	8.271	7.982	6.842	1.464	3.197	-.237	-1.664
国内送金	.249	.280	.208	.081	.088	.080	-.014	-.010	3.475	2.658	1.106	1.369	1.283	-.218	-.163
円預金	.320	.350	.206	.065	.099	.126	-.009	-.049	4.448	2.787	.930	1.561	2.077	-.152	-.818
ネットバンキング	.338	.209	.275	.142	.098	.074	.004	-.022	2.505	3.562	1.875	1.518	1.275	.073	-.375
貿易金融	.498	.311	.355	.119	-.018	.039	-.006	-.066	3.757	4.819	1.330	-.263	.709	-.115	-1.284
GCMS	.487	.304	.209	.216	-.091	.184	-.032	-.071	3.498	2.755	2.374	-1.380	3.290	-.591	-1.363
投資銀行サービス	.436	.091	.327	.287	-.046	.126	-.055	-.025	1.002	3.995	3.205	-.682	2.238	-.988	-.452
短期融資	.309	.101	.213	.295	.018	.044	.005	-.014	1.018	2.286	3.130	.246	.714	.086	-.237
長期融資	.301	.102	.218	.272	.029	.053	.001	-.025	1.091	2.441	2.824	.413	.850	.012	-.416

予測値：（定数），価値共創，価値共創の実行，間接的価値，直接的価値，価値共創の実行×間接的価値（交差項）
従属変数：顧客内シェア
コントロール変数：業種，企業規模

サービスにおいても低めのベータとなっており、顧客内シェアに対する価値共創実行の効果が間接的価値によって増幅される可能性は、一部のサービスでのみ弱く支持される結果となった。

3-5. まとめの重回帰分析

　まとめの重回帰分析として、顧客内シェアを従属変数とし、価値共創、価値共創の実行、間接的価値、直接的価値、信用財度合い、サービスの重要性、スイッチング・コストの7つを独立変数とする重回帰分析を、ステップワイズ法によって実施したところ、最終モデル（モデル5）においては、決定係数である R^2 は.399となり、高いレベルの因果関係を示唆する結果となった。また、この重回帰分析における、価値共創、価値共創の実行、間接的価値、信用財度合いのt値はすべて2を大幅に上回っており、統計的な有意性も申し分のないレベルであった（表7-11）[93]。これは、顧客内シェア向上を目指すサービス提供企業が、信用財度合いの大きいサービスにおいて間接的価値に留意しながら価値共創を着実に実施していくことの重要性を改めて示唆している。

　ここで注目すべきは、スイッチング・コストが顧客内シェアに対するプラスの独立変数として機能していないことである。スイッチング・コストが持つ負のベータは、統計的にはスイッチング・コストが顧客内シェアにマイナスに作用することを意味しているが、ベータの絶対値の小ささから判断して、ここは、スイッチング・コストは顧客内シェアに対してほとんどインパクトを持たないと解釈されるべきである。BtoC取引に関する先行研究においては、スイッチング・コストは顧客維持には有効であるとされている（Grønhaug & Gilly 1991；Jones, Mothersbaugh & Beatty 2000；Edward & Sahadev 2011）が、今回の分析結果からは、BtoB取引においては、スイッチング・コストは顧客内シェアの向上には貢献しないことが推察される。こ

---

[93] 直接的価値とサービスの重要性は、ステップワイズ法において、モデルから除外された。

表 7-11　まとめの重回帰分析

モデルの要約

モデル	R	R^2	調整済み R^2	推定値の標準誤差
1	.564	.318	.317	1.333
2	.604	.365	.364	1.287
3	.622	.387	.386	1.265
4	.632	.399	.397	1.253
5	.633	.401	.399	1.251

係数

モデル		ベータ	t	有意確率
1	価値共創	.564	27.896	.000
2	価値共創	.356	13.183	.000
	価値共創の実行	.300	11.108	.000
3	価値共創	.251	8.409	.000
	価値共創の実行	.243	8.801	.000
	間接的価値	.212	7.782	.000
4	価値共創	.225	7.515	.000
	価値共創の実行	.234	8.571	.000
	間接的価値	.235	8.598	.000
	信用財度合い	.111	5.731	.000
5	価値共創	.232	7.731	.000
	価値共創の実行	.236	8.647	.000
	間接的価値	.246	8.897	.000
	信用財度合い	.131	6.258	.000
	スイッチング・コスト	-.055	-2.499	.013

従属変数：顧客内シェア

れは実務的には支持される内容である。BtoB の企業間取引においては、顧客企業は比較的少数のサプライヤーから購入を繰り返すことが多く、顧客関係そのものは比較的維持されやすいが、（高いスイッチング・コストによって）顧客関係が維持されたとしても、それは必ずしも取扱いシェアの向上を意味しないからである。

3-6. 共分散構造分析のパス解析

　ここまでは分析手法として主に重回帰分析を活用してきたが、前述のように、重回帰分析においては、1つの独立変数から複数の従属変数への影響を見ることや従属変数を今度は独立変数として別の従属変数を説明すること、そして、測定した変数の背後の共通因子を用いて別の変数を説明することなどの分析を行うことができない。そこで、ここでは、信用財度合い、価値共創、スイッチング・コスト、間接的価値、顧客内シェアなどの本書における主要概念を結びつける理論モデルについて共分散構造分析のパス解析を行う。

　パス解析は、一般に、変数間にいくつかの因果関係モデルを仮定し、共分散構造分析を応用して行う統計的分析手法とされ、変数間の因果関係や相互関係をパス図で視覚的に表現することに適した分析手法である。

　また、ある変数が別の変数へ直接的に影響を及ぼすことを「直接効果」、他の変数を経由して影響を及ぼすことを「間接効果」、そして、直接効果と間接効果を併せて「総合効果」という（田部井 2011）。パス解析を行うことで、このような直接効果と間接効果のどちらが大きいのかなどを分析することが可能となる。

　共分散構造分析のパス解析を行うにあたり、まず、全体仮説モデルについてIBM社のSPSS Amos 22.0を活用し、共分散構造分析のパス解析を行った。図7-7に初期的分析モデル（モデルA）を示している。

　本書における分析の枠組と仮説を基に作成された初期的モデルAは、サービスの重要性と信用財度合いが、価値共創の大きさに影響を与え、この価値共創の大きさが、再度サービスの重要性と共にスイッチング・コストに影響を与えることを示している。また、顧客内シェアに対しては、価値共創の大きさ、間接的価値、そして価値共創の実行という3つの要素が影響を与えることを示している。また、図7-7では、各変数間のパス係数の強さを提示している。価値共創へのパス係数を見ると、サービスの重要性がより強く影響していることがわかる。スイッチング・コストに対しては、価値共創の大きさが最も強いパス係数となっているが、顧客内シェアに対しては、

図 7-7 モデル A 解析図

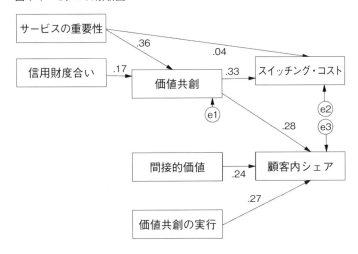

モデル適合度

RMR, GFI, AGFI, CFI

モデル	RMR	GFI	AGFI	CFI
モデル番号1	.833	.685	.369	.306
飽和モデル	0	1		1
独立モデル	.987	.505	.340	.000

RMSEA

モデル	RMSEA	LO 90	HI 90	PCLOSE
モデル番号1	.354	.343	.365	.000
独立モデル	.347	.338	.356	.000

　価値共創の大きさ、間接的価値、価値共創の実行の3つの要素がほぼ同程度の強さのパス係数を持つ結果となった。
　しかしながら、共分散構造分析のパス解析としてのモデル A のモデル適合度を見てみると、一般に0.9以上であればモデルの説明力があるとされる（豊田 2007）、GFI（Goodness of Fit Index）、AGFI（Adjusted Goodness of Fit Index）、CFI（Comparative Fit Index）は、それぞれ、.685、.369、.306であり、モデル適合度は低い[94]。また、一般に0.05以下であればあてはまりが良

いとされている（豊田 2007）、RMSEA（Root Mean Square Error of Approximation）は .354 であり[95]、ここでもモデル適合は不十分である。このようなモデル適合度ではモデルは採択されないことから、モデル A を修正しながら適合度を高める必要がある。

　そこで、本章第 2 節第 3 項で示した、主たる観測変数における相関分析結果を参照し、比較的高い相関関係が認められ、本書における仮説とも整合性がとれる形で新たなパスを引くことで新たなモデル（モデル B）を作成した（図 7-8）。

　モデル B においては、GFI = .981、AGFI = .913、CFI = .974、RMSEA = .104 となり、モデル A からはかなり改善したものの、RMSEA の値がモデル適合度としては未だ十分なレベルには達していない。そこで、5% 水準で有意ではない推定値を持つパスを削除し、また、1 つの誤差相関（間接的価値の誤差変数と価値共創の実行の誤差変数）を新たに組み込んだものをモデル C として作成した（図 7-9）。

　この誤差相関を組み込んだ理由は、以下の通りである。まず、間接的価値の誤差変数と価値共創の実行の誤差変数の間に相関を認めるということは、両者が本モデルに組み込まれていない共通の変数から影響を受けていることを仮定することを意味する。このような仮定を設定したのは、間接的価値も価値共創の実行もサービス提供企業と顧客企業の間の企業間関係の積み重ねを経て形成、実行されると考えたためである。換言すれば、間接的価値と価値共創の実行は、企業間関係における相手方との相互作用経験という共通の変数から影響を受けるというわけである。

　この誤差相関を組み込んだ結果、図 7-9 に示されるように、すべてのパスにおいて 0.1% 水準、もしくは、5% 水準で有意である推定値が得られた。適合度指標に関しても、GFI = .995、AGFI = .978、CFI = .995、RMSEA

---

[94] GFI と AGFI はモデルの説明力を示すとされ、GFI は回帰分析での R^2 乗、AGFI は自由度調整済み R^2 乗に対応する。CFI は、当該モデルが独立モデルから飽和モデルのどの間に位置するかを示す。

[95] RMSEA は、当該モデルと実際の共分散行列との距離を示す。

図 7-8 モデル B 解析図

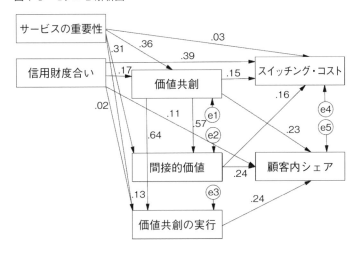

モデル適合度

RMR, GFI, AGFI, CFI

モデル	RMR	GFI	AGFI	CFI
モデル番号 1	.095	.981	.913	.974
飽和モデル	0	1		1
独立モデル	.987	.505	.340	.000

RMSEA

モデル	RMSEA	LO 90	HI 90	PCLOSE
モデル番号 1	.104	.088	.121	.000
独立モデル	.347	.338	.356	.000

=.047 となり、十分なモデル適合を示した。

　このパス解析における各推定値から判断すると、本書における仮説 1、仮説 3、仮説 4 についての重回帰分析と同様に、因果関係の強弱はあるものの、これら 3 つの仮説は、共分散構造分析のパス解析においても概ね支持される結果となっている。

　仮説 1 については、0.1% 水準で統計的に有意なパスがサービスの重要性と信用財度合いから価値共創に対して引かれており、仮説 1 は明確に支持されている。それぞれのパス係数は .36 と .17 となっており、価値共創に対

図 7-9 モデル C 解析図

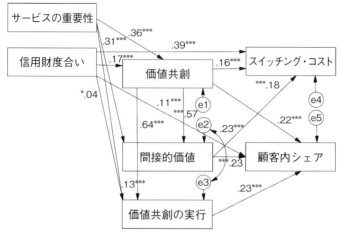

***p < .001 **p < .01 *p < .05

モデル適合度

RMR, GFI, AGFI, CFI

モデル	RMR	GFI	AGFI	CFI
モデル番号1	.081	.995	.978	.995
飽和モデル	0	1		1
独立モデル	.987	.505	.340	.000

RMSEA

モデル	RMSEA	LO 90	HI 90	PCLOSE
モデル番号1	.047	.031	.065	.566
独立モデル	.347	.338	.356	.000

してはサービスの重要性がより大きなインパクトを持つという結果となっている。これは、仮説1の重回帰分析とも整合性がある内容であり、企業が価値共創を実施する際には、各サービスの重要性と信用財度合いに留意して、すなわち、各サービスの価値共創の可能性を把握した上で、各サービスの優先順位を考慮すべきであることを改めて示唆している。

　仮説3に関しては、0.1％水準で統計的に有意なパスが価値共創からスイッチング・コストに対して引かれているものの、サービスの重要性と価値

共創の実行からはスイッチング・コストに対して統計的に有意な水準でのパスは直接には引かれていない。しかし、サービスの重要性からスイッチング・コストに対して、価値共創や間接的価値を経由しての間接効果[96]は認められることから、強固な因果関係は観察されないものの、仮説3は概ね支持される結果となっている。

仮説4に関しては、0.1％水準で統計的に有意なパスが、価値共創、価値共創の実行、そして間接的価値から顧客内シェアに向けてほぼ同レベルの係数（.22もしくは.23）で引かれており、仮説4は明確に支持される結果となっている。このことは、サービス提供企業は、短期的な価格競争（すなわち直接的価値）ではなく、情報提供、顧客事業の理解、迅速な対応など（すなわち間接的価値）に注力することによって顧客内シェアの向上を目指すべきであることを改めて示唆している。

そして、前項におけるまとめの重回帰分析の結果と同様に、スイッチング・コストから顧客内シェアへのパスは成立していない。これは、共分散構造分析もスイッチング・コストは顧客内シェアの向上にはつながらないことを示唆していると解釈される。

また、信用財度合いによる、顧客内シェアとスイッチング・コストへの直接効果と間接効果に関しては、モデルCのアウトプットから表7-12のような結果となっている。

表7-12から、信用財度合いから顧客内シェアへの効果においては、直接効果と間接効果がほぼ同等のインパクトを持っているのに対し、信用財度合いからスイッチング・コストへの効果においては直接効果が大半を占めており、信用財度合いが高いことそのものがスイッチング・コストに影響を与え

---

[96] 間接効果、直接効果、総合効果については、田部井（2011）に詳しい。サービスの重要性からスイッチング・コストに対しての間接効果は、サービスの重要性から価値共創や間接的価値の変数を経由してスイッチング・コストへ引かれている複数のパスにおける標準化係数の積数の和である。具体的には、サービスの重要性からスイッチング・コストへの間接効果は、.362×.156（サービスの重要性から価値共創を経由してスイッチング・コスト）+.319×.180（サービスの重要性から間接的価値を経由してスイッチング・コスト）+.362×.574×.180（サービスの重要性から価値共創と間接的価値を経由してスイッチング・コスト）=.150と計算される。

表 7-12　信用財度合いからの直接効果と間接効果[97]

	信用財度合いの 顧客内シェアへの効果	信用財度合いの スイッチング・コストへの効果
直接効果	.111	.389
間接効果	.093	.043
総合効果	.204	.432

ていることがわかる。これは、サービスの信用財度合いが高い場合、すなわち、顧客がサービスの程度を判断することが困難であり、企業が提供する価値を「信用」しないと購買の意思決定ができないような場合は、顧客側がサービス提供企業を他の企業に変更するコストが増大することを示唆するものであり、その内容は実務的観点からも支持される結果となっている。

　また、前述のように、測定した観測変数の背後の共通因子を用いて別の変数を説明できることがパス解析の大きな利点であり、パス解析では変数間に自由に因果関係を仮定してモデルを組むことが可能である。しかしながら、因果関係を仮定する場合には、背後の共通因子である潜在変数と観測変数との関係性について理論的妥当性が担保されなければならない。この意味で、本書における重要概念である、間接的価値、価値共創の実行、スイッチング・コスト、顧客内シェアにおいて、顧客満足という因子・潜在変数が背後に存在し、間接的価値と価値共創の実行が顧客満足を高め、その高められた顧客満足が今度は独立変数としてスイッチング・コストや顧客内シェアを説

---

[97] ここでの直接効果は、信用財度合いから顧客内シェアもしくはスイッチング・コストへ直接引かれているパスの標準化係数であり、間接効果は、信用財度合いから価値共創や価値共創の実行の変数を経由して顧客内シェアやスイッチング・コストへ引かれている複数のパスにおける標準化係数の積の和である。信用財度合いから顧客内シェアへの間接効果は、.165×.224（信用財度合いから価値共創を経由して顧客内シェア）＋.040×.234（信用財度合いから価値共創の実行を経由して顧客内シェア）＋.165×.638×.234（信用財度合いから価値共創、そして、価値共創の実行を経由して顧客内シェア）＋.165×.574×.234（信用財度合いから価値共創、そして、間接的価値を経由して顧客内シェア）＝.093と計算される。また、総合効果は、直接効果と間接効果の和である。

図 7-10　顧客満足を潜在変数とする概念的モデル図[98]

明するというモデル図が考えられる（図 7-10）。

　これは、サービス提供企業が信頼出来る情報を確実に提供し、顧客の事業内容を深く理解し、顧客からの問い合わせには迅速に対応する、などといった形で間接的価値に焦点をあてて価値共創を実行することが顧客の満足度を向上させ、その結果として、スイッチング・コストや顧客内シェアが向上することを想定するモデル図である。

　このような場合、そもそも因子が存在するかどうかについて探索的因子分析によって因子を抽出したいところではあるが、探索的因子分析では、解が定まらず推定値を算出できないという識別性の問題から、2 つの観測変数にしか関わらない因子は抽出できないという制約がある（畦川 2002）。したがって、図 7-10 のモデル図を検証するためのパス解析をモデル D として行った（図 7-11）。

　図 7-11 に示されるように、モデル D においてもすべてのパスにおいて 0.1% 水準、もしくは、5% 水準で有意である推定値が得られた[99]。適合度指

---

[98] パス解析においては、一般的に、観測値（観測変数）における誤差は、誤差（error）、構成概念（潜在変数）における誤差は、攪乱（disturbance）と呼んで区別することが多い。そこで、観測変数における誤差は、e1、e2、潜在変数における誤差は、d1 と表現している。

[99] 共分散構造分析では、特定の係数や分散を固定するなどの制約を課すことにより、モデルの識別を可能にする操作を行う（畦川 2002）。モデル D では、顧客満足から、顧客内シェア、もしくは、スイッチング・コストへのパスの係数を 1 とすることで識別性の問題に対処している。それぞれのパスの有意確率は、係数が 1 に固定されていない場合の確率を記載している。

図 7-11　モデル D 解析図

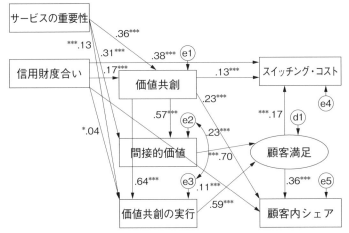

***p < .001　**p < .01　*p < .05

モデル適合度

RMR, GFI, AGFI, CFI

モデル	RMR	GFI	AGFI	CFI
モデル番号 1	.081	.995	.972	.994
飽和モデル	0	1		1
独立モデル	.987	.505	.340	.000

RMSEA

モデル	RMSEA	LO 90	HI 90	PCLOSE
モデル番号 1	.054	.036	.074	.329
独立モデル	.347	.338	.356	.000

標に関しても、GFI = .995、AGFI = .972、CFI = .994、RMSEA = .054 となり、十分なモデル適合を示した。

　モデル D においては、間接的価値と価値共創の実行の実行から、ほぼ同レベルの比較的高い係数（間接的価値 = .70、価値共創の実行 = .59）を持つパスが顧客満足に対して引かれていることから、間接的価値に留意して価値共創を実行することは、顧客満足に比較的大きな影響を与えると解釈される。また、顧客満足から顧客内シェアへのパス係数（.36）は、顧客満足からスイッチング・コストへのパス係数（.17）の約 2 倍の大きさとなっており、間接的

価値に留意して価値共創を実行することによって得られる顧客満足の向上は、スイッチング・コストよりも顧客内シェアの向上により資することが、今回の共分散構造分析のパス解析によって示唆されている。

第 8 章

本書の貢献と課題

1 本書の貢献

　本書は、以下に述べるように、これまで十分ではないとされている価値共創論に関する実証的研究の一翼を担うものと位置付けられる。
　S-D ロジックは、マーケティングにおける新たなサービス概念を提案するものとして世界中の研究者の注目を集めた。このような注目を集めた理由として、その発表のタイミングも大きく作用していると思われる。リレーションシップ・マーケティングにおいては、各アプローチが独立して発展を遂げた結果、リレーションシップ・マーケティング論が一概に何を主張しているのかという評価を下すことは困難とまで言われる事態となっていた（Gummesson 1997；小野 2000；南 2005）。サービス・マーケティングにおいては、研究対象は数多くの領域に分散し、実務的な問題に焦点があたる中、著名な研究者である Lovelock and Gummesson（2004）が、サービス・マーケティング研究の限界を認める形で、製品対サービスの対立軸（goods versus services paradigm）に代わる新たなパラダイム・シフトの必要性を呼びかける状況となっていた。
　このような状況の中登場した S-D ロジックは、現実の経済社会の変化を捉え、理論の前提となる考え方を提唱することにより、実際に世界で発生している進化した現実を説明するロジック（南 2010）として、マーケティン

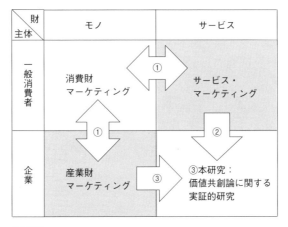

図 8-1 リレーションシップ・マーケティング研究における
研究分野の拡大

出所：藤岡（2002, p.29）；③の矢印と本書に関する記述内容は筆者加筆。

グ研究に大きな貢献をしている。

　しかしながら、その中心概念である価値共創の概念と、マーケティング研究の接続に関する検討が十分ではなく、実証的研究が不足していることが問題となっている。本書は、このような実証的研究の不足という問題点を補うべく、価値共創、スイッチング・コスト、顧客価値（特に間接的価値）、顧客内シェアなどにおける因果関係について知見を提供するものである。

　藤岡（2002）は、リレーションシップ・マーケティング研究における研究分野の拡大を、対象となる財（モノとサービス）と対象となる主体（一般消費者と企業）のマトリックスという形で表している（図 8-1）。

　図 8-1 における①は、消費財マーケティングにおけるリレーションシップ・マーケティング研究の開始を示しており、②は、北欧学派による BtoB マーケティング研究の展開を示している。藤岡（2002）によるマーケティング研究における研究分野の拡大に従えば、本書は、③の企業間におけるサー

ビス取引を対象とするものであり、これまで十分ではないとされている価値共創論に関する実証的研究の一翼を担うものと位置付けられる。中でも、企業間サービス取引に着目した形で、価値共創の概念と、マーケティング研究上重要な概念であるスイッチング・コストや顧客内シェアとの因果関係を分析する研究はほとんど見られないことから、この面においてもマーケティング研究への貢献があると考える。

　本書における仮説検証を通じて明らかにされたことを、1）価値共創の対象、2）価値共創実施のタイミング、3）価値共創のスイッチング・コストへのインパクト、4）価値共創の顧客内シェアへのインパクト、の順に述べる。

1）価値共創の対象

　信用財度合いの大きさとサービスの重要性は、価値共創に正のインパクトを持つことが示唆された。これは、企業が価値共創の対象とするサービスを決定する際には、各サービスの信用財度合いを理解し、優先順位をつけて価値共創を行うことが、経営資源の有効活用の観点からも、マーケティング活動上重要であることを示している。

　個別のサービスを見てみると、いくつかのサービスでは、サービスの重要性が高い割には、価値共創が大きくなかったことが観察された。これは、比較的内容がシンプルであり、サービス提供企業と顧客が普段から密接に連携するようなサービスでは、価値共創の可能性がそれほど見いだされないことが背景にあると推察される。

　また、信用財度合いとサービスの重要性から成る交差項について分析した結果、価値共創に対する信用財度合いの効果が、サービスの重要性によって増幅される可能性は、本書においては否定されている。

2）価値共創実施のタイミング

　価値共創実施のタイミングについて、価値交換前に価値共創を行うことの効果は、今回の研究では認められなかった。しかしながら、この考え方そのものは、ヒアリングを実施した実務関係者からは強く支持されており、筆者

の長年のマネジメント経験にも沿うものである。この結果は、価値共創のような複雑な概念の調査におけるアンケート調査の限界が関係していると思われ、より精緻な価値共創概念の操作化が求められると思料する。

3）価値共創のスイッチング・コストへのインパクト

　価値共創実行の成果としては、弱いながらも価値共創によるスイッチング・コストへのインパクトを示唆する分析結果となっており、価値共創の効果の1つとして、スイッチング・コストが考えられることを示している。価値共創が大きい割にスイッチング・コストが小さいサービスは、二番手以降のサービス提供企業（企業金融で言えば准メインバンク）が、価値共創の実績を積み、他のサービスでの一番手の競合企業（企業金融で言えばメインバンク）からの取引シェア獲得を目指すきっかけとなり得るサービスである。今回の研究結果では、円預金がその候補として示唆されている。

　これは、実務的に見ると、円預金といっても、当座預金、普通預金、通知預金、定期預金などさまざまな種類があり、特に、当座預金は、当座貸越などの関連する与信サービスがあり、小切手や手形の決済にも関わることから、価値共創の可能性が大きいと判断された可能性がある。また、このような円預金サービスそのものは、どの銀行でも扱うことができるため、スイッチング・コストは、比較的小さいと判断されたものと思われる。

　また、価値共創の実行とサービスの重要性から成る交差項について分析した結果、スイッチング・コストに対する価値共創実行の効果が、サービスの重要性によって増幅される可能性は、本書では否定されている。

4）価値共創の顧客内シェアへのインパクト

　間接的価値は価値共創の実行などと共に顧客内シェアの向上に対して有意なインパクトを持つことが、重回帰分析と共分散構造分析のパス解析の両方で認められた。これは、企業間取引におけるマーケティングにおいては、企業は価格などの短期的な施策ではなく、将来の取引に対する顧客の期待を高めるような施策（すなわち、間接的価値に着目する施策）に注力するべきであることを示唆しており、筆者の元来の問題意識に沿う形となった。

また、このような間接的価値に焦点をあてて価値共創を実行することが、顧客の満足度を向上させ、その結果として、スイッチング・コストや顧客内シェアの向上につながることが、共分散構造分析のパス解析によって示された。

　価値共創の実行と間接的価値から成る交差項について分析した結果、顧客内シェアに対する価値共創実行の効果が間接的価値によって増幅される可能性は、本書においては、一部のサービスでのみ、ごく弱く支持される結果となった。

　スイッチング・コストは、BtoC 取引においては、顧客維持に有効であるとされている（Grønhaug & Gilly 1991；Jones, Mothersbaugh & Beatty 2000；Edward & Sahadev 2011）が、BtoB の企業間取引においては、顧客内シェアの向上には貢献しないことが、重回帰分析と共分散構造分析のパス解析の両方で認められた。これは、企業間取引においては、顧客は比較的少数のサプライヤー企業から購入を繰り返すことが多く、スイッチング・コストの影響で顧客関係そのものが維持されたとしても、それは、必ずしも取扱いシェアの向上を意味しないことが背景となっていると推察される。

2　本書の課題と今後の研究課題

　本書は、価値共創論に関する実証的研究の一翼を担うものとして、マーケティング研究への貢献があると考えられるが、本書におけるいくつかの限界や課題も指摘される。

　1 点目は、本書における分析が、企業金融サービスという単一の業種に依存している点である。企業金融サービスは、企業間取引における一般的な特性（購入先が比較的限定されている、取引関係が長期間にわたることが多い、再購買比率も高いなど）を体現してはいるが、他の業種、例えば、情報通信サービス、運輸サービス、経営コンサルティングサービスなどのサービス業種における分析も期待される[100]。

　2 点目は、サンプルサイズの問題である。209 というサンプルサイズは、企業金融サービス全体を代表しているとは言えず、企業向けサービス業全体

に対する代表性については、改めて指摘するまでもない。

　3点目は、分析対象とする論点の問題である。本書では、信用財度合い、スイッチング・コスト、価値共創、直接的価値・間接的価値、顧客内シェアなどのさまざまな論点について分析しているが、営業のパワーやアカウント・マネジャーの役割などについては、論点に含めていない。古くはCorey (1983) が、企業間関係におけるコミュニケーションの大半は営業マンによって執り行われているとし、営業マンによる人的努力の重要性を強調している。Cannon and Narayandas (2000) は、重要顧客をケアする営業体制の変革の必要性を、リレーションシップ・マーケティングの観点から訴えている。近年では、Salomonson, Aberg and Allwood (2012) は、アカウント・マネジャーのコミュニケーション能力に着目し、Terho, Haas, Eggert and Ulaga (2012) は、企業間取引における新たな営業アプローチを提案している。また、本書では、顧客維持や顧客満足ではなく、顧客内シェアをマーケティング活動の目標と位置付けたこともあり、顧客満足を、共分散構造分析のパス解析において分析の対象とした以外は本書での主要論点としてない。今後は、顧客満足、営業、アカウント・マネジャーなどの視点も加味した形での研究が期待される。

　4点目は、価値共創概念の操作化という問題である。価値共創概念は、比較的新しい概念ということもあり、価値共創概念の操作化については、充分な研究の蓄積がなされていない。本書においても、構成概念の妥当性という点で十分な結果が得られたとは言えず、この点は、実務家からは強く支持された、本書における仮説（仮説2）が統計分析では支持されなかったことの一因とも思われる。価値共創概念の精緻化につながる今後の研究が期待される。

---

[100] 本書と同一の問題意識に立脚するものではないものの、広い意味での顧客価値に着目した企業間サービス取引に関する研究の例を挙げる。Blocker (2011) は、情報通信サービスにおける顧客価値の前提と結果について検証し、Whittaker, Ledden and Kalafatis (2007) は、コンサルティングサービスにおける顧客価値、顧客満足、行動意図の関係性を検証した。また、Lam et al. (2004) は、宅配便サービスにおける、顧客価値、顧客満足、スイッチング・コストの関係性を検証している。

5点目は、パワーバランスの問題である。現実の企業間関係においては、売手企業と買手企業とのパワーバランスは必ずしも均衡しているわけではなく、企業間の相互調整を実施する際の利益も一方に偏ったり、一方の企業が主導することで企業間関係が操作されることも多い（高嶋 1993）。本書における対象分野である企業金融ビジネスにおいても、いわゆるメインバンクが顧客企業に対して持つ影響力、特に資本市場へのアクセスを持たない中小企業に対する影響力は、よく知られるところである。その意味で、価値共創を実施するベネフィットが一方の企業に偏り、その結果、価値共創の実行そのものが減衰する可能性が指摘される。Lusch and Vargo（2012）は、パワーバランスの問題を探求する研究の必要性について言及しているが、パワーバランスが不均衡する局面を分析対象とする研究は限定的なものにとどまっており[101]、現実の企業間関係で発生している現象に対するマーケティング戦略上の示唆を提供するためにも、パワーバランスの視点を取り込んだ研究が期待される。

　最後に、本書は、現在という特定の一時点での分析に依存している点である。Lazarsfeld and Rosenberg（1967）は、ダイナミックに変化する社会情勢に鑑み、変数間関係の時間的変化を分析することの重要性を強調している。その意味で、本書における分析は、時間軸としてはスナップショット的な側面を持ち、時間の経過に伴う関係性の変化に焦点をあてた研究が期待される。

　以上のような本書における課題のほかに、価値共創の概念を中心に、サービス取引に焦点をあてる研究においては、今後、研究を深めていくべき課題も見い出される。それは、サービス提供企業と企業顧客間の取引と、サービス提供企業と個人顧客間の取引の双方の領域で、同一理論モデルを実証的に検証する研究である。言うまでもなく、実務の場では、多くの企業は企業顧客取引と個人顧客取引の双方を管理する必要がある。例えば、金融サービス

---

[101] Sighuaw, Gassenheimer and Hunter（2014）は、BtoC分野において、中間業者（intermidiaries）と製造業との間のパワーバランスに着目する研究を発表しているが、パワーバランスを正面から取り上げた研究は、未だ限定的である。

を提供する銀行は、企業顧客と個人顧客の両方を持ち、宅配便サービスを提供する運輸会社も、企業顧客と個人顧客の双方に対応する仕組みを構築している。このような実務の現状にもかかわらず、学術的な研究は、企業顧客取引と個人顧客取引において、それぞれ独立に発展している現状がある。したがって、同一理論モデルを、企業顧客取引と個人顧客取引を組み合わせた形で検証する研究は、学術的にも実務的にも大きな意義があると思われるのである[102]。

　さまざまな限界や課題は見いだされるものの、企業間のサービス取引において、価値共創、スイッチング・コスト、顧客価値、顧客内シェアなどにおける因果関係についての知見を提供したことで、本書のまとめとしたい。

---

[102] 同一理論モデルを、企業顧客取引と個人顧客取引を組み合わせた形で検証する研究の例として、久保田（2012）が挙げられる。この研究では、リレーションシップ・マーケティングにおけるコミットメント・モデルが、美容院（個人顧客取引）とホームページ制作（企業顧客取引）の双方で検証されている。

参 考 文 献

Abernethy, A. M. & Butler, D. D. (1992) Advertising Information: Services versus Products, *Journal of Retailing*, 68, 398-419.
Achrol, R. S. (1991) Evolution of the Marketing Organization: New Forms for Turbulent Environments, *Journal of Marketing*, 55, 77-93.
—— & Kotler, P. (1999) Marketing in the Network Economy, *Journal of Marketing*, 63, 146-163.
—— & —— (2006) The Service-Dominat Logic for Marketing: A Critique in Vargo, S. L. & Lusch, R. F. (eds.) *The Service-Dominat Logic of Marketing: dialog, debate and directions*, M. E. Sharpe, 320-333.
Ahearne, M., Gruen, T. W. & Jarvis, C. B. (1999) If looks could sell: Moderation and mediation of the attractiveness effect on salesperson performance, *International Journal of Research in Marketing*, 16 (4), 269-284.
——, Jelinek, R. & Jones, E. (2007) Examining the effect of salesperson service behavior in a competitive context, *Journal of the Academy of Marketing Science*, 35, 603-616.
Alderson, W. (1957) *Marketing Behavior and Executive Action: A Functionalist Approach to Marketing Theory*, Homewood, IL: Richard D. Irwin.
Alexander, R. S., Cross, J. S. & Hill, R. M. (1967) *Industrial Marketing* (3rd ed.), Richard D. Irwin.
Anderson, J. C. & Narus, J. A. (1990) A Model of Distributor Firm and Manufacturer Firm Working Partnerships, *Journal of Marketing*, 54, 42-58.
—— & —— (2004) *Business Market Management: Understanding, Creating, and Delivering Value* (2nd ed.), Upper Saddle River, NJ: Pearson/Prentice Hall.
Anderson, E. & Weitz, B. (1989) Determinants of continuity in conventional Industrial channel dyads, *Marketing Science*, 8 (4), 310-323.
—— & —— (1992) The Use of Pledges to Build and Sustain Commitment in Distribution Channels, *Journal of Marketing Research*, 29, 18-34.
——, Chu, W. & Weitz, B. (1987) Industrial Purchasing: An Empirical Exploration

of the Buyclass Framework, *Journal of Marketing*, 51, 71-86.

Anderson, P. F. & Chambers, T. M. (1985) A Reward/Measurement Model of Organizational Buying Behavior, *Journal of Marketing*, 49, 7-23.

Anderson, J. C., Jain, D. C. & Chintagunta, P. K. (1993) Customer Value Assessment in Business Markets: A State-of-Practice Study, *Journal of Business-to-Business Marketing*, 1 (1), 3-29.

——, Häkansson, H. & Johanson, J. (1994) Dyadic Business Relationships Within a Business Network Context, *Journal of Marketing*, 58. 1-15.

Arndt, J. (1979) Toward a concept of domesticated markets, *Journal of Marketing*, 43, 69-75.

Auh, S. & Shih, C. -F. (2005) The relative effects of relationship quality and exchange satisfaction on customer loyalty, *Journal of Business-to-Business Marketing*, 12 (2), 73-97.

Axelsson, B. & Wynstra, F. (2002) *Buying Business Services*, John Wiley & Sons.

Babakus, E. & Yavas, U. (2008) Does customer sex influence the relationship between perceived quality and share of wallet?, *Journal of Business Research*, 61 (9), 974-981.

Babin, B. J. & Attaway, J. A. (2000) Atmospheric affect as a tool for creating value and gaining share of customer, *Journal of Business Research*, 49 (2), 91-99.

Bagozzi, R. P. (1974) Marketing as an Organized Behavioral System of Exchange, *Journal of Marketing*, 38, 77-81.

—— (1975) Marketing as Exchange, *Journal of Marketing*, 39, 32-39.

Baker, J., Levy, M. & Grewal, D. (1992) An Experimental. Approach to Making. Retail Store. Environmental Decisions, *Journal of Retailing*, 68, 445-460.

Ballantyne, D. & Varey, R. J. (2008) The service-dominant logic and the future of marketing, *Journal of the Academy of Marketing Science*, 36, 11-14.

Barney, J. (1991) Firm resources and sustained competitive advantage, *Journal of Management*, 17, 99-120.

Barroso, C. & Picon, A. (2012) Multi-dimwntional analysis of perceived switching costs, *Industrial Marketing Management*, 41, 531-543.

Bateson, J. E. G. (1979) Why We Need Service Marketing, in O. C. Ferrell, S. W. Brown & C. W. Lamb (eds.) *Conceptual and Theoretical Developments in Marketing*, Chicago, IL: American Marketing Association, 131-146.

—— & Hui, M. K. (1992) The Ecological Validity of Photographic Slides and Videotapes in Simulating the Service Setting, *Journal of Consumer Research*, 19, 271-281.

Baumann, C., Burton, S. & Elliott, G. (2005) Determinants of customer loyalty and share of wallet in retail banking, *Journal of Financial Services Marketing*, 9 (3), 231-248.

――, ――, & ―― (2007) Predicting consumer behavior in retail banking, *Journal of Business and Management*, 13 (1), 79-96.

Beard, L. H. & Hoyle, V. A. (1976) Cost Accounting Proposal for an Advertising Agency, *Management Accounting*, 58, 38-40.

Beaven, M. H. & Scotti, D. J. (1990) Service-Oriented Thinking and Its Implications for the Marketing Mix, *Journal of Services Marketing*, 4, 5-19.

Bell, M. L. (1981) Tactical Service Marketing and the Process of Remixing, in *Marketing of Services*, Donnelly, J. H. & George, W. R. (eds.), Chicago: American Marketing, 163-167.

Berry, L. L. (1980) Services Marketing is Different, *Business Week*, May-June, 24-29.

―― (1981) The Employee as Customer, *Journal of Retail Banking*, 3 (1), 33-40.

―― (1983) Relationship Marketing in Berry, L. L., Shostack, G. L. & Upah, G. D. (eds.) *Emerging Perspectives on Services Marketing*, American Marketing Association, 25-28.

―― (1986) Retail Businesses Are Services Businesses, *Journal of Retailing*, 62, 3-6.

―― & Parasuraman, A. (1991) *Marketing Services: Competing Through Quality*, The Free Press.

―― & ―― (1993) Building a New Academic Field—The Case of Services Marketing, *Journal of Retailing*, 69, 13-60.

Bessom, R. M. & Jackson, D. W. Jr. (1975) Service Retailing—A Strategic Marketing Approach, *Journal of Retailing*, 8, 137-149.

Bhattacharya, C. B. & Sen, S. (2003) Consumer-Company Identification: A Framework for Understanding Consumers' Relationships with Companies, *Journal of Marketing*, 67, 76-88.

――, Fader, P., Lodish, L. M. S. & DeSarbo, W. S. (1996) The relationship between the marketing mix and share of category requirements, *Marketing Letters*, 7, 5-18.

Bitner, M. J. (1990) Evaluating Service Encounters: The Effects of Physical Surroundings and Employee Responses, *Journal of Marketing*, 54, 69-82.

―― (1992) Servicescapes: The Impact of Physical Surroundings on Customers and Employees, *Journal of Marketing*, 56, 57-71.

――, Booms, B. H. & Tetreault, M. S. (1990) The Service Encounter: Diagnosing Favorable and Unfavorable Incidents, *Journal of Marketing*, 54, 71-84.

Blocker, C. P. (2011) Modeling customer value perceptions in cross-cultural business markets, *Journal of Business Research*, 64, 533-540.

Blois, K. J. (1974) The Marketing of Services: An Approach, *European Journal of Marketing*, 8, 137-145.

—— (1980) The Manufacturing/Marketing Orientation and its Information Needs, *European Journal of Marketing*, 14, 354-355.

Bolton, R. N. & Drew, J. H. (1991a) A Longitudinal Analysis of the Impact of Service Changes on Consumer Attitudes, *Journal of Marketing*, 55, 1-9.

—— & —— (1991b) A Multistage Model of Customers' Assessments of Service Quality and Value, *Journal of Consumer Research*, 17, 375-384.

——, Kannan, R. K. & Bramlett, M. D. (2000) Implications of loyalty program membership and service experiences for customer retention and value, *Journal of the Academy of Marketing Science*, 28, 95-108.

——, Lemon, K. N. & Verhoef, P. C. (2008) Expanding business-to-business customer relationships: Modeling the customer's upgrade decision, *Journal of Marketing*, 72, 46-64.

Booms, B. H. & J. L. Nyquist (1981) Analyzing the Customer/Firm Communication Component of the Services Marketing Mix in Donnelly, J. H. & George, W. R. (eds.) *Marketing of Services*, Proceedings Series, American Marketing Association, 172-177.

—— & Bitner, M. J. (1981) Marketing Strategies and Organizational Structures for Service Firms in J. H. Donnelly, W. R. George (eds.) *Marketing of Services*, Proceedings Series, American Marketing Association, 47-51.

—— & —— (1982) Marketing Services by Managing the Environment, *Cornell Hotel and Restaurant Administration Quarterly*, 23, 35-40.

Bowman, D., Farley, J. U. & Schmittlein, D. C. (2000) Cross-national empirical generalization in business services buying behavior, *Journal of International Business Studies*, 31 (4), 667-685.

—— & Narayandas, D. (2001) Managing customer-initiated contacts with manufacturers: The impact on share of category requirements and word-of-mouth behavior, *Journal of Marketing Research*, 38, 281-297.

—— & —— (2004) Linking customer management effort to customer profitability in business markets, *Journal of Marketing Research*, 44, 433-447.

Brody, R. P. & Cunningham, S. M. (1968) Personality Variables and the Consumer Decision Process, *Journal of Marketing Research*, 5, 50-57.

Brown, S. W. & Swartz, T. A. (1989) A Gap Analysis of Professional Service Quality, *Journal of Marketing*, 53, 92-98.

Burnham, T. A., Frels, J. K. & Mahajan, V. (2003) Consumer Switching Costs: A Typology, Antecedents, and Consequences, *Journal of the Academy of Marketing Science*, 31, 109-126.

Cannon, J. P. & Narayandas, N. (2000) Relationship Marketing and Key Account Management, in *Handbook of Relationship Marketing* (eds.), Sheth, J. N. & Parvatiyar, A., Sage Publications, Inc.

Carlzon, J. (1987) *Moments of Truth: New Strategies for Today's Customer-Driven Economy*, HarperPerennial. (堤猶二訳『真実の瞬間—SAS（スカンジナビア航空）のサービス戦略はなぜ成功したか』ダイヤモンド社、1990 年)

Carman, J. M. & Langeard, E. (1980) Growth Strategies of Service Firms, *Strategic Management Journal*, 1, 7-22.

—— (1990) Consumer Perceptions of Service Quality: An Assessment of the SERVQUAL Dimensions, *Journal of Retailing*, 66, 33-55.

Cherington, P. T. (1920) *The Elements of Marketing*, New York: Macmillan.

Christopher, M., Payne, A. & Ballantyne, D. (1991) *Relationship Marketing: Bringing quality, customer service, and marketing together*, Butterworth-Heinemann.

——, —— & —— (2002) *Relationship Marketing: Creating Stakeholder Value*, Elsevier Butterworth-Heinemann.

Constantin, J. A. & Lusch, R. F. (1994) *Understanding Resource Management: How to Deploy Your People, Products, and Processes for Maximum Productivity*, Irwin Professional Publication.

Cooil, B., Keiningham, T. L., Askoy, L. & Hsu, M. (2007) A longitudinal analysis of customer satisfaction and share of wallet: Investigating the moderating effect of customer characteristics, *Journal of Marketing*, 71, 67-83.

Copeland, M. T. (1923) *Marketing Problems*, New York: A. W. Shaw.

—— (1924) *Principles of Merchandising*, London, A. W. Shaw Company.

Corey, E. R. (1962) *Industrial Marketing: Cases and Concepts*, Prentice-Hall.

—— (1983) *Industrial Marketing: Cases and Concepts* (3rd ed.), Prentice-Hall.

Cronbach, L. J. (1951) Coeedicient Alpha and the Internal Structure of Tests, *Psychometrika*, 16 (3), 297-334.

Cronin, J. J. Jr. & Taylor, S. A. (1992) Measuring Service Quality: A Reexamination and Extension, *Journal of Marketing*, 56, 55-68.

Crosby, L. A. & Stephens, N. (1987) Effects of Relationship Marketing on Satisfaction, Retention, and Prices in the Life Insurance Industry, *Journal of Marketing Research*, 24, 404-411.

——, Evans, K. R. & Cowles, D. (1990) Relationship Quality in Services Selling: An

Interpersonal Influence Perspectives, *Journal of Marketing*, 54, 68-81.

Cunningham, M. T. (1980) International marketing and Purchasing of Industrial Goods-Features of a European Research Project, *European Journal of Marketing*, 14, 322-338.

Curto, J. C. & Pinto, J. D. (2011) The corrected VIF (CVIF), *Journal of Applied Statistics*, 38 (7), 1499-1507.

Cyert, R. M. & March, J. G. (1963) *A Behavioral Theory of the Firm*, Prentice-Hall, Inc.

——, Feigenbaum, E. A. & March, J. G. (1959) Models in a Behavioral Theory of the Firm, *Bahavioral Science*, 4 (2), 81-95.

Czepiel, J. A., Solomon, M. R., Surprenant, C. F. & Gutman, E. G. (1985) Service Encounters: An Overview in Czepiel, J. A., Solomon, M. R. & Surprenant, C. F. (eds.) (1985) *The Service Encounter: Managing Employee/Customer Interaction in Service Businesses*, Lexington Books, 3-15.

Davidson, D. S. (1978) How to succeed in a service industry. Turn the organization chart upside down, *Management Review*, 67, 13-16.

Davis, D. L., Guiltinan, J. P. & Jones, W. H. (1979) Service Characteristics, Consumer Search, and the Classification of Retail Services, *Journal of Retailing*, 55, 3-21.

Day, G. S. (1969) A Two-Dimensional Concept Of Brand Loyalty, *Journal of Advertising Research*, 9, 29-35.

—— (1994) The Capabilities of Market-Driven Organization, *Journal of Marketing*, 58, 37-52.

—— & Montgomery, D. B. (1999) Charting New Directions for Marketing, *Journal of Marketing*, 63, 3-13.

Dearden, J. (1978) Cost Accounting Comes to Service Industries, *Harvard Business Review*, 56, 132-140.

De Jong, A. & de Ruyter, K. (2004) Adaptive versus proactive behavior in service recovery: The role of self-managing teams, *Decision Sciences*, 35 (3), 457-491.

——, —— & Lemmink, J. (2004) Antecedents and consequences of the service climate in boundary-spanning self-managing service teams, *Journal of Marketing*, 68, 18-35.

De Wulf, K. & Odekerken-Schröder, G. (2003) Assessing the impact of a retailer's relationship efforts on consumers' attitudes and behavior, *Journal of Retailing and Consumer Services*, 10 (2), 95-108.

——, —— & Iacobucci, D. (2001) Investments in consumer relationships: A cross-country and cross-industry exploration, *Journal of Marketing*, 65, 33-50.

Dickson, P. R. (1992) Toward a General Theory of Competitive Rationality, *Journal of Marketing*, 56, 69-83.

Ding, L., Velicer, W. F. & Harlow, L. L. (1995) Effects of Estimation Methods, Number of Indicators per Factor, and Improper Solutions on Structural Equation Modeling Fit Indices, *Structural Equation Modeling: A Multidisciplinary Journal*, 2 (2), 119-143.

Dixon, J., Bridson, K., Evans, J. & Morrison, M. (2005) An alternative perspective on relationships, loyalty and future store choice, International Review of Retail, *Distribution and Consumer Research*, 15 (4), 351-374.

Dodge, H. R. (1970) *Industrial Marketing*, McGraw-Hill.

Donnelly, J. H. Jr. (1976) Marketing Notes and Communications: Marketing Intermediaries in Channels of Distribution for Services, *Journal of Marketing*, 40, 55-70.

—— (1980) Service Delivery Strategies in the 1980s—Academic Perspective, in *Financial Institution Marketmg Strategies in the 1980s*, Berry, L. L. & Donnelly, J. J. Jr. (eds.), Washington, DC: Consumer Bankers Association, 143-150.

Doorn, J. V. & Verhoef, P. C. (2008) Critical incidents and the impact of satisfaction on customer share, *Journal of Marketing*, 72, 123-142.

Drucker, P. F. (1954) *The Practice of Management*, New York: Harper and Row.

Duncan, T. & Moriarty, S. E. (1998) A Communication-Based Marketing Model for Managing Relationships, *Journal of Marketing*, 62, 1-13.

Dwyer, F. R., Schurr, P. H. & Oh, S. (1987) Developing Buyer-Seller Relationships, *Journal of Marketing*, 51, 11-27.

—— & Oh, S. (1988) A Transaction Cost Perspective on Vertical Contractual Structure and Interchannel Competitive Strategies, *Journal of Marketing*, 52, 21-34.

East, R., Harris, P., Willson, G. & Lomax, W. (1995) Loyalty to supermarkets, *International Review of Retail, Distribution and Consumer Research*, 5, 99-109.

——, Hammond, K., Harris, P. & Lomax, W. (2000) First-store loyalty and retention, *Journal of Marketing Management*, 16 (4), 307-325.

Edward, M. & Sahadev, S. (2011) Role of switching costs in the service quality, perceived value, customer satisfaction and customer retention linkage, *Asia Pacific Journal of Marketing and Logistics*, 23 (3), 327-345.

Eggert, A. & Ulaga, W. (2008) Linking Customer Value to Customer Share in Business Relationships, *Advances in Business Marketing and Purchasing*, 14, 221-247.

—— & —— (2010) Managing customer share in key supplier relationships,

Industrial Marketing Management, 39, 1346-1355.

Eiglier, P., Langeard, E., Lovelock, C. H., Bateson, J. E. G. & Young, R. F. (eds.) (1977) *Marketing Consumer Services: New Insights*, Cambridge, MA: marketing Science Institute.

Eisingerich, A. B. & Bell, S. J. (2007) Maintaining customer relationships in high credence services, *Journal of Services Marketing*, 21 (4), 253-262.

Fader, P. S. & Schmittlein, D. C. (1993) Excess behavioral loyalty for high-share brands: Deviations from the Dirichlet model for repeat purchasing, *Journal of Marketing Research*, 30, 478-493.

Farley, J. U. & Ring, L. W. (1970) An Empirical Test of the Howard-Sheth Model of Buyer Behavior, *Journal of Marketing Research*, 7, 427-438.

Fisher, L. (1969) *Industrial Maketing: an analytical approach to planning and execution*, Buisness Books Limited London.

Fisk, R. P. (1981) Toward A Consumption/Evaluation Process Model for Services, in *Marketing of Services*, Donnelly, J. H. & George, W. R. (eds.), Chicago: American Marketing, 191-195.

――, Brown, S. W. & Bitner, M. J. (1993) Tracking the Evolution of Services Marketing Literature, *Journal of Retailing*, 69, 61-103.

――, Grove, S. J. & John, J. (eds.) (2000) *Services Marketing Self-Portraits: Introspections, Reflections, and Glimpses from the Experts*, American Marketing Association.

Flint, D. J., Woodruff, R. B. & Gardial, S. F. (2002) Exploring the Phenomenon of Customers' Desired Value Change in a Business-to-Business Context, *Journal of Marketing*, 66, 102-117.

Ford, D. (1980) The Development of Buyer-Seller Relationships in Industrial Markets, *European Journal of Marketing*, 14, 339-353.

――, Gadde, L-E., Häkansson, H. & Snehota, I. (2002) Managing networks, Prepared at *the 18th IMP-conference on Perth, Australlia*.

――, ――, ―― & ―― (2006) *The Business Marketing Course: Managing in Complex Networks* (2nd ed.), John Wiley & Sons, Ltd.

――, ――, ――, Lundgren, A., Snehota, I., Turnbull, P. & Wilson, D. (1998) *Managing Business Relationships*, John Wiley & Sons Ltd.（小宮路雅博訳『リレーションシップ・マネジメント―ビジネス・マーケットにおける関係性管理と戦略』白桃書房、2001年）

Fox, A. (1974) *Beyond Contract: Work, Power and Trust Relations* (*Society Today & Tomorrow*), London, Faber and Faber Limited.

Fox, R. J. & Day, E. (1988) Enhancing the Appeal of Service Contracts: An

Empirical Investigation of Alternative Offerings, *Journal of Retailing*, 64, 335-352.

Frank, R. E., Massy, W. F. & Lodahl., T. M. (1969) Purchasing Behavior and Personal Attributes, *Journal of Advertising Research*, 9 (4), 15-24.

Frow, P., Payne, A. & Storbacka, K. (2011) Co-Creation: A Typology and Conceptual Framework, *Proceedings of ANZMAC 2011, Perth*, 1-6.

Furrer, O. (2003) Services Marketing Self-Portraits: Introspections, Reflections, and Glimpses from the Experts, *International Journal of Service Industry Management*, 14 (1), 148-151.

—— & Sollberger, P. (2007) The dynamics and evolution of the service marketing literature: 1993-2003, *Service Businesses*, 1, 93-117.

Galbraith, J. & Cumming, L. L. (1967) An Empirical Investigation of the Motivational Determinants of Task Performance: Interactive Effects between Instrumentally-Valence and Motivation-Ability, *Organizational Behavior and Human Performance*, 2, 237-257.

Ganesan, S. (1994) Determinants of Long-Term Orientation in Buyer-Seller Relationships, *Journal of Marketing*, 58, 1-19.

Gao, T., Sirgy, M. J. & Bird, M. M. (2005) Enriching Customer Value Research with a Relational Perspective: Evidence from an Empirical Investigation of Organizational Buyer's Value Perceptions, *Journal of Relationship Marketing*, 4 (1/2), 21-42.

George, D. & Mallery, P. (2010) *SPSS for Windows Step by Step: A Simple Guide and Reference, 17.0 Update* (10th ed.), Allyn & Bacon.

George, W. R. (1977) The Retailing of Services: A Challenging Future, *Journal of Retailing*, 53, 85-98.

—— & L. L. Berry. (1981) Guidelines for Advertising Services, *Business Horizons*, 24, 52-56.

Ghosh, A. & Craig, C. S. (1986) An Approach to Determining Optimal Locations for New Services, *Journal of Marketing Research*, 354-362.

Gluck, F. W. (1980) Strategic choice and resource allocation, *The McKinsey Quarterly*, Winter, 23-33.

Grewal, D., Monroe, K. B. & Krishnan, R. (1998) The Effects of Price-Comparison Advertising on Buyer's Value, Transaction Value, and Behavioral Intentions, *Journal of Marketing*, 62, 46-59.

Grønhaug, K. & Gilly, M. C. (1991) A transaction cost approach to consumer dissatisfaction and complaint actions, *Journal of Economic Psychology*, 12, 165-183.

Grönroos, C. (1978) A Service-Oriented Approach to Marketing of Services, *European Journal of Marketing*, 12, 588-601.

—— (1979) An Applied Theory For Marketing Industrial Services, *Industrial Marketing Management*, 8, 45-50.

—— (1980) Designing a Long Range Marketing Strategy for Services, *Long Range Planning*, 3, 36-42.

—— (1982) *Strategic Management and Marketing in the Service Sector*, Swedish School of Economics and Business Administration.

—— (1984) A Service Quality Model and its Marketing Implications, *European Journal of Marketing*, 18, 36-44.

—— (1989) Defining Marketing: A Market-Oriented Approach, *European Journal of Marketing*, 23, 42-60.

—— (1990) Marketing Redefined, *Management Decision*, 28 (8), 5-9.

—— (1991) The Marketing Strategy Continuum: A Marketing Concept for the 1990s, *Management Decision*, 29 (1), 7-13.

—— (1994a) From Marketing Mix to Relashionship Marketing: Towards a Paradigm Shift in Marketing, *Management Decision*, 32 (2), 4-20.

—— (1994b) From Scientific Management to Service Management: A management Perspective for the Age of Service Competition, *International Journal of Service Industry Management*, 5 (1), 5-20.

—— (1997) Value-driven Relational Maketing: from Products to Resources and Competecies, *Journal of Marketing Management*, 13, 407-419.

—— (2000a) *Service Management and Marketing: A Customer Relationship Management Approach*, West Sussex, UK: John Wiley & Sons.

—— (2000b) Relationship Marketing: The Nordic School Perspective, in *Handbook of Relationship Marketing* (eds.) Sheth, J. N. & Parvatiyar, A., Sage Publications, 95-117.

—— (2005) What Can A Service Logic Offer Marketing Theory, *Working Papers 508, Swedish School of Economics and Business Administration, Department of Marketing and Corporate Geography*, 1-25.

—— & Ravald, A. (2011) Service as business logic: implications for value creation and marketing, *Journal of Service Management*, 22 (1), 5-22.

Guiltinan, J. P. (1987) The Price Bundling of Services: A Normative Framework, *Journal of Marketing*, 51, 74-85.

Gummesson, E. (1987) The New Marketing—Developing Long-term Interactive Relationships, *Long Range Planning*, 20 (4), 10-20.

—— (1991) Marketing-orientation Revisited: The Crucial Role of the Part-time

Marketer, *European Journal of Marketing*, 25, 60-75.

―― (1993) *Quality Management in Service Organizations*, New York: International Service Quality Association.

―― (1994) Broadening and Specifying Relationship Marketing, *Asia-Australia Marketing Journal*, 2, 31-43.

―― (1997) Relationship marketing as a paradigm shift: some conclusions from the 30R approach, *Management Decision*, 35 (4), 267-272.

―― (2002a) Relationship marketing and a new economy: it's time for de-programming, *Journal of Services Marketing*, 16, 585-589.

―― (2002b) *Total Relationship Marketing: Marketing Management, Relationship Strategy and CRM Approaches for the Network Economy* (2nd ed.), Butterworth-Heinemann.（若林靖永・太田真治・崔容熏・藤岡章子訳『リレーションシップ・マーケティング：ビジネスの発想を変える30の関係性』中央経済社、2007年）

Gundlach, G. T., Achrol, R. S. & Mentzer, J. T. (1995) The Structure of Commitment in Exchange, *Journal of Marketing*, 59, 78-92.

Häkansson, H. (1980) Marketing Strategies in Industrial Markets; A Framework Applied to a Steel Producer, *European Journal of Marketing*, 14, 365-377.

―― (ed.) and IMP Project Group (1982) *International Marketing and Purchasing of Industrial Goods: An Interaction Approach*, John Wiley & Sons, Ltd.

―― (ed.) (1987) *Industrial Technological Development: A Network Approach*, Croom Helm Ltd.

―― & Östberg, C. (1975) Industrial marketing—An organizational problem?, *Industrial Marketing Management*, 4, 113-123.

―― & Snehota, I. J. (1989) No business is an island: The network concept of business strategy, *Scandinavian Journal of Management*, 5, 187-200.

―― & ―― (1995) *Developing Relationships in Business Networks*, Routledge, London.

―― & ―― (2000) The IMP Perspective: Assets and Liabilities of Business Relationships, in *Handbook of Relationship Marketing* (eds.) Sheth, J. N. & Parvatiyar, A., Sage Publications, Inc.

――, Johanson, J. & Wootz, B. (1976) Influence Tactics in Buyer-Seller Processes, *Industrial Marketing Management*, 5, 319-332.

Hauser, J. R. & Clausing, D. (1988) The House of Quality, *Harvard Business Review*, 66, 63-73.

Heide, J. B. & John, G. (1988) The Role of Dependence Balancing in Safeguarding Transaction-Specific Assets in Conventional Channels, *Journal of Marketing*, 52, 20-35.

—— & —— (1990) Alliances in Industrial Purchasing: The Determinants of Joint Action in Buyer-Supplier Relationships, *Journal of Marketing Research*, 27, 24-36.

Helgesen, Ø. (2006) Are loyal customers profitable? Customer satisfaction, customer (action) loyalty and customer profitability at the individual level, *Journal of Marketing Management*, 22 (3-4), 245-266.

Hofmeyr, J., Goodall, V., Bongers, M. & Holtzmann, P. (2008) A new measure of brand attitudinal equity based on the Zipf distribution, *International Journal of Market Research*, 50 (2), 181-202.

Hogan, J. E. (2001) Expected Relationship Value, *Industrial Marketing Management*, 30, 339-351.

Holmlund, M. (1996) *A theoretical framework of perceived quality in business relationships* (research rep.), Helsinki, Finland: Swedish School of Economics and Business Administration.

Homburg, C., Droll, M. & Totzek, D. (2008) Customer prioritization: Does it pay off, and how should it be implemented?, *Journal of Marketing*, 72, 110-130.

House, R. J. (1971) A Path Goal Theory of Leader Effectiveness, *Administrative Science Quarterly*, 16, 321-338.

Howard, J. A. (1963) *Marketing management: Analysis and Planning*, Richard D. Irwin, Homewood.

—— & Sheth, J. N. (1969) *The Theory of Buyer Begavior*, John Wiley & Sons.

Hui, M. K. & Bateson, J. E. G. (1991) Perceived Control and the Effects of Music on High-and Low-Involvement Consumers' Processing of Ads, *Journal of Consumer-Research*, 18, 174-184.

Hunt, S. D. (2000) *A General Theory of Competition: Resources, Competences, Productivity, Economic Growth*, Thousand Oaks, CA: Sage Publications.

—— (2002) *Foundation of Marketing Theory: Toward a General Theory of Marketing*, Thousand Oaks, CA: Sage Publications.

—— (2004) On the Service-Centred Dominant Logic for Marketing in Bolton, R. N. (ed.) *Invited Commentaries on Evolving to a New Dominant Logic for Marketing*, *Journal of Marketing*, 68, 21-22.

—— & Morgan, R. M. (1995) The Comparative Advantage Theory of Competition, *Journal of Marketing*, 59, 1-15.

Hutchinson, D., Wellington, W. J., Saad, M. & Cox, P. (2011) Refining value-based differentiation in business relationships: A study of the higher order relationship building blocks that influence behavioural intentions, *Industrial Marketing Management*, 40, 465-478.

Hutt, M. D. & Speh, T. W. (1984) The Marketing Strategy Center: Diagnosing the

Industrial Marketer's Interdisciplinary Role, *Journal of Marketing*, 48, 53-61.

Ishikawa, K. (1985) *What is Total Quality Control? The Japanese Way*, Prentice-Hall, Englewood Cliffs, New Jersey.

Johanson, J. & Mattsson, L-G. (1987) Interorganizational Relations in Industrial Systems: A Network Approach Compared with the Transaction-Cost Approach, *International Studies of Management and Organization*, 17 (1), 34-48.

Johnson, E. M. (1969) *Are Goods and Services Different? An Exercise in Marketing Theory*, Ph.D. dissertation, St. Louis, MO: Washington University.

—— (1981) Personal Selling in Financial Institutions, in *Marketing of Services*, Donnelly, J. H. & George, W. R. (eds.), Chicago: American Marketing, 21-24.

Jones, M. A., Mothersbaugh, D. L. & Beatty, S. E. (2000) Switching Barriers and Repurchase Intentions in Services, *Journal of Retailing*, 76, 259-274.

Judd, R. C. (1968) Similarities or Differences in Products and Service Retailing, *Journal of Retailing*, 43, 1-9.

Kamakura, W. A., Mittal, V., de Rosa, F. & Mazzon, J. A. (2002) Assessing the serviceprofit chain, *Marketing Science*, 21 (3), 294-317.

Keiningham, T. L., Perkins-Munn, T. & Evans, H. (2003) The impact of customer satisfaction on share-of-wallet in a business-to-business environment, *Journal of Service Research*, 6 (1), 37-50.

——, Aksoy, L. & Estrin, D. (2005) Does customer satisfaction lead to customer profitability? The mediating role of share-of-wallet, *Managing Service Quality*, 15 (2), 172-181.

Kellar, G. M. & Preis, M. W. (2011) Satisfaction and repurchase intention: B2B buyer-seller relationships in medium-technology industries, *Academy of Information and Management Sciences Journal*, 14 (2), 11-19.

Kelley, S. W., Donnelly, J. H. Jr. & Skinner, S. J. (1990) Customer Participation in Service Production and Delivery, *Journal of Retailing*, 66, 315-335.

Knisely, G. (1979) Financial Services Marketers Must Learn Packaged Goods Selling Tools, *Advertising Age*, 50, 58-62.

Kohli, A. K. (1989) Determinants of Influence in Organizational Buying: A Contingency Approach, *Journal of Marketing*, 53, 50-65.

—— & Jaworski, B. J. (1990) Market Orientation: The Construct, Research Propositions, and Managerial Implications, *Journal of Marketing*, 54, 1-18.

Kotler, P. (1967) *Marketing Management Analysis, Planning, and Control*, Englewood Cliffs, NJ: Prentice Hall.

Kunnan, A. J. (1998) An introduction to structural equation modeling for language assessment research, *Language Testing*, 15, 295-332.

Krapfel, R. E. Jr. (1988) Customer Complaint and Salesperson Response: The Effect of the Communication Source, *Journal of Retailing*, 64, 181-198.

Kryvinska, N., Olexova, R., Dohmen, P. & Strauss, C. (2013) The S-D logic phenomenon-conceptualization and systematization by reviewing the literature of a decade (2004-2013), *Journal of Service Science Research*, 5, 35-94.

La Londe, B. J., Cooper, M. C. & Noordewier, T. G. (1988) *Customer Service: A Management Perspective*, Council of Logistics Management, Oak Brook, Illinois.

Lacey, R. (2007) Relationship drivers of customer commitment, *Journal of Marketing Theory and Practice*, 15 (4), 315-333.

Lam, S. Y., Shanker, V., Erramilli. M. K. & Murphy, B. (2004) Customer Value, Satisfaction, Loyalty, and Switching Costs: An Illustration From a Business-to-Business Service Context, *Journal of the Academy of Marketing Science*, 32, 293-311.

Langeard, E., Bateson, J. E. G., Lovelock, C. H. & Eiglier, P. (1981) *Service Marketing: New Insights from Consumer arui Managers*, Cambridge, MA: Marketing Science Institute.

Laseter, T. M. (1998) *Balanced Sourcing: Cooperation and Competition in Supplier Relationships*, Jossey-Bass.（ブーズ・アレン・アンド・ハミルトン訳『ストラテジック・ソーシング』プレンティスホール出版、1999年）

Lawler, E. E. III. (1971) *Pay and Organizational Effectiveness: Psychological View*, New York: McGraw-Hill.

Lazarsfeld, P. & Rosenberg, M. (1967) *The Language of Social Research*, The Free Press.

Leavitt, H. J. (1964) Applied Organization Change in Industry: Structural, Technical, and Human Approaches, *New Perspectives in Organization Research*, Cooper, W. W., Leavitt, H. J. & Shelly, M. W. (eds.), NY: John Wiley and Sons, 55-71.

Leenheer, J., Heerde, H. J. v., Bijmolt, T. H. A. & Smidts, A. (2007) Do loyalty programs really enhance behavioral loyalty? An empirical analysis accounting for selfselecting members, *International Journal of Research in Marketing*, 24 (1), 31-47.

Leuthesser, L. (1997) Supplier relational behavior: An empirical assessment, *Industrial Marketing Management*, 26 (3), 245-254.

―― & Kohli, A. K. (1995) Relational behavior in business markets: Implications for relationship management, *Journal of Business Research*, 34 (3), 221-233.

Leverin, A. & Liljander, V. (2006) Does relationship marketing improve customer relationship satisfaction and loyalty?, *International Journal of Bank Marketing*, 24

(4), 232-251.

Levitt, T. (1960) Marketing Myopia, *Harvard Business Review*, July-August, 45-56.

―― (1972) Production-line approach to service, *Harvard Business Review*, September-October, 41-52.

―― (1976) The Industrialization of Service, *Harvard Business Review*, 54, 63-74.

Lichtenstein, D. R., Netemeyer, R. G. & Burton, S. (1990) Distinguishing Coupon Proneness From Value Consciousness: An Acquisition-Transaction Utility Theory Perspective, *Journal of Marketing*, 54, 54-67.

Likert, R. (1932) A Technique For The Measurement of Attitudes, *Archives of Psychology*, 140, 5-55.

Liu, A. H., Leach, M. P. & Bernhardt, K. L. (2005) Examining customer value perceptions of organizational buyers when sourcing from multiple vendors, *Journal of Business Research*, 58 (5), 559-568.

Lott, A. J. & Lott, B. E. (1974) The Role of Reward in the Formation of Positive Interpersonal Attitudes, in *Foundation of Interpersonal Attraction*, T. L. Huston (eds.), New York: Academic Press, Inc.

Lovelock, C. (1979) Theoretical Contribution from Services and Nonbusiness Marketing in O. C. Ferrell, S. W. Brown & C. W. Lamb (eds.) *Conceptual and Theoretical Developments in Marketing*, Chicago, IL: American Marketing Association, 147-165.

―― (1981) Why Marketing Management Needs To Be Different for Services, in *Marketing of Services*, Donnelly, J. H. & George, W. R. (eds.), Chicago: American Marketing, 5-9.

―― (1983) Classifying Services to Gain Strategic Marketing Insights, *Journal of Marketing*, 47, 9-20.

―― (1984) Services Marketing: Text, Cases & Readings, Prentice Hall.

―― & Gummesson, E. (2004) Whither Services Marketing?: In Search of a New Paradigm and Fresh Perspectives, *Journal of Service Research*, 7 (1), 20-41.

―― & Wirtz, J. (2007) *Services Marketing* (6th ed.), Prentice Hall. (武田玲子訳・白井義男監修『ラブロック＆ウィルツのサービス・マーケティング』ピアソン・エデュケーション、2008 年)

Lusch, R. F. & Vargo, S. L. (2006) Service-dominant logic: reactions, reflections and refinements, *Marketing Theory*, 6 (3), 281-288.

―― & ―― (2012) The forum on markets and marketing (FMM): Advancing service-dominant logic, *Marketing Theory*, 12 (2), 193-199.

―― & ―― (2014) *Service Dominant Logic: Premises, Perspectives, Possibilities*,

Cambridge University Press.

Macintosh, G. & Lockshin, L. S. (1997) Retail relationships and store loyalty: A multilevel perspective, *International Journal of Research in Marketing*, 14 (5), 487-497.

Mägi, A. W. (2003) Share of wallet in retailing: The effects of customer satisfaction, loyalty cards and shopper characteristics, *Journal of Retailing*, 79, 97-106.

March, J. G. & Simon, H. A. (1958) *Organizations*, John Wiley & Sons.

Marshall, A. (1927) *Principles of Economics*, (1890) Reprint, London: Macmillan.

Mattila, A. S. (2006) The impact of affective commitment and hotel type in influencing guests' share of wallet, *Journal of Hospitality and Leisure Marketing*, 15 (4), 55-68.

Mattson, L-G. (1997) 'Relationship Marketing' and the 'Markets-as-Networks Approach'—A comparative analysis of two evolving streams of research, *Journal of Marketing Management*, 13, 447-461.

May, F. (1965) Buying Behavior: Some Research Findings, *The Journal of Business*, 38 (4), 379-396.

McCarthy, E. J. (1960) *Basic Marketing, A Managerial Approach*, Homewood, IL: Richard D. Irwin.

McKitterick, J. B. (1957) What Is the Marketing Management Concept?, in *Frontiers of Marketing Thought and Science*, Bass, F. M. (ed.), Chicago: American Marketing Association, 71-81.

Melton, A. & Trahan, J. (2009) Risk Essentials, *Risk Management*, 56 (10), 46-48.

Menard, S. (2001) *Applied Logistic Regression Alalysis* (2nd ed.), Sage University Papers Series on Quantitative Applications in the Social Sciences, Thousand Oaks, CA: Sage.

Meyer-Waarden, L. (2007) The effects of loyalty programs on customer lifetime duration and share of wallet, *Journal of Retailing*, 83, 223-236.

―― (2008) The influence of loyalty programme membership on customer purchase behaviour, *European Journal of Marketing*, 42, 87-114.

Mittal, V., Ross, T. W. Jr. & Baldasare, P. M. (1998) The Asymmetric Impact of Negative and Positive Attribute-Level Performance on Overall Satsfaction and Repurchase Intentions, *Journal of Marketing*, 62, 33-47.

Möller, K. E. K. (1985) Research Strategies in Analyzing the Organizational Buying Porcess, *Journal of Business Research*, 13, 3-17.

―― & Halinen, A. (2000) Relationship Marketing Theory: Its Roots and

Direction, *Journal of Marketing Management*, 16, 29-54.

Moorman, C., Zaltman, G. & Deshpande, R. (1992) Relationships Between Providers and Users of Market Research: The Dynamics of Trust Within and Between Organizations, *Journal of Marketing Research*, 29, 314-328.

——, Deshpande, R. & Zaltman, G. (1993) Factors Affecting Trust in Market Research Relationships, *Journal of Marketing*, 57, 81-101.

Morgan, R. M. & Hunt, S. D. (1994) The Commitment-Trust Theory of Relationship Marketing, *Journal of Marketing*, 58, 20-38.

Moriarty, R. T. (1983) *Industrial Buying Behavior: Concepts, Issues, and Applications*, Lexington Books.

—— & Spekman, R. E. (1984) An Empirical Investigation of the Information Sources Used During the Industrial Buying Process, *Journal of Marketing Research*, 21, 137-147.

Murray, K. B. (1991) A test of services marketing theory: consumer information acquisition activities, *Journal of Marketing*, 55, 10-25.

Narver, J. C. & Slater, S. F. (1990) The Effect of a Market Orientation on Business Profitability, *Journal of Marketing*, 54, 20-35.

Nelson, R. & Winter, S. G. (1982) *An Evolutionary Theory of Economics Change*, Cambridge, MA: Belknap Press.

Noordewier, T. G., John, G. & Nevin, J. R. (1990) Performance Outcomes of Purchasing Arrangements in Industrial Buyer-Vendor Relationships, *Journal of Marketing*, 54, 80-93.

Normann, R. (1991) Service Management: *Strategy and Leadership in Service Business* (2nd ed.), John Wiley & Sons.

—— & Ramirez, R. (1993) From Value Chain to Value Constellation: Designing Interactive Strategy, *Harvard Business Review*, 71 (4), 65-77.

Nystrom, P. (1915) *The Economics of Retailing*, Vols. L and 2, New York: Ronald Press.

Odekerken-Schröder, G., De Wulf, K. & Schumacher, P. (2003) Strengthening outcomes of retailer—consumer relationships: The dual impact of relationship marketing tactics and consumer personality, *Journal of Business Research*, 56 (3), 177-190.

Ojha, D. & Gokhale, R. A. (2009) Logistical business continuity planning-scale development and validation, *The International Journal of Logistics Management*, 20 (3), 342-359.

Oliva, T. A., Oliver, R. L. & MacMillian, I. C. (1992) A Catastrophe Model for Developing Service Satisfaction Strategies, *Journal of Marketing*, 56, 83-95.

Ouchi, W. G. (1981) *Theory Z*, MA: Addison-Wesley.

Palmatier, R. W., Dant, R. P., Grewal, D. & Evans, K. R. (2006) Factors Influencing the Effectiveness of Relationship Marketing: A Meta-Analysis, *Journal of Marketing*, 70, 136-153.

Parasuraman, A. & Grewal, D. (2000) The impact of technology on the quality-value-loyalty chain: A research agenda, *Journal of the Academy of Marketing Science*, 28, 168-174.

——, Zeithaml, V. A. & Berry, L. L. (1985) A Conceptual Model of Service Quality and Its Implications for Future research, *Journal of Marketing*, 49, 41-50.

——, ——, & —— (1988) SERVQUAL: A Multiple-Item Scale for Measuring Consumer Perceptions of Service Quality, *Journal of Retailing*, 64, 12-40.

——, Berry, L. L. & Zeithaml, V. A. (1991) Refinement and Reassessment of the SERVQUAL Scale, *Journal of Retailing*, 67, 420-450.

Patterson, G. P. & Spreng, R. A. (1997) Modelling the relationship between perceived value, satisfaction and repurchase intentions in a business-to-business, services context: an empirical examination, *International Journal of Service Industry Management*, 8 (5), 414-434.

Payne, A. (eds.) (1995) *Advances in Relationship Marketing*, Kogan Page.

——, Christopher, M., Clark, M. & Peck, H. (1995) *Relationship Marketing for Competitive Advantage: Winning and keeping customers*, Butterworth-Heinemann.

—— & Holt, S. (1999) A Review of the 'Value' Literature and Implications for Relationship Marketing, *Australasian Marketing Journal*, 7 (1), 41-51.

——, Storbacka, K. & Frow, P. (2008) Managing the co-creation of value, *Journal of the Academy of Marketing Science*, 36, 83-96.

Peck, H., Payne, A., Christopher, M. & Clark, M. (1999) *Relationship Marketing: Strategy and implementation*, Butterworth-Heinemann.

Penrose, E. T. (1959) *The growth of the firm*, White Plains, NY: Sharpe.

Perkins-Munn, T., Aksoy, L., Keiningham, T. L. & Estrin, D. (2005) Actual purchase as a proxy for share of wallet, *Journal of Service Research*, 7 (3), 245-256.

Pick, D. & Eisend, M. (2014) Buyer's perceived switching costs and switching: a meta-analytic assessment of their antecedents, *Journal of the Academy of Marketing Science*, 42, 186-204.

Pine, J. B. (1993) *Mass Customization: New Frontiers in Business Competition*, Cambridge, MA: Harvard Business School Press.

—— & Gilmore, J. H. (1999) *The Experience Economy: Work as Theater and*

Every Business a Stage, Cambridge, MA: Harvard University Press.

Porter, M. E. (1985) *Competitive Advantage: Creating and Sustaining Superior Performance*, Free Press, New York.

Prahalad, C. K. & Ramaswamy, V. (2000) Co-opting Customer Competence, *Harvard Business Review*, 78, 79-87.

—— & Hamel, G. (1990) The Core Competence of the Corporation, *Harvard Business Review*, 68, 79-87.

Rathmell, J. M. (1966) What Is Meant by Services?, *Journal of Marketing*, 30, 32-36.

—— (1974) *Marketing in the Service Sector*, Cambridge, MA: Winthrop Publishers, Inc.

Ravald, A. & Grönroos, C. (1996) The value concept and relationship marketing, *European Journal of Marketing*, 30, 19-30.

Regan, W. J. (1963) The Service Revolution, *Journal of Marketing*, 47, 57-62.

Reinartz, W., Thomas, J. S. & Kumar, V. (2005) Balancing acquisition and retention resources to maximize customer profitability, *Journal of Marketing*, 69, 63-79.

Reynolds, K. E. & Beatty, S. E. (1999) Customer benefits and company consequences of customer-salesperson relationships in retailing, *Journal of Retailing*, 75, 11-32.

—— & Arnold, M. J. (2000) Customer loyalty to the salesperson and the store: Examining relationship customers in an upscale retail context, *Journal of Personal Selling and Sales Management*, 20 (2), 89-98.

Robinson, P. J., Faris, C. W. & Wind, Y. (1967) *Industrial Buying and Creative Marketing*, Allyn and Bacon.

Rust, R. (1998) What Is the Domain of Service Research?, *Journal of Service Research*, 1, 107.

Salomonson, N., Aberg, A. & Allwood, J. (2012) Communicative skills that support value creation: A study of B2B interactions between customers and customer service representatives, *Industrial Marketing Management*, 41, 145-155.

Sasser, W. E. Jr. (1976) Match Supply and Demand in Service Industries, *Harvard Business Review*, 54, 133-140.

—— & Arbeit, S. (1978) Selling Jobs in the Service Sector, *Business Horizons*, 19, 61-65.

Say, J. (1821) *A Treatise on the Political Economy*, Boston: Wells and Lilly.

Scanzoni, J. (1979) Social Exchange and Behavioral Interdependence, in *Social Exchange in Developing Relationships*, Burgess, R. L. & Huston, T. L. (eds.), New York: Academic Press, Inc.

Schneider, B. & Bowen, D. (1984) New Services, design, development and implementation and employee in George, W. R. & Marchall, C. E. (eds.) (1984) *Developing New Services*, American Marketing Association Proceedings of the Symposium on Dveloping New Services held Oct. 17-18, 1983 at Villanova University, Villanova, PA.

Schurr, P. H. & Ozanne, J. L. (1985) Influences on Exchanges Processes: Buyer's Preconceptions of a Seller's Trustworthiness and Bargaining Toughness, *The Journal of Consumer Research*, 11, 939-953.

Shaw, A. (1912) Some Problems in Market Distribution, *Quarterly Journal of Economics*, 12, 703-765.

Sheth, J. N. (1973) A Model of Industrial Buyer Bahavior, *Journal of Marketing*, 37, 50-56.

―― (2002) The future of relatinship marketing, *The Journal of Services Marketing*, 16 (7), 590-592.

―― & Parvatiyar, A. (2000a) Relationship Marketing in Consumer Markets: Antecedents and Consequences, in *Handbook of Relationship Marketing* (eds.), Sheth, J. N. & Parvatiyar, A., Sage Publications, Inc.

―― & ―― (2000b) The Evolution of Relationship Marketing, in *Handbook of Relationship Marketing* (eds.), Sheth, J. N. & Parvatiyar, A., Sage Publications, Inc.

――, Gardner, D. M. & Garrett, D. E. (1988) *Marketing Theory: Evolution and Evaluation*, John Wiley and Sons. (流通科学研究会訳『マーケティング理論への挑戦』東洋経済新報社、1991 年)

Shostack, G. L. (1977) Breaking Free from Product Marketing, *Journal of Marketing*, 41, 73-80.

―― (1987) Service Positioning Through Structural Change, *Journal of Marketing*, 51, 34-43.

Sighuaw, J. A., Gassenheimer, J. B. & Hunter, G. L. (2014) Consumer co-creation and the impact on intermediaries, *International Journal of Physical Distribution & Logistics Management*, 44 (1/2), 6-22.

Silvestro, R. & Cross, S. (2000) Applying the service profit chain in a retail environment, *International Journal of Service Industry Management*, 11 (3), 244-268.

Sirdeshmukh, D., Singh, J. & Sabol, B. (2002) Consumer trust, value, and loyalty in relational exchanges, *Journal of Marketing*, 66, 15-37.

Sivadas, E. & Baker-Prewillt, J. L. (2000) An examination of the relationship between service quality, customer satisfaction, and store loyalty, *International Journal of Retail and Distribution Management*, 28 (2), 73-82.

Slater, F. S. (1997) Developing a Customer Value-Based Theory of the Firm, *Journal of the Academy of Marketing Science*, 25, 162-167.

Snehota, I. (2003) Market-as-Network; So What?, Prepared for *the 19*th *IMP-conference, September 4-6*, University of Lugano, Switzerland.

Soberson-Ferrer, H. & Dardis, R. (1991) Determinants of Household Expenditures for Services, *Journal of Consumer Research*, 17, 385-397.

Solomon, M. R., Surprenant, C., Czepiel, J. A. & Gutman, E. G. (1985) A Role Theory Perspective on Dyadic Interactions: The Service Encounter, *Journal of Marketing*, 49, 99-111.

Spekman, R. E. & Stern, L. W. (1979) Environmental uncertainty and buying group structure: An empirical investigation, *Journal of Marketing*, 43, 54-64.

Spreng, R. A., Shi, A. H. & Page, T. J. (2009) Service quality and satisfaction in business-to-business services, *Journal of Business & Industrial Marketing*, 24 (8), 537-548.

Srivastava, R. K., Shervani, T. A. & Fahey, L. (1999) Marketing, Business Processes, and Shareholder Value: An Organizationally Embedded View of Marketing Activities and the Discipline of Marketing, *Journal of Marketing*, 63, 168-179.

Stacey, N. A. H. & Wilson, A. (1963) *Industrial Marketing Research—Management and Technique-*, Hutchinson & Co.

Surprenant, C. F. & Solomon, M. R. (1987) Predictability and Personalization in the Service Encounter, *Journal of Marketing*, 51, 86-96.

Teece, D. & Pisano, G. (1994) The Dynamic Capabilities of Firms: An Introduction, *Industrial and Corporate Change*, 3 (3), 537-556.

Terho, H., Haas, A., Eggert, A. & Ulaga, W. (2012) 'It's almost like taking the sales out of selling'—Towards a conceptualization of value-based selling in business markets, *Industrial Marketing Management*, 41, 174-185.

Thomas, D. R. E. (1978) Strategy is Different in Service Businesses, *Harvard Business Review*, 56, 158-165.

Tzokas, N. & Saren, M. (1999) Value Transformation in Relationship Marketing, *Australasian Marketing Journal*, 7 (1), 52-62.

Ulaga, W. & Eggert, A. (2003) Relationship Value in Business Markets: Development of a Measurement Scale, *ISBM Report*, Institute for the Study of Business Markets, 2, 1-38.

―― & ―― (2005) Relationship Value in Business Markets: The Construct and its Domensions, *Journal of Business-to-Business Marketing*, 12 (1), 73-99.

―― & ―― (2006) Value-Based Differentiation in Business Relationships: Gaining and Sustaining Key Supplier Status, *Journal of Marketing*, 70, 119-136.

Uhl, K. P. & Upah, G. D. (1980) *A Sequential Approach to the Advertising of Accounting Services*, working paper, Virginia Polytechnic Institute and State University.

Upah, G. D. (1980) Mass Marketing in Service Retailing: A Review and Synthesis of Major Methods, *Journal of Retailing*, 56, 59-76.

Vargo, S. L. (2007) Paradigmn, Pluralisms, and Peripheries: On the Assessment of the S-D Logic, *Australasian Marketing Journal*, 15 (1), 105-108.

—— & Lusch, R. F. (2004) Evolving to a New Dominat Logic for Marketing, *Journal of Marketing*, 68, 1-17.

—— & —— (2006) Service-Dominant Logic: What It Is, What It Is Not, What It Might Be in Vargo, S. L. & Lusch, R. F. (eds) *The Service-Dominat Logic of Marketing: dialog, debate and directions*, M. E. Sharpe, 43-56.

—— & —— (2008a) Service-dominant logic: continuing the evolution, *Journal of the Academy of Marketing Science*, 36, 1-10.

—— & —— (2008b) Why "service"?, *Journal of rhe Academy of Marketing Science*, 36, 25-38.

—— & —— (2008c) From goods to service (s): divergences and convergences of logics, *Industrial Marketing Management*, 37, 254-259.

—— & —— (2011) It's all B2B…and beyond: Toward a systems perspective of the market, *Industrial Marketing Management*, 40, 181-187.

——, —— & Morgan, F. W. (2006) Historical Perspectives on Service-Dominat Logic in Vargo, S. L. & Lusch, R. F. (eds) *The Service-Dominat Logic of Marketing: dialog, debate and directions*, M. E. Sharpe, 29-42.

Venkatesh, R., Kohli, A. K. & Zaltman, G. (1995) Influence Strategies in Buying Centers, *Journal of Marketing*, 59, 71-82.

Verbeke, W., Dietz, B. & Verwaal, E. (2011) Drivers of sales performance: a contemporary meta-analysis. Have salespeople become knowledge brokers?, *Journal of the Academy of Marketing Science*, 39, 407-428.

Verhoef, P. C. (2001) Analyzing customer relationships: linking relational constructs and marketing instruments to customer behavior, *Dissertation*, No. 255, Tinbergen Institute Research Series.

—— (2003) Understanding the effect of customer relationship management efforts on customer retention and customer share development, *Journal of Marketing*, 67, 30-45.

Walter, A., Ritter, T. & Gemünden, H. G. (2001) Value Creation in Buyer-Seller Relationships, *Industrial Marketing Management*, 30, 365-377.

Ward, J. C., Bitner, M. J. & Barnes, J. (1992) Measuring the Prototypicality and Meaning of Retail Environments, *Journal of Retailing*, 68, 194-220.

Watanabe, Y. (2014) Co-Creation of Value in Business-To-Business Services, *International Business & Economics Research Journal*, 13 (6), 1483-1498.

Webster, F. E. Jr. (1991) *Industrial Marketing Strategy* (3rd ed.), JohnWiley & Sons.

—— (1992) The Changing Role of Marketing in the Croporation, *Journal of Marketing*, 56, 1-17.

—— & Wind, Y. (1972a) A General Model for Understanding Organizational Buying Behavior, *Journal of Marketing*, 36, 12-19.

—— & —— (1972b) *Organizational Buying Behavior*, Englewood Cliffs, New Jersey: Prentice Hall.

Weinberger, M. G. (1976) *Services and Goods: A Laboratory Study of Informational Influences*, Ph. D. dissertation, Arizona State University.

—— & Brown, S. W. (1977) A Difference in Informational Influences: Services vs. Goods, *Journal of the Academy of Marketing Science*, 5, 389-407.

Weitzel, W., Schwarzkopf, A. B. & Peach, E. B. (1989) The influence of employee perceptions of customer service on retail store sales, *Journal of Retailing*, 27-39.

Weld, L. D. H. (1916) *The Marketing of Farm Products*, New York: Macmillan.

—— (1917) Marketing Functions and Mercantile Organizations, *American Economic Review*, 7, 306-318.

Wernerfelt, B. (1984) A resource-based view of the firm, *Strategic Management Journal*, 5 (2), 171-180.

Whittaker, G., Ledden L. & Kalafatis, S. P. (2007) A re-examination of the relationship between value, satisfaction and intention in business services, *Journal of Services Marketing*, 21 (5), 345-357.

Williamson, O. E. (1975) *Markets and Hierarchies*, New York, Free Press. (浅沼万里・岩崎晃訳『市場と企業組織』日本評論社、1980 年)

—— (1979) Transaction-Cost Economics: The Governance of Contractual Relations, *Journal of Law and Economics*, 22 (2), 233-261.

—— (1985) *The Economic Institutiona of Caoitalism: Firms, Markets, Relational Contracting*, New York: The Free Press.

Wilson, A. (eds.) (1965) *The marketing of industrial products*, Pan Management Series.

Wilson, D. T. & Jantrania, S. (1995) Understanding the Value of a Relationship, *Asia-Australia Marketing Journal*, 2 (1), 55-66.

Wilson, E. J., Lilien, G. L. & Wilson, D. T. (1991) Developing and Testing a

Contingency Paradigm of Group Choice in Organizational Buying, *Journal of Marketing Research*, 28, 452-466.

Wind, Y. (1970) Industrial source loyalty, *Journal of Marketing Research*, 7, 450-457.

Wirtz, J., Mattila, A. S. & Lwin, M. O. (2007) How effective are loyalty reward programs in driving share of wallet?, *Journal of Service Research*, 9 (4), 327-334.

Woodman, N. D. (2015) We Sell Experience, Not Product, *Nikkei Newspaper*, July 21, 2015, 4.(「モノではなく体験売る」『日本経済新聞』2015年7月21日)

Woodruff, R. B. (1997) Customer Value: The Next Source for Competitive Advantage, *Journal of the Academy of Marketing Science*, 25, 139-153.

Wyckman, R. G., Fitzroy, P. T. & Mandry, G. D. (1975) Marketing of Services: An Evaluation of Theory. *European Journal of Marketing*, 9, 59-67.

Yi, Y. & Gong, T. (2013) Customer value co-creation behavior: Scale development and validation, *Journal of Business Research*, 66, 1279-1284.

Zhang, Y., Fang, Y., Wei, K-K., Ramsey, E., McCole, P. & Chen, H. (2011) Repurchase intention in B2C e-commerce—A relationship quality perspective, *Information & Management*, 48, 192-200.

Zeithaml, V. A. (1981) How Consumer Evaluation Processes Differ between Goods and Services, in *Marketing of Services*, Donnelly, J. H. & George, W. R. (eds.), Chicago: American Marketing, 186-190.

――― (1988) Consumer Perceptions of Price, Quality, and Value: A Means-End Model and Synthesis of Eivence, *Journal of Marketing*, 52, 2-22.

――― & Bitner, M. J. (2003) *Services Marketing* (3rd ed.), McGraw-Hill/Irwin.

―――, Parasuraman, A. & Berry, L. L. (1985) Problems and Strategies in Services Marketing, *Journal of Marketing*, 49, 33-46.

―――, Berry, L. L. & Parasuraman, A. (1988) Communication and Control Processes in the Delivery of Service Quality, *Journal of Marketing*, 52, 35-48.

Zuboff, S. & Maxmin, J. (2002) *The Support Economy: Why Corporations Are Failing Individuals and the Next Episode of Capitalism*, New York: Viking Press.

畦川和弘 (2002)「消費者不安心理の構造分析」『総合研究』(21)、1-18。

市川伸一・大橋靖雄・岸本淳司・浜田知久馬・下川元継・田中佐智子 (2011)『SASによるデータ解析入門 第3版』東京大学出版会。

石村貞夫・石村光資郎 (2014)『SPSSによる統計処理の手順 第7版』東京図書。

井上崇通 (2010a)「S-Dロジックの台頭とその研究視点」井上崇通・村松潤一編著『サービスドミナントロジック』同文舘出版、3-16。

――― (2010b)「S-Dロジックの基本的前提 (FPs)」井上崇通・村松潤一編著『サービスドミナントロジック』同文舘出版、17-28。

―――（2013）「サービス・ドミナント・ロジックを取り巻く新たな動向―S-Dロジックにおける価値共創概念とマーケティング研究―」日本マーケティング学会2013カンファレンス価値共創型マーケティング研究会。
―――・村松潤一編著（2010）『サービスドミナントロジック』同文舘出版。
今村一真（2010）「S-Dロジックとマーケティング組織・資源」井上崇通・村松潤一編著『サービスドミナントロジック』同文舘出版、165-182。
内田治（2013）『SPSSによる回帰分析』オーム社。
大友純（1999）「産業財マーケティング研究の特質と問題点」『経営学紀要／亜細亜大学短期大学部学術研究所』6(2)、1-33。
大藪亮（2010）「サービス・ドミナント・ロジックと価値共創」井上崇通・村松潤一編著『サービスドミナントロジック』同文舘出版、54-69。
小田利勝（2013）『ウルトラ・ビギナーのためのSPSSによる統計解析入門』プレアデス出版。
小野譲司（2000）「顧客満足のダイナミクス：顧客満足の更新と累積を考慮した理論構築」博士論文、慶応義塾大学大学院経営管理研究科。
加納正二（2006）「メインバンクを変更する中小企業の特徴」『RIETI Discussion Paper Series』06-J-005、1-31。
笠原英一（2002）「産業財市場における組織購買行動論と関係性 マーケティングの統合モデルに関する研究」『アジア太平洋研究科論集／早稲田大学大学院アジア太平洋研究科出版・編集委員会編』4、79-101。
河内俊樹（2005）「インダストリアル・マーケティング戦略論に関する基礎的研究―研究の変遷と戦略的特質―」『商学研究論集』23、449-469。
―――（2013）「S-Dロジックにおける価値共創と既存研究の接点を求めて―顧客の使用・消費空間への注目を視座として―」『松山大学論集』25(1)、75-119。
岸本義之（2003）「サービス・マーケティングにおける顧客生涯価値の経済性：銀行取引における定量化モデルを中心に」博士論文、慶応義塾大学大学院経営管理研究科。
久保田進彦（2003）「リレーションシップ・マーケティング研究の再検討」『流通研究』6(2)、15-33。
―――（2012）『リレーションシップ・マーケティング―コミットメント・アプローチによる把握―』有斐閣。
坂間十和子（2013）「BtoBマーケティングにおける顧客価値」『マーケティング・ジャーナル』127、111-121。
嶋口充輝（1994）『顧客満足型マーケティングの構図―新しい企業成長の論理を求めて―』有斐閣。
―――（1996）「新しいマーケティング・パラダイムに向けて」『ていくおふ』75、2-7。

――(1997)「顧客関係性構築へのマーケティング」『ダイヤモンド・ハーバード・ビジネス』、1997年23(3)、16-25。
――(2001)「関係性マーケティングの現状と課題」日本マーケティング協会『マーケティングレビュー』同文舘出版、21-33。
清水裕士(2014)「分析のいろんな仮定と，それに対する頑健さ・対処法」http://norimune.net/1761（2015年5月13日）。
下川菜穂子(2008)「サービス・ドミナント・ロジックの発展過程と残された課題」『早稲田大学商学研究科紀要』67、109-122。
新日本有限責任監査法人(2012)「2012年 リテールバンキング顧客動向調査 顧客主導の時代へ―変わりつつある力関係」。
高嶋克義(1988)「産業財マーケティング論の現状と課題」『経済論叢』142(1)、133-154。
――(1992)「産業財マーケティング論」『マーケティング・ジャーナル』44、55-57。
――(1993)「産業財マーケティング戦略の新たな視点」『マーケティング・ジャーナル』49、29-39。
――(1994)『マーケティング・チャネル組織論』千倉書房。
――(1998)『生産財の取引戦略―顧客適応と標準化―』千倉書房。
――・南知惠子(2006)『生産財マーケティング』有斐閣。
高室裕史(2004)「サービス・マーケティングの特殊性に関する理論的系譜と現代的課題」『産業と経済』奈良産業大学、19(3・4)、197-218。
谷本貴之(2004)「サービス・マーケティングにおけるリレーションシップ概念の形成と展開―Berry, L L., Grönroos, C.の所論によせて―」『立命館経営学』43(1)、143-176。
田部井明美(2011)『SPSS完全活用法共分散構造分析（Amos）によるアンケート処理 第2版』東京図書。
遅曉(1999)「サービス・マーケティング・システムの構造・機能と戦略課題に関する一研究」博士論文、近畿大学。
土田昭司(1997)『社会調査のためのデータ解析入門』有斐閣。
戸谷圭子(2013)「サービス共創価値の構造に関する考察」『マーケティング・ジャーナル』33(3)、32-45。
豊田秀樹(2007)『共分散構造分析：構造方程式モデリング：Amos編』東京図書。
野中郁次郎(1973)「産業財マーケティングの新潮流」『アカデミア（経済経営学編）』94、127-153。
――(1974a)「産業財マーケティングにおける組織間システム」東京ワークショップ『マーケティング理論とシステムズアプローチ』白桃書房。
――(1974b)『組織と市場』千倉書房。

──（1980）「生産財マーケティング」村田昭浩編『現代のマーケティング　理論と実務』誠文堂新光社、241-247。

福田康典（2002）「産業財マーケティングに関する研究アプローチの考察」『高崎経済大学論集』45(1)、95-108。

藤岡章子（2001）「北欧におけるリレーションシップ・マーケティング研究の展開とその背景」京都大学マーケティング協会『マス・マーケティングの発展・革新』同文舘出版、137-157。

──（2002）「リレーションシップ・マーケティングの理論的展開」陶山計介・宮崎昭・藤本寿良編『マーケティング・ネットワーク論─ビジネス・モデルから社会モデルへ─』有斐閣。

藤岡芳郎（2013）「実践に向けて価値共創型企業システムの一考察」日本マーケティング学会 2013 カンファレンス価値共創マーケティング研究会。

藤川佳則・阿久津聡・小野譲司（2012）「文脈視点による価値共創経営：事後創発的ダイナミックプロセスモデルの構築に向けて」『組織科学』46(2)、38-52。

マナブ間部（1993）「私の履歴書」『日本経済新聞』1993 年 12 月 23 日。

三輪哲・林雄亮（2014）『SPSS による応用多変量解析』オーム社。

南知惠子（2003）「リレーションシップ・マーケティングの理論的系譜と CRM への発展」『国民経済雑誌』188(6)、53-67。

──（2005）『リレーションシップ・マーケティング─企業間における関係管理と資源移転─』千倉書房。

──（2006）「生産財取引における関係構築戦略」『国民経済雑誌』194(2)、65-76。

──（2008）「リレーションシップ・マーケティングにおけるサービス・マーケティング・アプローチの理論的貢献」『国民経済雑誌』197(5)、33-50。

──（2010）「サービス・ドミナント・ロジックにおけるマーケティング論発展の可能性と課題」『国民経済雑誌』201(5)、65-77。

宮野章（1999）「学会　論文発表に必要な統計の知識」『大阪府母子保健総合医療センター検査科、学術　血清検査部会、情報システム部会、卒後教養部会、1999 年 10 月 21 日』http://www.osaka-amt.or.jp/lecture/stat/stat.pdf（2015 年 3 月 18 日）、1-14。

村上章子（2003）「リレーションシップ・マーケティングの生成と展開：顧客組織化活動に焦点をあてて」博士論文、京都大学。

村松潤一編著（2015）『価値共創とマーケティング論』同文舘出版。

村山貞幸（1994）「組織購買行動論」『マーケティング・ジャーナル』53、68-74。

矢作恒雄・青井倫一・嶋口充輝・和田充夫（1996）『インタラクティブ・マネジメント：関係性重視の経営』ダイヤモンド社。

余田拓郎（1997）「産業財における購買行動の類型」『マーケティング・ジャーナル』66(2)、49-61。

──（1999）「組織間取引におけるリレーションシップ・マーケティングの有効性に関する研究」博士論文、慶応義塾大学大学院経営管理研究科甲第1684号。
──（2000）『カスタマー・リレーションの戦略論理―産業財マーケティング再考―』白桃書房。
──（2011）『BtoB マーケティング―日本企業のための成長シナリオ―』東洋経済新報社。
渡辺達郎（1996a）「関係性マーケティングの研究動向と課題（1）ヨーロッパにおける展開からの示唆」『流通情報』321号、18-25。
──（1996b）「関係性マーケティングの研究動向と課題（2）ヨーロッパにおける展開からの示唆」『流通情報』322号、19-26。
渡部吉昭（2015）「価値共創がスイッチング・コストと顧客内シェアに与える影響―金融サービスを中心に―」『戦略経営ジャーナル』3(5)、437-463。

主要事項索引

〈英字〉

A

AA（Anglo Australian）グループ　48-49, 61, 71-72, 87, 143
act　80, 101
activity links　74-76, 137
actor　74, 132
actor bonds　74-76
AGFI（Adjusted Goodness of Fit Index）　193-196, 200
AMA（American Marketing Association）　45, 100-101
Anderson and Chambers（1985）の報酬／測定モデル　29
Anderson and Chambers（1985）のモチベーションモデル　30
Anderson and Chambers（1985）の集団の合意形成モデル　31
Anderson and Narus（1990）のモデル　57
Anderson and Weitz（1989）のモデル　55
Anderson and Weitz（1992）のモデル　56
axioms　132

B

BtoBマーケティング論　4, 6, 8, 45, 87, 142
BUYGRID matrix　16
buying center　14
buyphases　15-16

C

CFI（Comparative Fit Index）　193-196, 200
classic market relationship　85
collaborator　63
contactors　65
Cranfield School of Management　61

Cronbach（1951）によるα係数　176
cross-functionally based marketing　68
customer markets　62
customer perceived quality　83
Czepiel et al.（1985）によるサービス・エンカウンターの概念モデル　108
Czepiel, Solomon, Surprenant and Gutman（1985）によるサービス・エンカウンターモデル　107

D

dialogue process　81, 137
discrete transactions　50, 54, 61
domesticated market model　49
domesticated markets　49

E

employee markets　62
episodes　35, 79-80
ERV（Expected Relationship Value）　160
European Journal of Marketing　90, 134
exchange relationship　53

F

FP（Fundamental Premise）　7, 129, 134, 136
FTM（Full-Time Marketer）　73, 83-85, 136, 138
functionally based marketing　68

G

G-Dロジック（Goods Dominant Logic）　118-123, 127, 129, 131, 145
GFI（Goodness of Fit Index）　193-196, 200

H

Häkansson（1982）の相互作用モデル　36-37
Heide and John（1990）のモデル　59
heterogeneity　92, 101, 103, 113, 146

| I |

IMP(Industrial Marketing and Purchasing)グループ　33, 48, 73, 78-79, 123, 127, 143
influence markets　62
influencers　14-15, 65
inseparability　92, 101, 103, 146
intangibility　92, 101, 103, 146
internal markets　62
isolateds　65

| K |

kurtosis　181-182

| L |

Lovelock(1984)によるサービス・マーケティング・システム　110-111

| M |

mega relationship　86
modified rebuy　16-17
modifiers　65
Morgan and Hunt(1994)のモデル　58
multicollinearity　176

| N |

nano relationship　86

| O |

operand resource　127
operant resource　127

| P |

Parasuraman et al.(1985)によるサービス品質モデル　104, 106
Payne(1995)によるリレーションシップ・マネジメント・チェーン　67
perceived risk　19
perishability　92, 101, 103, 146
PTM(Part-Time Marketer)　73, 83-85, 136, 138

| R |

referral markets　62
relational antecedents of value　161, 163

relational approach　160
relational exchange　50, 54, 61
relationship management chain　68
resource ties　74-76, 137
RMSEA(Root Mean Square Error of Approximation)　193-196, 200

| S |

S-Dロジックにおける
　——基本的前提　7, 126, 129-130, 132-134, 136
　——公理　132-133
sequence　80
service delivery system　110
service dominant logic　2, 88, 117-118, 132
service marketing system　110
service operation system　110
SERVQUALモデル　107, 171-172
Sheth(1973)の購買行動モデル　26
skewness　181-182
special market relationship　85
standards of conduct　53
straight rebuy　16-17
supplier markets　62

| T |

t検定(Paired t-test)　181-184
TQM(Total Quality Management)論　83-84
transactional approach　160
transactional view of value　161, 163

| V |

value-in-use　125, 127, 153
VIF(Variance Inflation Factor)　177

| W |

Webster and Wind(1972a)のモデル　21
Webster and Wind(1972a)の組織購買行動モデル　23
Wilcoxon signed-rank test　181
Williamson(1975)の取引費用論　37

〈和文〉

ア行

インターナル・マーケティング　46, 64, 79, 87, 114
インタラクション・プロセス　79-82
ウィルコクサン符号付順位検定　181
影響市場　62-64, 66, 68, 71
影響者　14-15, 21, 23, 65-66
エピソード　35-38, 79-82
オペラント資源　127-130, 133, 136-138
オペランド資源　127-128, 136-137

カ行

介在変数　37
外的報酬　29-31
概念の操作化　7, 146, 165-173, 183, 205, 207
価値共創概念　2, 145, 166-168, 173, 183, 205, 207
価値共創型マーケティング研究会　134-135
価値共創における
　――感情的価値　167-168, 174, 176
　――金銭的価値　167-168, 173-174, 176
　――知識的価値　167-168, 174, 176
価値共創論　7, 86, 118, 135-137, 140-141, 202-204, 206
活動の連結　74-76, 137
関係性的アプローチ　160-161
関係性的価値　160-161, 163
関係的交換　49-52, 54-55, 60-61, 87, 143, 146
間接的価値　158, 161-164, 166, 171-173, 178-179, 187-188, 190, 192-194, 197-200, 203, 205-207
機能横断的マーケティング　67-70, 72
機能対応的マーケティング　67-69, 72
協業者　63
共分散構造分析　7, 178-179, 192-193, 195, 197, 201, 205-207
共分散構造分析における
　――間接効果　192, 197-198
　――誤差相関　194
　――総合効果　192, 198
　――直接効果　192, 197-198
　――パス係数　192-193, 195, 200
　――モデル適合度　193-194
経験財　146-147, 150
決定係数　179-180, 185, 188, 190
欠落変数バイアス　178
行為者　23, 74, 124, 130, 132-133, 137
行為者間の絆　74-76, 137
交換価値　119, 126-127, 145
交差項　179-180, 185, 188, 204-206
行動科学理論　11
購買関与者　5
購買行動モデル　26, 28, 32
購買センター　13-15, 17-24, 29-32, 41-42, 142
購買動機　8-10, 13
購買判断基準　5
購買フェーズ　15-17
顧客維持率　6
顧客市場　62-63, 66, 68, 71-72, 78, 87
顧客知覚品質　83
古典的市場関係　85
コベナンツ　151, 154
コベナンツ・バンキング　151, 154
コントロール変数　178-179

サ行

サービス・エンカウンター　85, 100, 102, 107-110, 112-114, 116, 121, 136, 138-139, 144, 152
サービス・オペレーション・システム　110-111
サービス提供システム　110-111
サービス・ドミナント・ロジック　2, 7, 86, 88, 117-118, 134
サービスにおける
　――価格設定の困難さ　96
　――顧客の参加　93, 95, 151, 166
　――生産と消費の同時性　92-93, 95, 98, 101, 103, 110, 121, 144, 146
　――品質維持の困難さ　95, 97, 101, 146
サービスの
　――異質性　92, 101, 103, 113, 121, 144, 146
　――一過性　92, 101, 103, 121, 144, 146
　――機能品質　110
　――無形性　92, 94-95, 98, 101, 103, 121, 144, 146

サービス品質モデル　103-104, 106, 144
サービス・マーケティング・システム　102, 110-112, 144
サービス・マーケティング論　4, 7, 87-89, 100
サービス・マネジメント　122
再購買意向　2, 4, 148
サプライヤー市場　62-63, 66, 68, 71
シークエンス　80-81
資源の結合　74-76, 137
従業員市場　62-63, 66, 68, 71
修正再購買　16-17, 19, 24, 41
修正者　65
紹介市場　62-63, 66, 68, 71
使用価値　119, 125-127, 145, 153
情報の非対称性　155
新規購買　15-18, 20, 24, 28, 41
信用財　94, 96, 146-147, 151
信用財度合い　148, 150, 152, 158, 163, 173, 179-180, 190, 192, 195-198, 204, 207
スイッチング・コストにおける
　──学習コスト　156, 169-170, 174, 176
　──関係的コスト　155, 169-170
　──金銭的コスト　155, 169
　──経済的リスクコスト　156-157, 169-170, 174, 176
　──セットアップコスト　156-157, 169-170, 174, 176
　──手続的コスト　155, 169
　──評価コスト　156-157, 169-170, 174, 176
正規性検定　181, 184
製品類型論　6, 8-10, 13, 32, 142
接触者　65
接触様式　35-36, 79
尖度　181-182
相互作用プロセス　34-38, 41, 142
相互作用モデル　34, 36-39, 41-42, 74, 79, 87, 127, 142-143
疎遠者　65
測定尺度の信頼性　176
組織購買行動論　11-14, 18, 21, 32-33, 41-42, 87, 142
組織購買意思決定プロセス　24
組織購買行動モデル　23

| タ行

ダイアログ・プロセス　81-82, 136-138
多重共線性　176-177
タスク変数　22
探索財　94, 96, 146-147
直接的価値　158, 161-164, 166, 171, 173, 187-188, 190, 197, 207
適合化　36, 80
当座貸越　185, 205
特殊的市場関係　85
取引的アプローチ　160-161
取引的価値　161, 163

| ナ行

内的報酬　29-30
内部化市場　49-50
内部化市場モデル　49-51, 55, 58
内部市場　62-64, 66, 68-73, 143
ナノ関係　85-86
日本商業学会　134-135
日本マーケティング学会　135
認知リスク　19
ネットワーク・アプローチ　73-74, 76-77, 123-124, 143
ネットワーク・マネジメント　78, 84, 144
ネットワーク・モデル　73-74, 136-137, 143
ネットワーク理論　120
ノルディック・グループ　49, 73, 143-144
ノンタスク変数　22

| ハ行

バイグリッド・マトリックス　16-17
バイグリッド・モデル　15, 19, 21
パス解析　7, 178-179, 192-193, 195, 198-199, 201, 205-207
標準化係数　176, 178
北欧学派　73, 78, 81-82, 84, 86-87, 90-91, 136-138, 144, 203
北米グループ　49, 54-55, 61, 87, 143

| マ行

マーケティング・ミックス　25, 64, 66, 70-71, 79, 96, 98, 121
無修正再購買　16-17, 19, 24, 41

メガ関係　85-86

| ヤ行 |

誘導される偶発　154-155

| ラ行 |

離散的取引　50-51, 54, 61, 143

リレーションシップ・マーケティング論　6, 44, 87-88, 144, 202

リレーションシップ・マネジメント・チェーン　67-69, 71-72

| ワ行 |

歪度　181-182

添付資料：質問調査票

企業金融に関するアンケート

問1：銀行が貴社に提供する各金融サービスについてお伺いします。貴社における各金融サービスの活用度合いについて、最も近いと考えられる番号をお選びください（それぞれひとつずつ）。

	頻繁に活用している						全く活用していない
a. 国内送金	1	2	3	4	5	6	7
b. 円預金	1	2	3	4	5	6	7
c. インターネット・バンキング	1	2	3	4	5	6	7
d. 貿易金融（LC発行など）	1	2	3	4	5	6	7
e. グローバルなキャッシュ・マネジメント・サービス	1	2	3	4	5	6	7
f. 投資銀行サービス（企業提携、企業買収など）	1	2	3	4	5	6	7
g. 短期融資（運転資金など）：新規	1	2	3	4	5	6	7
h. 長期融資（設備投資資金など）：新規	1	2	3	4	5	6	7

問2：各金融サービスにおける、貴社にとっての『それぞれのサービスの間の相対的重要性』について、最も近いと考えられる番号をお選びください（それぞれひとつずつ）。

	重要性が高い						重要性が低い
a. 国内送金	1	2	3	4	5	6	7
b. 円預金	1	2	3	4	5	6	7
c. インターネット・バンキング	1	2	3	4	5	6	7
d. 貿易金融（LC発行など）	1	2	3	4	5	6	7
e. グローバルなキャッシュ・マネジメント・サービス	1	2	3	4	5	6	7
f. 投資銀行サービス（企業提携、企業買収など）	1	2	3	4	5	6	7
g. 短期融資（運転資金など）：新規	1	2	3	4	5	6	7
h. 長期融資（設備投資資金など）：新規	1	2	3	4	5	6	7

問３：各金融サービスについて伺います。質問に対して、最も近いと考えられる番号をお選びください。（それぞれひとつずつ）。

『このサービスを、このサービスで最も利用している銀行に依頼する際に、どのようなサービスが最終的に提供されるのかは、実際にサービスを依頼してみないとわからない』

例（ⅰ）：融資などの場合、サービスを依頼しても希望する条件（融資額や金利など）で提供されるかどうかはわからない。

例（ⅱ）：投資銀行サービスなどの場合、提供されるサービスの質は案件ごとに異なることが多いので、結局のところ、実際にサービスを依頼してみないとわからない。

	全くそのとおり ←→ 全くあてはまらない
a. 国内送金 ……………………………………	1　2　3　4　5　6　7
b. 円預金 ………………………………………	1　2　3　4　5　6　7
c. インターネット・バンキング ……………	1　2　3　4　5　6　7
d. 貿易金融（LC 発行など）………………	1　2　3　4　5　6　7
e. グローバルなキャッシュ・マネジメント・サービス ……	1　2　3　4　5　6　7
f. 投資銀行サービス（企業提携、企業買収など）……	1　2　3　4　5　6　7
g. 短期融資（運転資金など）：新規 ………………	1　2　3　4　5　6　7
h. 長期融資（設備投資資金など）：新規 …………	1　2　3　4　5　6　7

問4：次に、各金融サービスにおける、サービス提供銀行の変更についてお伺いします。質問に対して、最も近いと考えられる番号をお選びください（それぞれひとつずつ）。

『このサービスで最も利用している銀行を、他の銀行に変更した場合、その銀行のサービス内容に慣れるのに時間がかかる』

		全くそのとおり ←→ 全くあてはまらない
a.	国内送金	1 2 3 4 5 6 7
b.	円預金	1 2 3 4 5 6 7
c.	インターネット・バンキング	1 2 3 4 5 6 7
d.	貿易金融（LC発行など）	1 2 3 4 5 6 7
e.	グローバルなキャッシュ・マネジメント・サービス	1 2 3 4 5 6 7
f.	投資銀行サービス（企業提携、企業買収など）	1 2 3 4 5 6 7
g.	短期融資（運転資金など）：新規	1 2 3 4 5 6 7
h.	長期融資（設備投資資金など）：新規	1 2 3 4 5 6 7

問5：各金融サービスにおける、サービス提供銀行の変更についてお伺いします。質問に対して、最も近いと考えられる番号をお選びください（それぞれひとつずつ）。

『他の銀行によるこのサービスは、このサービスで最も利用している銀行のサービスと同じように機能するかどうか懸念がある』

		全くそのとおり ←→ 全くあてはまらない
a.	国内送金	1 2 3 4 5 6 7
b.	円預金	1 2 3 4 5 6 7
c.	インターネット・バンキング	1 2 3 4 5 6 7
d.	貿易金融（LC発行など）	1 2 3 4 5 6 7
e.	グローバルなキャッシュ・マネジメント・サービス	1 2 3 4 5 6 7
f.	投資銀行サービス（企業提携、企業買収など）	1 2 3 4 5 6 7
g.	短期融資（運転資金など）：新規	1 2 3 4 5 6 7
h.	長期融資（設備投資資金など）：新規	1 2 3 4 5 6 7

問６：各金融サービスにおける、サービス提供銀行の変更についてお伺いします。質問に対して、最も近いと考えられる番号をお選びください（それぞれひとつずつ）。

『このサービスで最も利用している銀行以外の、他の銀行のサービス内容を、充分に評価するために必要な情報を収集し、比較するには、時間と労力がかかる』

	全くそのとおり	←→	全くあてはまらない

a. 国内送金 ………………………………………… 1　2　3　4　5　6　7
b. 円預金 …………………………………………… 1　2　3　4　5　6　7
c. インターネット・バンキング………………… 1　2　3　4　5　6　7
d. 貿易金融（LC発行など）……………………… 1　2　3　4　5　6　7
e. グローバルなキャッシュ・マネジメント・サービス …… 1　2　3　4　5　6　7
f. 投資銀行サービス（企業提携、企業買収など）… 1　2　3　4　5　6　7
g. 短期融資（運転資金など）：新規 …………… 1　2　3　4　5　6　7
h. 長期融資（設備投資資金など）：新規……… 1　2　3　4　5　6　7

問７：各金融サービスにおける、サービス提供銀行の変更についてお伺いします。質問に対して、最も近いと考えられる番号をお選びください（それぞれひとつずつ）。

『このサービスにおいて、現在このサービスで最も利用している銀行を、他の銀行に変更する場合、サービス開始までに、手間のかかる準備プロセスを経る必要がある』

	全くそのとおり	←→	全くあてはまらない

a. 国内送金 ………………………………………… 1　2　3　4　5　6　7
b. 円預金 …………………………………………… 1　2　3　4　5　6　7
c. インターネット・バンキング………………… 1　2　3　4　5　6　7
d. 貿易金融（LC発行など）……………………… 1　2　3　4　5　6　7
e. グローバルなキャッシュ・マネジメント・サービス …… 1　2　3　4　5　6　7
f. 投資銀行サービス（企業提携、企業買収など）… 1　2　3　4　5　6　7
g. 短期融資（運転資金など）：新規 …………… 1　2　3　4　5　6　7
h. 長期融資（設備投資資金など）：新規……… 1　2　3　4　5　6　7

問8：次に、各金融サービスについて、銀行による「サービスの価格（金利や手数料など）」についてお伺いします。質問に対して、最も近いと考えられる番号をお選びください（それぞれひとつずつ）。

『このサービスで最も利用している銀行が提示する、このサービスにおける価格（金利や手数料など）は、競合他行と比較して競争力のあるものである』

	全くそのとおり						全くあてはまらない
a. 国内送金	1	2	3	4	5	6	7
b. 円預金	1	2	3	4	5	6	7
c. インターネット・バンキング	1	2	3	4	5	6	7
d. 貿易金融（LC発行など）	1	2	3	4	5	6	7
e. グローバルなキャッシュ・マネジメント・サービス	1	2	3	4	5	6	7
f. 投資銀行サービス（企業提携、企業買収など）	1	2	3	4	5	6	7
g. 短期融資（運転資金など）：新規	1	2	3	4	5	6	7
h. 長期融資（設備投資資金など）：新規	1	2	3	4	5	6	7

問9：各金融サービスについて、「価格以外の点」についてお伺いします。質問に対して、最も近いと考えられる番号をお選びください（それぞれひとつずつ）。

『このサービスで最も利用している銀行が提供する、このサービスにおける価格以外のサービス内容（スピード、使い易さ、情報量、担当行員の貢献など、価格以外の点の総合評価）は、競合他行と比較して競争力のあるものである』

	全くそのとおり						全くあてはまらない
a. 国内送金	1	2	3	4	5	6	7
b. 円預金	1	2	3	4	5	6	7
c. インターネット・バンキング	1	2	3	4	5	6	7
d. 貿易金融（LC発行など）	1	2	3	4	5	6	7
e. グローバルなキャッシュ・マネジメント・サービス	1	2	3	4	5	6	7
f. 投資銀行サービス（企業提携、企業買収など）	1	2	3	4	5	6	7
g. 短期融資（運転資金など）：新規	1	2	3	4	5	6	7
h. 長期融資（設備投資資金など）：新規	1	2	3	4	5	6	7

問10：次に、各金融サービスについて、お伺いします。質問に対して、最も近いと考えられる番号をお選びください（それぞれひとつずつ）。

『このサービスにおいて、このサービスで最も利用している銀行からの情報を信頼している』

	全くそのとおり ←→ 全くあてはまらない
a. 国内送金	1 2 3 4 5 6 7
b. 円預金	1 2 3 4 5 6 7
c. インターネット・バンキング	1 2 3 4 5 6 7
d. 貿易金融（LC発行など）	1 2 3 4 5 6 7
e. グローバルなキャッシュ・マネジメント・サービス	1 2 3 4 5 6 7
f. 投資銀行サービス（企業提携、企業買収など）	1 2 3 4 5 6 7
g. 短期融資（運転資金など）：新規	1 2 3 4 5 6 7
h. 長期融資（設備投資資金など）：新規	1 2 3 4 5 6 7

問11：各金融サービスについて、お伺いします。質問に対して、最も近いと考えられる番号をお選びください（それぞれひとつずつ）。

『このサービスで最も利用している銀行は、このサービスに関連する当社の業務内容について深く理解している』

	全くそのとおり ←→ 全くあてはまらない
a. 国内送金	1 2 3 4 5 6 7
b. 円預金	1 2 3 4 5 6 7
c. インターネット・バンキング	1 2 3 4 5 6 7
d. 貿易金融（LC発行など）	1 2 3 4 5 6 7
e. グローバルなキャッシュ・マネジメント・サービス	1 2 3 4 5 6 7
f. 投資銀行サービス（企業提携、企業買収など）	1 2 3 4 5 6 7
g. 短期融資（運転資金など）：新規	1 2 3 4 5 6 7
h. 長期融資（設備投資資金など）：新規	1 2 3 4 5 6 7

問12：各金融サービスについて、お伺いします。質問に対して、最も近いと考えられる番号をお選びください（それぞれひとつずつ）。

『このサービスにおいて、このサービスで最も利用している銀行は、当社からの質問や問い合わせに対して素早く対応してくれる』

		全くそのとおり	←				→	全くあてはまらない
a.	国内送金	1	2	3	4	5	6	7
b.	円預金	1	2	3	4	5	6	7
c.	インターネット・バンキング	1	2	3	4	5	6	7
d.	貿易金融（LC発行など）	1	2	3	4	5	6	7
e.	グローバルなキャッシュ・マネジメント・サービス	1	2	3	4	5	6	7
f.	投資銀行サービス（企業提携、企業買収など）	1	2	3	4	5	6	7
g.	短期融資（運転資金など）：新規	1	2	3	4	5	6	7
h.	長期融資（設備投資資金など）：新規	1	2	3	4	5	6	7

問13：各金融サービスについて、お伺いします。質問に対して、最も近いと考えられる番号をお選びください（それぞれひとつずつ）。

『このサービスで最も利用している銀行のサービスは、優れたコンピューター・システムによってサポートされている（報告などがわかりやすい、タイムリーであるなど）』

		全くそのとおり	←				→	全くあてはまらない
a.	国内送金	1	2	3	4	5	6	7
b.	円預金	1	2	3	4	5	6	7
c.	インターネット・バンキング	1	2	3	4	5	6	7
d.	貿易金融（LC発行など）	1	2	3	4	5	6	7
e.	グローバルなキャッシュ・マネジメント・サービス	1	2	3	4	5	6	7
f.	投資銀行サービス（企業提携、企業買収など）	1	2	3	4	5	6	7
g.	短期融資（運転資金など）：新規	1	2	3	4	5	6	7
h.	長期融資（設備投資資金など）：新規	1	2	3	4	5	6	7

問14：次に、各金融サービスにおける、貴社と銀行との共同作業・活動についてお伺いします。質問に対して、最も近いと考えられる番号をお選びください（それぞれひとつずつ）。

『このサービスは、このサービスを提供する銀行が、サービス内容（価格やその他の条件を含む）を一方的に決定して顧客に提供するよりは、銀行と顧客が共同でサービス内容について協議した上で決定し、実施した方が双方にメリットが大きくなるサービスである』

	全くそのとおり ←――――→ 全くあてはまらない
a. 国内送金	1　2　3　4　5　6　7
b. 円預金	1　2　3　4　5　6　7
c. インターネット・バンキング	1　2　3　4　5　6　7
d. 貿易金融（LC発行など）	1　2　3　4　5　6　7
e. グローバルなキャッシュ・マネジメント・サービス	1　2　3　4　5　6　7
f. 投資銀行サービス（企業提携、企業買収など）	1　2　3　4　5　6　7
g. 短期融資（運転資金など）：新規	1　2　3　4　5　6　7
h. 長期融資（設備投資資金など）：新規	1　2　3　4　5　6　7

問15：各金融サービスにおける、貴社と銀行との共同作業・活動についてお伺いします。質問に対して、最も近いと考えられる番号をお選びください（それぞれひとつずつ）。

『前問の問14における双方へのメリットは、銀行と顧客が、サービス提供開始後にサービス内容について協議するよりも、サービス提供前の準備段階で協議して決定した方が、大きくなる』

	全くそのとおり ←――――→ 全くあてはまらない
a. 国内送金	1　2　3　4　5　6　7
b. 円預金	1　2　3　4　5　6　7
c. インターネット・バンキング	1　2　3　4　5　6　7
d. 貿易金融（LC発行など）	1　2　3　4　5　6　7
e. グローバルなキャッシュ・マネジメント・サービス	1　2　3　4　5　6　7
f. 投資銀行サービス（企業提携、企業買収など）	1　2　3　4　5　6　7
g. 短期融資（運転資金など）：新規	1　2　3　4　5　6　7
h. 長期融資（設備投資資金など）：新規	1　2　3　4　5　6　7

問16：各金融サービスにおける、貴社と銀行との共同作業・活動についてお伺いします。質問に対して、最も近いと考えられる番号をお選びください（それぞれひとつずつ）。

『問14における双方へのメリットには、銀行と顧客間の信頼関係の構築など、心理面でのメリットが含まれる』

		全くそのとおり						全くあてはまらない
a.	国内送金	1	2	3	4	5	6	7
b.	円預金	1	2	3	4	5	6	7
c.	インターネット・バンキング	1	2	3	4	5	6	7
d.	貿易金融（LC発行など）	1	2	3	4	5	6	7
e.	グローバルなキャッシュ・マネジメント・サービス	1	2	3	4	5	6	7
f.	投資銀行サービス（企業提携、企業買収など）	1	2	3	4	5	6	7
g.	短期融資（運転資金など）：新規	1	2	3	4	5	6	7
h.	長期融資（設備投資資金など）：新規	1	2	3	4	5	6	7

問17：各金融サービスにおける、貴社と銀行との共同作業・活動についてお伺いします。質問に対して、最も近いと考えられる番号をお選びください（それぞれひとつずつ）。

『問14における双方へのメリットには、何らかの数字として評価しうるもの（顧客企業にとっては、金利や手数料の低減など）が含まれる』

		全くそのとおり						全くあてはまらない
a.	国内送金	1	2	3	4	5	6	7
b.	円預金	1	2	3	4	5	6	7
c.	インターネット・バンキング	1	2	3	4	5	6	7
d.	貿易金融（LC発行など）	1	2	3	4	5	6	7
e.	グローバルなキャッシュ・マネジメント・サービス	1	2	3	4	5	6	7
f.	投資銀行サービス（企業提携、企業買収など）	1	2	3	4	5	6	7
g.	短期融資（運転資金など）：新規	1	2	3	4	5	6	7
h.	長期融資（設備投資資金など）：新規	1	2	3	4	5	6	7

問 18：各金融サービスにおける、貴社と銀行との共同作業・活動についてお伺いします。
質問に対して、最も近いと考えられる番号をお選びください（それぞれひとつずつ）。
『問 14 における双方へのメリットには、取引条件（融資における遵守条項など）の適切な設定、顧客企業の企業戦略に対する共通理解、取引手続に関する共通理解、取引に関する情報共有など、数字だけでは評価しきれないものが含まれる』

		全くそのとおり ←→ 全くあてはまらない
a.	国内送金	1　2　3　4　5　6　7
b.	円預金	1　2　3　4　5　6　7
c.	インターネット・バンキング	1　2　3　4　5　6　7
d.	貿易金融（LC 発行など）	1　2　3　4　5　6　7
e.	グローバルなキャッシュ・マネジメント・サービス	1　2　3　4　5　6　7
f.	投資銀行サービス（企業提携、企業買収など）	1　2　3　4　5　6　7
g.	短期融資（運転資金など）：新規	1　2　3　4　5　6　7
h.	長期融資（設備投資資金など）：新規	1　2　3　4　5　6　7

問 19：各金融サービスにおける、貴社と銀行との共同作業・活動についてお伺いします。
質問に対して、最も近いと考えられる番号をお選びください（それぞれひとつずつ）。
『このサービスにおいては、銀行との共同作業（銀行と顧客が銀行の提供するサービスの内容について、共同で協議した上で決定し、実施すること）を、このサービスで最も利用している銀行と、実際に行っている』

		全くそのとおり ←→ 全くあてはまらない
a.	国内送金	1　2　3　4　5　6　7
b.	円預金	1　2　3　4　5　6　7
c.	インターネット・バンキング	1　2　3　4　5　6　7
d.	貿易金融（LC 発行など）	1　2　3　4　5　6　7
e.	グローバルなキャッシュ・マネジメント・サービス	1　2　3　4　5　6　7
f.	投資銀行サービス（企業提携、企業買収など）	1　2　3　4　5　6　7
g.	短期融資（運転資金など）：新規	1　2　3　4　5　6　7
h.	長期融資（設備投資資金など）：新規	1　2　3　4　5　6　7

問20：最後に、各金融サービスについてお伺いします。質問に対して、最も近いと考えられる番号をお選びください（それぞれひとつずつ）。

　『このサービスにおいては、このサービスで最も利用している銀行に対し、可能であれば、今まで以上に取扱いシェアを増やしたいと思う』

		全くそのとおり						全くあてはまらない
a.	国内送金 ……………………………………	1	2	3	4	5	6	7
b.	円預金 ………………………………………	1	2	3	4	5	6	7
c.	インターネット・バンキング ……………	1	2	3	4	5	6	7
d.	貿易金融（LC発行など）…………………	1	2	3	4	5	6	7
e.	グローバルなキャッシュ・マネジメント・サービス ……	1	2	3	4	5	6	7
f.	投資銀行サービス（企業提携、企業買収など）…………	1	2	3	4	5	6	7
g.	短期融資（運転資金など）：新規 ………………	1	2	3	4	5	6	7
h.	長期融資（設備投資資金など）：新規……………	1	2	3	4	5	6	7

アンケートは以上で終了です。ご協力を頂き、誠に有り難うございました。
心より御礼申し上げます。

【著者紹介】

渡部吉昭（わたなべ　よしあき）

[著者略歴]
文京学院大学准教授。
株式会社マーケティング・キャピタル代表取締役。
大阪大学法学部卒業。東京銀行（現三菱東京 UFJ 銀行）勤務後、Darden Graduate School of Business Administration より MBA 取得。その後は、戦略経営コンサルティングファーム（Booz Allen Hamilton）ディレクターやスイフト・ジャパン株式会社代表取締役などを歴任。筑波大学大学院准教授を経て、2015年より現職。博士（経営管理、嘉悦大学大学院）。

[主要業績]
「価値共創がスイッチング・コストと顧客内シェアに与える影響」『戦略経営ジャーナル』(3) 5, 2015年.
A Conceptual Framework for Downstream Business Strategy, *Journal of Strategic Management Studies*, 7(2), 2015.
Co-creation of Value in Business-To-Business Services, *International Business & Economics Research Journal*, 13(6), 2014.
「SWIFT のサービスとその新展開」『月刊金融ジャーナル』No.664, 2012年.

企業金融における価値共創

2017年5月9日　初版第1刷発行

著　者　　渡部吉昭
発行者　　千倉成示
発行所　　株式会社 千倉書房
　　　　　〒104-0031　東京都中央区京橋2-4-12
　　　　　TEL 03-3273-3931 ／ FAX 03-3273-7668
　　　　　http://www.chikura.co.jp/

印刷・製本　三美印刷株式会社

© YOSHIAKI Watanabe 2017 Printed in Japan
ISBN 978-4-8051-1104-8　C3063

JCOPY〈(社)出版者著作権管理機構 委託出版物〉
本書のコピー、スキャン、デジタル化など無断複写は著作権法上での例外を除き禁じられています。複写される場合は、そのつど事前に、(社)出版者著作権管理機構（電話 03-3513-6969、FAX 03-3513-6979、e-mail : info@jcopy.or.jp）の許諾を得てください。また、本書を代行業者などの第三者に依頼してスキャンやデジタル化することは、たとえ個人や家庭内での利用であっても一切認められておりません。